O BARRO E A
OBRA-PRIMA

O BARRO E A OBRA-PRIMA

ENXERGANDO A SI MESMO E AOS OUTROS
ATRAVÉS DOS OLHOS DE JESUS

JOHN BURKE

Vida

Editora Vida
Rua Conde de Sarzedas, 246 – Liberdade
CEP 01512-070 – São Paulo, SP
Tel.: 0 xx 11 2618 7000
Fax: 0 xx 11 2618 7030
www.editoravida.com.br

Editor responsável: Marcelo Smargiasse
Editor-assistente: Gisele Romão da Cruz Santiago
Tradução: Andrea Filatro
Revisão de Tradução: Josemar de Souza Pinto
Revisão de provas: Sônia Freire Lula Almeida
Diagramação: Claudia Fatel Lino
Capa: Arte Peniel

Originalmente publicado nos EUA
com o título *Mud and the Masterpiece.*

Edição publicada com autorização contratual
de Baker Books, uma divisão de Baker Publishing
Group, Grand Rapids, Michigan, EUA.

■

■

Todos os grifos são do autor.

Todas as citações bíblicas e de terceiros foram
adaptadas segundo o Acordo Ortográfico da
Língua Portuguesa, assinado em 1990,
em vigor desde janeiro de 2009.

1. edição: jun. 2015

Dados Internacionais de Catalogação na Publicação (CIP)
(Câmara Brasileira do Livro, SP, Brasil)

Burke, John
O barro e a obra-prima : enxergando a nós mesmos e às outras pessoas com os olhos de Jesus / John Burke ; [tradução Andrea Filatro]. -- São Paulo : Editora Vida, 2015.

Título original: *Mud and the Masterpiece: Seeing Yourself and Others through the Eyes of Jesus.*
ISBN 978-85-383-0317-6

1. Jesus Cristo - Conhecimento 2. Jesus Cristo - Discípulos 3. Jesus Cristo - Ensinamento 4. Jesus Cristo - Exemplos 5. Relações interpessoais - Aspectos religiosos - Cristianismo 6. Vida cristã I. Título.

CDD-248.4
15-02380 -241.5

Índice para catálogo sistemático:

1. Jesus Cristo : Ensinamentos : Vida cristã 241.5

Quero dedicar este livro à minha linda esposa,
melhor amiga e parceira de ministério. Kathy, você tem
o dom maravilhoso de trazer à luz a obra-prima de Deus em
cada pessoa que encontra, e eu sou o maior beneficiado!

Sumário

Introdução

Você segue Jesus?

"SE VOCÊ PEDISSE que as pessoas na rua descrevessem os cristãos de hoje com uma única palavra, o que elas diriam?". Levantei essa questão enquanto falava a cristãos e líderes de igrejas de toda a América do Norte, Europa, Escandinávia e Austrália, e achei problemático que todos nós soubéssemos as respostas: "preconceituosos", "limitados", "arrogantes", "hipócritas" e "fanáticos".

Essas parecem ser as palavras mais comumente empregadas para descrever os cristãos. É claro, nenhum de nós acredita que poderia ser diretamente acusado de qualquer dessas posturas, e apesar disso talvez não se trate apenas do que nós *fazemos errado*, mas sim do que falhamos em *fazer certo*, o que provoca os estereótipos negativos. Talvez seja algo de que realmente não temos consciência e que tende a nos contaminar ao longo do tempo, como parece ser especialmente comum em sociedades pós-cristãs nas quais a fé autêntica e as tradições se entrelaçam no caminho.

Durante a época em que Jesus esteve na terra, se você pedisse a um homem comum de Jerusalém que o descrevesse com uma única palavra, acredito que receberia respostas muito diferentes. Então por que as pessoas de hoje não descrevem os cristãos com palavras que correspondem à vida e ao ministério de Jesus: "amorosos", "amáveis", "compassivos", "sábios", "misericordiosos", "fiéis", "esperançosos", "curadores", "auxiliadores", "cuidadores" e "doadores de vida"?

Quando você olha ao redor, vê muitas pessoas ansiosas para saber mais sobre o seu Deus porque elas enxergam em você e nos seus amigos um vislumbre de um amor maior, de uma vida mais abundante e de um novo tipo de liberdade? Deus tem restaurado através de você o que está perdido e destruído neste mundo? Se a sua resposta a essas perguntas é não, você deve fazer a si mesmo uma indagação provocadora: "Por que não somos mais parecidos com aquele a quem seguimos?".

Logo depois que escrevi estas palavras no aeroporto JFK,[1] embarquei rapidamente no voo para a Escandinávia a fim de falar a líderes de igrejas daquele país. Caminhei em direção ao comissário de bordo, Michael, e perguntei se ele poderia encher a minha garrafa de água.

Ele disse: — Nós não costumamos fazer isso... Mas vou atender o senhor mesmo assim.

Michael e eu tínhamos conversado por cerca de dez minutos, quando ele perguntou:

— Então, o que o senhor faz?

— Eu sou pastor — respondi.

— Oh, céus, essa é a ÚLTIMA coisa que eu teria imaginado.

Michael continuou demonstrando como ele estava chocado pelo fato de eu não parecer absolutamente com "aquelas pessoas". Ele me contou sobre as experiências terríveis que havia tido com cristãos e explicou por que se tornara budista. E então me lançou a pergunta desafiadora:

— Por que os cristãos são assim?

Eu só pude responder: — Honestamente, porque nem todos os cristãos demonstram o coração de Jesus no trato com as outras pessoas.

Agora, aqui está a coisa mais chocante que me aconteceu naquele voo: Michael, que desdenhava dos cristãos, quase não me deixou dormir! Ele queria saber mais sobre Jesus e até demonstrou interesse em frequentar o nosso *campus* na internet. Por quê?

---

1 O autor refere-se ao Aeroporto Internacional John F. Kennedy, localizado em New York. [N. do T.]

Eu acredito que o motivo para todo esse interesse é que ele sentiu alguma coisa diferente. Creio que sentiu o amor de Deus por ele sendo transmitido de alguma forma através da minha pessoa.

Nos últimos vinte e cinco anos, tenho visto vários Michaels do mundo encontrarem a fé, seguirem Jesus e até mesmo começarem a restaurar e liderar outros para que sigam Jesus como parte de sua igreja. Depois de ver isso acontecer em milhares de vidas, estou convencido de que o nosso problema não é que precisamos de mais ferramentas ou mais métodos de evangelização, argumentos apologéticos ou estratégias missionárias — na verdade, nada disso terá valor algum se não enxergarmos primeiro a nós mesmos e aos outros através dos olhos de Jesus. Eu acredito piamente que as pessoas percebem por intuição *como nos sentimos a respeito* delas (até mesmo em uma conversa de dez minutos), e que isso faz toda a diferença.

Este livro deriva de um estudo intensivo sobre cada encontro que Jesus teve com as pessoas quando esteve na terra — com todo tipo de pessoas. O que motivava tanta gente que parecia estar afastada do Senhor a andar com Jesus? Por que ele exercia essa atração magnética sobre as pessoas? Eu observei e analiseis suas palavras, suas atitudes, os registros acerca de sua linguagem corporal e como as pessoas devem ter experimentado sua presença. Concluí que as pessoas conseguiam enxergar nos olhos de Jesus algo que transmitia uma atitude que nós também precisamos adotar.

Analisei as ações de Jesus e o que ele precisou fazer para que seus seguidores caminhassem sobre suas pegadas. Analisei suas palavras gentis, suas palavras duras e suas escolhas quanto ao momento certo de pronunciá-las. Estudei os relatos da vida e dos ensinamentos de Jesus na ordem cronológica em que eles são apresentados nos quatro Evangelhos (através do que se conhece por Harmonia dos Evangelhos),[2]

---

2 Se você estiver interessado em consultar a Harmonia dos Evangelhos que utilizei nesse estudo, v. THOMAS, Robert; GUNDRY, Stanley. **Harmonia dos Evangelhos. São Paulo: Editora Vida, 2007**.

e tive *insights* reveladores quanto à sensibilidade de Jesus para o momento propício de lançar suas palavras e praticar suas ações. E acidentalmente analisei algo mais.

Analisei os encontros dos fariseus com as mesmas pessoas.

Fiquei chocado ao perceber que as palavras que Jesus usava em relação aos fariseus eram muito similares à descrição que as pessoas comuns fazem dos cristãos hoje. Na verdade, observei cuidadosamente a maneira pela qual os fariseus pareciam pensar, tratar e falar sobre as pessoas que estavam fora de seus "parâmetros de igreja". Isso correspondia ao que algumas vezes eu notava entre grupos de cristãos dos quais participava e que até mesmo liderava. Concluí ainda que, em algumas ocasiões, eu também me parecia menos com Jesus e mais com um fariseu.

Isso leva a uma importante conclusão que pode ajudar todos os que estiverem dispostos a ouvir: Cair na armadilha dos fariseus não é algo que fazemos intencionalmente. É algo que acontece lentamente, gradualmente, em pequenos incrementos que nos atingem ano após ano e impedem de nos tornarmos o tipo de pessoas que Jesus planejou para sermos — pessoas que seguem verdadeiramente Jesus em atitudes e ações, trazendo vida, amor e verdade que libertam. E estou convencido de que nós precisamos lutar contra a influência furtiva do farisaísmo. Para nos tornarmos o tipo de pessoa que Deus pretendeu que sejamos, precisamos deixar Deus nos restaurar na obra-prima que ele planejou para nós. Precisamos enxergar a nós mesmos através dos olhos de Jesus para que possamos cooperar com ele na restauração de outras pessoas.

A Parte 1 de *O barro e a obra-prima* ajudará você a enxergar Jesus sob uma nova luz. Analisaremos suas atitudes em relação às pessoas, a todo tipo de pessoas, tanto as imperfeitas quanto aquelas que acreditam não ser tão ruins assim. Ao explorar histórias de pessoas imperfeitas, o seu coração mudará à medida que você experimentar a misericórdia de Deus, a magistral restauração das obras de arte mais maculadas pelo pecado, hoje ou nos dias de Jesus. Você começará a enxergar você mesmo e as outras pessoas da maneira que Jesus enxergava, e isso mudará tudo.

Nas histórias que relato neste livro, optei por trocar o nome das personagens, a menos que alguém me pedisse especificamente para usar seu nome verdadeiro. Indico os nomes reais com um diamante (♦). Incluí muitas histórias porque elas demonstram a atitude misericordiosa de Deus em relação às pessoas imperfeitas de hoje, e como Jesus ainda está restaurando ativamente aqueles a quem os fariseus descreveram como sem esperança. Acredito que, se nós estivermos dispostos, Deus pode nos restaurar para sermos pessoas verdadeiramente doadoras de vida, de quem os outros realmente queiram estar perto, porque eles verão em nós o que outras pessoas viram em Jesus.

Uma vez que façamos um ajuste de atitude, estaremos prontos para participar com Deus no maior projeto de restauração de todos os tempos — a reivindicação e a restauração da obra-prima de Deus, sua imagem artisticamente incorporada em cada ser humano que conhecemos. Jesus deixou para seus seguidores um exemplo a ser seguido e um plano para trazer restauração ao mundo à nossa volta, vida por vida. Na Parte 2, aprenderemos com as instruções de Jesus a seus seguidores, e analisaremos uma maneira de seguir seu Espírito juntos, de modo que começaremos a ver o mesmo impacto amoroso e doador de vida que Jesus trouxe a um mundo corrompido.

A fim de alinhar as nossas atitudes com as atitudes de Jesus, precisamos nos posicionar para enxergar as pessoas de maneira nova e diferente. Ao final de cada capítulo, você terá a oportunidade de separar algum tempo para refletir em oração sobre as atitudes que possam estar contaminando sutilmente o seu coração. Em seguida, eu o encorajarei a assumir o risco e a experimentar ações que desafiarão quaisquer tendências farisaicas e permitirão que Deus alinhe o seu coração com o coração dele.

Por meio de histórias motivadoras de seguidores de Jesus restaurados por todo o mundo, você captará a visão de uma vida de aventuras com

Deus e com os outros que se tornará contagiante. Oro para que, ao longo deste livro, você reconheça que existe esperança para todos nós, porque Deus é o Artista Mestre que quer restaurar sua criação coroada. Deixemos que o projeto de restauração comece.

PARTE 1

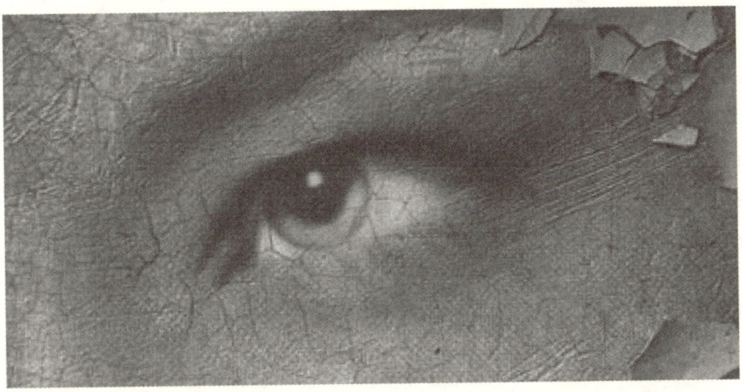

Enxergando através dos olhos de Jesus

Capítulo 1

Comilão, beberrão e amigo de pecadores

O retorno do filho pródigo, Rembrandt (1668-1669)
Foto: Álbum / Art Resource, NY

"Você oraria por nós? Precisamos de ajuda!" Eu paralisei em descrença, tentando não demonstrar o que sentia, quando Derek e Zoe me abordaram depois de um culto. Em primeiro lugar, eu mal podia acreditar que eles estavam na igreja. Zoe tinha vindo à igreja apenas uma ou duas vezes — e o mais maravilhoso era a disposição que ela demonstrava em busca de oração e auxílio. Se você soubesse o que eu soube naquele dia, também ficaria maravilhado!

Zoe era uma jovem mãe de dois filhos. Ela ansiava por dar a seus pequenos uma vida melhor do que a dela. Olhei direto em seus olhos, cheios de emoção, e fiquei procurando as palavras certas a dizer. Afinal de contas, ela sabia que eu sabia que ela estava vivendo maritalmente com Derek, e essa foi a primeira vez que a encontrei depois disso. No entanto, há mais por vir nessa história.

Eu sabia sobre a história de Zoe por intermédio de Derek. Conheci Derek um ano antes. Estava a caminho para visitar a minha mãe quando uma voz por trás de mim me chamou:

— Jovem, espere!

Virei para trás e vi uma senhora correndo com sua cadeira de rodas pelo *hall* de entrada na minha direção.

— Você não é o pastor daquela igreja cheia de gente jovem?

— Sim, sou eu mesmo. Meu nome é John. Qual é o seu nome?

— Sou Susan, e o meu neto está no hospital. Você faria a gentileza de visitá-lo? Isso é muito importante porque ele acabou de sair da prisão e precisava demais ir à sua igreja.

Pedidos como esse sempre são estranhos. Provavelmente a última coisa que o neto daquela senhora desejaria era algum pastor almofadinha desfilando para cima e para baixo a fim de atender a um pedido de sua avó. Tentei explicar isso para Susan, mas ela insistiu tanto que por fim assegurei que mandaria alguém ao hospital caso eu mesmo não pudesse ir.

Na semana seguinte, o meu filho completaria 13 anos de idade, e eu tinha planejado um dia inteiro de desafios para ensinar a ele o que significava ser um homem como Jesus. O desafio da coragem veio primeiro (no parque de *skate*!), seguido pelo desafio da compaixão. Eu havia planejado que servíssemos na praça de alimentação, mas todos os estabelecimentos estavam fechados. Então, em pânico, orei por alguma forma de ensinar o meu filho a respeito de compaixão, e instantaneamente Derek me veio à mente. No final das contas, Derek ficou incrivelmente grato por causa da nossa visita ao hospital naquele dia, e ele compartilhou conosco como as drogas o haviam levado à prisão. Ele acabara de entregar a vida a Cristo e fora liberado antecipadamente do hospital. Nós o encorajamos naquele dia, e ele começou a frequentar a nossa igreja. Não demorou para que seu irmão e seu pai também começassem a vir. E então Derek conheceu Zoe alguns meses depois. Eles se envolveram sexualmente e passaram a morar juntos. Até aquela manhã, eu não via Derek havia meses. Mas eu sabia que ele se metera em uma situação complicada.

O pai de Derek me contou que o filho tinha realmente se apaixonado pelos filhos de Zoe nos últimos quatro meses em que estava vivendo com eles. E, embora seu relacionamento com Zoe fosse bastante tumultuado, nunca ultrapassara os limites da violência. Eu sabia por um amigo de Derek, Ted, que Zoe não era mãe solteira. Na verdade, ela ainda era casada — com um rapaz que viajava muito e não se importava em viver um "casamento aberto". Eu sabia que essa situação era terrível, mas o que eu podia fazer?

Todas essas coisas reluziram na minha mente enquanto as palavras "Você oraria por nós?" persistiam firmes naquela manhã de domingo. Eu sei, por experiência, que aquele era um momento cheio de potencial para gerar vida espiritual, ou cheio de potencial para um aborto. O que eu dissesse, e ainda mais importante, o que eu sustentasse nos meus olhos e no meu coração com respeito a essas duas pessoas, seria crítico.

"Você oraria por nós?" É isso o que eu *devo* fazer? É *tudo* o que eu devo fazer? O que você faria? Como você analisaria essa situação? O que passaria no seu coração?

Concluí que as respostas a essas questões são essenciais para aqueles que querem ser verdadeiramente como Jesus para as pessoas à sua volta.

O barro ou a obra-prima

Se você falar com pessoas que parecem estar distantes do Senhor, muitas delas tenderão a demonstrar admiração por Jesus, mas com frequência não suportarão seus seguidores. Jesus ainda exerce uma atração intrigante e misteriosa sobre as pessoas, mas muitos cristãos criam uma força de repulsão. Isso é preocupante, especialmente quando você considera de que maneira os Dereks e Zoes da época de Jesus sentiam uma atração magnética em relação a ele, mas eram rejeitados por líderes religiosos condenatórios. De fato, Lucas nos relata: "Todos os publicanos e 'pecadores' estavam se reunindo para ouvi-lo" (Lucas 15.1). Os líderes religiosos fariseus chamavam Jesus de "comilão e beberrão e amigo de publicanos e 'pecadores' " (Lucas 7.34) para desacreditá-lo, principalmente porque Jesus causava um impacto enorme e doador de vida sobre muitos como Derek e Zoe.

Talvez a razão pela qual as pessoas de hoje são atraídas por Jesus, mas não por seus seguidores, é que muitos cristãos NÃO são como Jesus — nós realmente não *enxergamos* nos outros o que Jesus era capaz de enxergar nas pessoas. Nós realmente não sentimos da mesma forma que Jesus sentia em relação às pessoas afastadas do Senhor e perdidas no mundo. Os cristãos podem sutilmente tornar-se fariseus sem nem mesmo dar conta disso!

Em última instância, o impacto que causamos nas pessoas à nossa volta dirá se somos mais parecidos com Jesus ou mais semelhantes aos fariseus. "Toda árvore é reconhecida por seus frutos", Jesus disse (v. Lucas 6.44). "Todo aquele que for bem preparado será como o seu mestre" (Lucas 6.40). A espinha dorsal deste livro origina-se de um estudo profundo dos Evangelhos e da análise de cada encontro que Jesus teve na terra: Como ele tratava as pessoas? O que ele sentia ou pensava? Quais eram suas atitudes?

Quais palavras proferiu? Que ações tomou? O que Jesus transmitia que contrastava tão nitidamente com os fariseus? À medida que aprendermos com os encontros de Jesus, quero que você considere a seguinte questão durante a leitura de todo este livro: "Eu sou mais parecido com Jesus ou mais semelhante a um fariseu no que se refere a pessoas à minha volta?". A resposta pode não ser tão preto no branco como você imagina.

....

Quando a minha esposa e eu vivíamos em St. Petersburgo, Rússia, cheguei a visitar uma das minhas pinturas favoritas abrigada no Museu Hermitage. Era a famosa pintura de Rembrandt intitulada *O retorno do filho pródigo* (reproduzida na abertura deste capítulo). A obra retrata a comovente cena da parábola de Jesus quando, "cheio de compaixão" (Lucas 15.20), o pai (Deus) corre em direção ao filho desobediente. O filho tinha dilapidado sua herança em uma vida dissoluta, mas voltou para casa implorando por misericórdia. O pai o abraçou, dizendo: "Meu filho estava morto e voltou à vida; estava perdido e foi achado" (v. Lucas 15.24). Jesus descreve essa cena maravilhosa e inestimável em resposta à alegação dos religiosos de que ele "receb[ia] pecadores" (Lucas 15.2). A pintura vale uma fortuna.

Agora imagine que certo dia você visita a cidade russa de St. Petersburgo e num beco, dentro de uma caçamba de lixo, descobre a obra-prima de Rembrandt, praticamente irreconhecível. Está coberta de barro, suja, manchada e com a tela toda rasgada. Você não a reconheceria de modo algum, não fosse a famosa mão do pai sobre as costas maltrapilhas do filho.

Como você trataria essa pintura? Você a enxergaria como lixo? Ela está coberta pelo barro, manchada e rasgada. Você a trataria como algo sem valor? Ou você a enxergaria como uma obra-prima de milhões de dólares que precisa ser tratada com cuidado e restaurada? Estou certo de que todos nós poderíamos ver além do barro e mesmo de todos os danos para reconhecer o imenso valor inerente desta obra de arte única — simplesmente porque ela foi criada pelas mãos de Rembrandt. Não tentaríamos limpá-la por nossa conta; nós a levaríamos a um mestre, que poderia delicadamente restaurá-la à sua condição original.

Então, por que temos tanta dificuldade de tratar as pessoas como obra-prima única, de imensurável valor, que Deus criou com as próprias mãos? Quando estudo a vida e as interações de Jesus com pessoas perturbadas e manchadas pelo pecado, torna-se evidente que, em todas as pessoas que Jesus encontrou, ele podia enxergar alguma coisa pela qual valia a pena morrer. Jesus era capaz de ver além do barro e enxergar a obra-prima que Deus queria restaurar.

O que você vê quando encontra os Dereks e as Zoes do mundo? O que você vê quando olha no espelho? Você vê o *barro*? Ou você vê a *obra-prima* que Deus quer restaurar? Aquilo em que você se concentra determina quem você se torna e o impacto que você tem sobre as pessoas à sua volta! Essa é a essência deste livro.

Os fariseus se concentravam principalmente no barro do pecado que cobria a vida dos não religiosos. Eles se orgulhavam de evitar o barro. Estavam fixados no barro. E tentavam limpar o barro dos outros com a própria sujeira — isso não funcionava naquela época e não funciona agora também!

Jesus era diferente. Jesus demonstrou uma visão espiritual que ele quer comunicar a nós — ver a obra-prima que ele vê em nós e nos renovar para nos tornarmos pessoas cujo coração reflete o que Deus vê, mesmo debaixo da vida mais perturbada e manchada pelo pecado. Jesus viu a obra-prima de Deus esperando para ser revelada por sua graça, e, como resultado, muitas pessoas se tornaram de fato o que ele visualizou que elas fossem.

Obra de arte da graça

É disso que trata a graça de Deus! A graça de Deus limpa e restaura todas as pessoas dispostas a isso! Podemos até confiar na graça de Deus, mas vivemos nessa graça? Exalamos graça aos outros? E de que maneira demonstramos graça como Jesus fez com relação às obras-primas manchadas pelo barro?

Paulo explica o que a graça de Deus fez por meio de Jesus:

> Todavia, Deus, que é rico em misericórdia, pelo grande amor com que nos amou, deu-nos vida com Cristo, *quando ainda estávamos mortos* em transgressões — pela graça vocês são salvos. Deus nos ressuscitou com Cristo e com ele nos fez assentar nos lugares celestiais em Cristo Jesus, para mostrar, nas eras que hão de vir, a incomparável riqueza de sua graça, demonstrada em sua bondade para conosco em Cristo Jesus.
>
> Efésios 2.4-7

Observe o que isso significa — nós todos estávamos mortos espiritualmente. Pinturas perturbadas, estragadas, manchadas pelo pecado e jogadas no lixo. Nenhum de nós pode por si mesmo conduzir-se de volta à vida espiritual, nem pode se limpar e restaurar a si mesmo naquilo que Deus planejou, sem a ajuda divina. No entanto, por sua graça — seu favor imerecido, sua boa vontade, sua amorosa amabilidade oferecida gratuitamente —, todos nós podemos ser restaurados!

E note as palavras que descrevem o coração de Deus — ele tem *grande amor* por você, por mim, por Derek e por Zoe; ele tem *abundância de graça* para dar, demonstrada em sua *bondade*, e ele é *rico em misericórdia*. Como veremos, amor, amabilidade e misericórdia fluíam livremente da vida de Jesus, mas o poço dos fariseus estava seco no quesito misericórdia. Paulo continua:

> Pois vocês são salvos pela graça, por meio da fé, e isto não vem de vocês, é dom de Deus; não por obras, para que ninguém se glorie. Porque somos *criação* de Deus realizada em Cristo Jesus para fazermos boas obras, as quais Deus preparou antes para nós as praticarmos.
>
> Efésios 2.8-10

A palavra traduzida por "criação" corresponde ao termo grego *poiema* — do qual obtivemos a palavra "poema". É a obra de arte — a obra de um Artista Mestre. Percebe que *você* é obra-prima de Deus, sua obra de arte?

"Vocês são salvos pela graça" (Efésios 2.8). Alguém vivendo na época de Jesus ouviria a palavra grega *sodzo*, traduzida por "salvos", e pensaria em ser carregado em segurança, em ser feito íntegro ou em ser restaurado — restaurado à condição original. Deus nos salva — ele nos restaura ao relacionamento correto com ele mesmo, ele nos faz seguros ao nos adotar como seus filhos, e ele inicia um processo contínuo, que dura toda a vida, para restaurar a obra de arte original que ele imaginou antes mesmo de termos nascido! Na verdade, Deus vê isso tudo já concluído. Ele já nos vê ressuscitados e assentados nos lugares celestiais com Cristo (v. Efésios 2.6).

A graça diz a você que Deus só precisa da sua fé — portanto, entregue-se em confiança a seu Criador, dando-lhe permissão para renovar, restaurar e trazer à vida sua obra-prima em você! *Isso é verdade para todos os seres humanos* (João 12.32). Deus retrata você como alguém mais impressionante e maravilhoso que a sua imaginação jamais sonhou. Você enxerga a si mesmo como Deus o vê — como uma obra de arte viva que ele quer restaurar a seu pleno valor? Você enxerga as outras pessoas dessa maneira? O que você vê é o que importa!

Fazendo paraquedismo com Jesus

Quando encontrei Nate♦ (os diamantes indicam o nome real de uma pessoa) pela primeira vez, eu nunca teria imaginado que Deus mudaria a vida de tantos homens por intermédio desse rapaz. Nate era uma confusão só! Mas seu barro era do tipo aceitável. Como um jovem em seus 20 e tantos anos, com uma fome ambiciosa por conseguir milhões, ele se envolveu em uma empresa de corretagem na qual ética e integridade moral eram opcionais. Ele seguiu direitinho as regras do jogo até que seus dois chefes quase acabaram atrás das grades.

Quando Nate se mudou para Austin, Texas, começou o próprio negócio e investiu todos os recursos que tinha, ganhando uma pequena fortuna. O único dinheiro que ele gastava era para alimentar seu lado selvagem — em busca de emoção, fazia paraquedismo saltando da asa de um avião comercial a 30 mil pés (obviamente antes do Onze de Setembro), além das muitas viagens a Cancun ou Las Vegas, onde bebia a noite inteira e acordava na cama de alguma mulher desconhecida.

E então Jesus apareceu!

Nate tinha começado a seguir Jesus quando nos conhecemos. Iniciamos em sua casa um pequeno grupo que veio a se tornar a Igreja de Gateway. Nate era sempre a centelha, a alegria da festa. Eu podia ver os dons de Deus — aquele entusiasmo chamativo e arriscado por vida, aventura, riso e diversão. Aqueles eram dons do Senhor, gemas ocultas de uma fé mal orientada. Deus começou a restaurar Nate, mas Nate continuou jogando barro sobre si mesmo.

Mais tarde naquele ano, tive de confrontar Nate amorosamente porque Deus estava descobrindo uma obra-prima nele, mas Nate continuava se escondendo debaixo de camadas e camadas de barro. Identifiquei nele um padrão que incluía namorar e usar sexualmente mulheres inseguras e de aparência anoréxica.

— Nate! Por que você continua namorando mulheres que não são saudáveis e depois as usa sexualmente? É esse homem que você realmente quer ser? — perguntei certa noite em seu caminho para casa.

— Eu nunca havia pensado nisso — ele respondeu. Mais tarde, Nate refletiu sobre como aquela e outra conversa o fizeram focar na obra-prima em vez de no barro.

— Eu não percebi isso até aquela noite, mas, conforme eu refletia a respeito, concluí que era outro sintoma de uma doença mais profunda — eu queria brincar de ser o Deus da minha vida. Os meus únicos critérios para escolher uma mulher eram magra, *sexy* e frágil, porque dessa forma eu poderia controlá-la. Era a mesma insegurança por trás de tudo — o acúmulo de dinheiro, o esforço para ter poder sobre as mulheres, a incapacidade de me conectar verdadeiramente, de amar e de me entregar aos outros.

Nate e Joe começaram a encontrar-se como Parceiros de Corrida Espiritual.[1] A princípio, eles confessaram suas falhas um ao outro toda semana — mas nada parecia mudar. A prestação de contas mútua não estava funcionando. "Eu sou uma pessoa horrível", Nate ouviu Joe confessar certa vez, com enorme culpa. Ele se sentia do mesmo modo. No entanto, quando eles se comprometeram a ler as Escrituras e a memorizar passagens bíblicas sobre quem eram em Cristo, uma certeza atingiu Nate: "Você não é uma pessoa horrível — você é todas essas promessas em Cristo. Nós precisamos nos ajudar a acreditar nelas e deixar Deus retirar todas essas outras coisas que não combinam com o que ele planejou para nós".

Isso fez toda a diferença! Eu recebi um tíquete na poltrona na primeira fila para assistir de camarote à maravilhosa restauração divina do meu amigo, da ganância para a generosidade, do risco estúpido para a plenitude da fé que assume o risco, da falta de ética e da imoralidade para um ser que ama as pessoas e se importa com o impacto que suas ações causam nos outros. Não demorou muito para que o dom da fé se manifestasse, e Nate começou a desafiar outros homens perturbados para que se tornassem aventureiros da fé — trazendo à luz a obra-prima que havia neles. Tenho testemunhado Deus usar Nate para transformar centenas de vidas. E Deus quer que a sua vida não somente reflita sua obra de arte, mas que você também seja um pincel na mão de Deus para restaurar a vida de outras pessoas.

1 Os Parceiros de Corrida Espiritual são uma iniciativa composta de duas a quatro pessoas que se encontram com regularidade com o objetivo de se ajudar mutuamente a correr a maratona da fé, seguindo um formato que inclui confessar pecados, encorajar o fruto do Espírito e ajudar uns aos outros a pôr em prática os princípios divinos, sempre a fim de alcançar crescimento espiritual.

Ajuste de atitude

A sua vida, como veremos, foi feita para ser uma ferramenta de restauração nas mãos do Artista Mestre. Para isso, contudo, precisamos nos tornar mais parecidos com Jesus do que com os fariseus — e isso começa com uma atitude certa no coração. Jesus deve ter imaginado o motivo para o qual criara as pessoas, e essa visão afetou como ele se sentia a respeito delas. Estou certo de que aqueles com quem ele se encontrou se sentiram tocados por sua atitude, e essa provavelmente foi a razão pela qual tantas pessoas perturbadas se aglomeravam em torno dele — em seus olhos elas tinham um vislumbre da esperança para se tornarem quem foram criadas para ser.

Estou convencido de que as pessoas intuitivamente percebem a nossa atitude em relação a elas. O que há no nosso coração em relação às pessoas será sentido por elas. Temos boa vontade em relação a todo tipo de pessoas? Somos a favor de todas, ou na verdade somos contra algumas delas? Acreditamos de verdade que elas têm um valor imensurável diante de Deus? Ou secretamente estamos enojados, irritados, abalados, tomados pelo preconceito e querendo "consertá-las" o mais rápido possível? Chego a pensar que muitos cristãos rejeitam aqueles que não seguem Cristo porque nós não compartilhamos o amor de Deus por eles. Por quê?

Alguns de nós podemos ter chegado à fé em Cristo por meio de um evangelho de administração do barro em vez de por um evangelho da graça restauradora. Talvez pensemos que Deus nos salva, e então *nós* nos limpamos em gratidão, enquanto nos empenhamos firmemente em evitar o barro. Em primeiro lugar, isso não funciona (leia Gálatas). Em segundo lugar, isso ignora o ponto principal — a restauração de uma obra-prima. E a restauração é um trabalho que somente o Artista Mestre pode realizar!

Alguns de nós somos altamente críticos — treinados para ver tudo o que está errado. Reconhecimento de barro, descoberta de falhas, antecipação de fracassos poderiam ser a nossa profissão. O meu pai era engenheiro, e eu também me graduei em engenharia e trabalho na área, portanto tenho um olho crítico para o que está errado. Descobri que isso funciona muito bem com problemas lógicos, mas nem um pouco com pessoas! Descobri que devo pedir que Jesus restaure em mim "olhos para ver" o que ele vê. À medida que passo a ver valor nas pessoas como Jesus via, e até lhes mostro como vejo Deus atraindo os indivíduos para ele, muitas delas o buscam e o encontram.

Chip e Dan Heath, em seu livro *Switch* [Troca], dão muitos exemplos que demonstram que salientar o progresso tem como resultado um impulso para a frente.[2] Por exemplo, Dave Ramsey ajuda as pessoas a se livrar de dívidas arraigadas. No entanto, sua abordagem é contraintuitiva. A maioria dos conselheiros financeiros orientaria uma pessoa a liquidar a dívida maior e com a taxa de juros mais alta primeiro (porque ela cobrará de você os maiores juros — o que faz sentido). Mas Dave descobriu que essa abordagem geralmente não funciona. As pessoas ficam tão desmotivadas diante da mudança necessária para fazer isso que acabam paralisadas. Em vez dessa abordagem, ele sugere o chamado Compromisso Bola de Neve. Devemos listar todas as dívidas, desde a menor até a maior, e então fazer apenas os pagamentos mínimos de cada dívida, exceto da menor (independentemente das taxas de juros). A partir daí, devemos colocar todo o dinheiro disponível na dívida menor, até que ela esteja liquidada, e depois passar à segunda menor dívida, então à terceira, e assim por diante. O que Dave descobriu é que, a cada dívida liquidada, um grande progresso pode ser visto, e a motivação aumenta. Ele já ajudou pessoas com cerca de 100 mil dólares em dívidas, paralisadas por anos, a acabar finalmente com o dragão da dívida. Há algo motivador em alguém enfatizar o progresso em vez de mostrar quão distante você está do sucesso!

....

[2] HEATH, Chip; HEATH, Dan. **Switch:** How to Change Things When Change Is Hard. New York: Broadway Books, 2010. p. 131-134.

Tenho visto o mesmo padrão nos encontros de Jesus e testemunhado isso motivar milhares de pessoas a alcançarem a fé nos nossos dias. Jesus sempre destacava o progresso: "Você não está longe do Reino de Deus" (Marcos 12.34) e "Eu lhes digo que nem em Israel encontrei tamanha fé" (ao observar um centurião romano em Lucas 7.9). Um evangelho de administração do barro se concentra apenas no barro. Um evangelho da graça da restauração vê o progresso e a esperança de Deus porque ele mesmo já pagou todas as nossas dívidas! Nós precisamos apenas aceitar esse fato.

Dependendo do evangelho em que acreditamos isso afetará como realmente nos sentimos em relação a nós mesmos e às outras pessoas. Se encararmos o objetivo de Deus para a vida como a administração do barro, rapidamente julgaremos e afastaremos as pessoas sujas de barro, ou tentaremos limpar o barro com os nossos esforços, ou apenas tentaremos evitar a sujeira de modo que nós mesmos não acabemos enlameados. Mas essa não era a abordagem de Jesus. Esse era o modo de agir dos fariseus.

Zelosos pelo quê?

Não adianta nada nos autointitularmos seguidores de Jesus se a nossa vida e a nossa influência não refletem a vida de Jesus. Jesus disse: "Digo-lhes a verdade: Aquele que crê em mim fará também as obras que tenho realizado. Fará coisas ainda maiores do que estas, porque eu estou indo para o Pai" (João 14.12). Deus planeja que a sua vida, como um espetáculo de arte realizado de acordo com o Espírito, tenha a mesma influência sobre o mundo à nossa volta que Jesus teve enquanto esteve na terra.

"Somos criação de Deus realizada em Cristo Jesus para fazermos boas obras, as quais Deus preparou antes para nós as praticarmos" (literalmente, "para caminharmos em", ou "vivermos em", boas obras, conforme Efésios 2.10). O que você faz seguindo a direção de Deus se torna uma obra de arte viva — é poesia em movimento. Deus preparou você de antemão para um propósito único que somente ele conhece — o retrato magistral de uma vida bem vivida, que verdadeiramente traz propósito, plenitude e beleza eterna para você e para aqueles que estão à sua volta — exatamente como Jesus trouxe! Deus só precisa da sua fé, da sua confiança cada vez maior na liderança divina. É isso o que espero ajudar você a alcançar com a leitura deste livro, de modo que exerça impacto neste mundo e na eternidade.

No entanto, isso não diz respeito apenas a você individualmente. Deus pretende que os seguidores de Cristo trabalhem juntos como seu Corpo na terra. Por meio da sua igreja ou da sua rede cristã trabalhando como um corpo, Jesus será reapresentado restaurando o mundo à nossa volta. Tenho visto Jesus fazer isso por intermédio de centenas de pessoas comuns, como você lerá nas histórias deste livro — pessoas simples que causam um impacto extraordinário no mundo por estarem enxergando o que Jesus vê e seguindo o Espírito quando se encontram com as pessoas.

Nos círculos cristãos de hoje, tenho ouvido mais e mais sobre sermos seguidores de Cristo missionários, significando que a igreja jamais deve ser um lugar no qual as pessoas se sentam para ouvir e não fazem nada de bom para o mundo. A igreja é o povo de Deus, o Corpo de Jesus, atuando na missão de Jesus com ele. Este livro trata exatamente disso. Eu acredito, porém, que os cristãos podem ser missionários, mas na missão errada, sem nem mesmo se dar conta isso! Este livro trata disso também!

Como nos certificamos de estarmos verdadeiramente em missão com Jesus em vez de acabarmos presas da missão dos fariseus? Podemos rejeitar completamente a ideia de que em algum momento podemos ser fariseus, mas acabaremos por descobrir que as coisas não são assim tão branco no preto. Corremos o risco de sutilmente nos vermos sentindo e agindo como fariseus em relação às pessoas que Jesus quer restaurar.

Missionários na missão errada

Os fariseus não eram totalmente maus. Quando os enxergamos através dos óculos da polarização, ativamos uma espécie de cegueira com relação às mesmas tendências que enganaram muitos religiosos bem-intencionados da época de Jesus. Os fariseus eram na verdade reformadores — e, por isso, tantos ficaram abalados pela maneira pungente com a qual Jesus os confrontou. Os fariseus viam a decadência moral aumentar ao redor deles por causa da influência romana, e estavam preocupados com as leis de Deus dadas por intermédio de Moisés (Mateus 9.11). Muitos cristãos hoje têm preocupações similares e grande zelo pela reforma moral, mas como as pessoas realmente mudam, de acordo com Jesus?

Os fariseus amavam as Escrituras — eles as estudavam diligentemente (João 5.39)! Orgulhavam-se de permanecerem fiéis a Moisés e aos profetas, mas se esqueciam da essência de tudo isso (Mateus 23.1-3)! A dura verdade que precisamos reconhecer aqui é que é possível estudar diligentemente a Bíblia e ainda assim nos distanciarmos inteiramente da missão de Jesus.

E os fariseus eram evangelistas! Eles valorizavam converter pessoas ao único Deus verdadeiro. Apesar disso, Jesus declarou: "Ai de vocês, mestres da lei e fariseus, hipócritas, porque percorrem terra e mar para fazer um convertido e, quando conseguem, vocês o tornam duas vezes mais filho do inferno do que vocês" (Mateus 23.15). Eles eram missionários, mas estavam na *missão errada*!

É possível que muitos cristãos de hoje, que desejam a reforma moral, amam a Palavra de Deus e se orgulham de ensinar a verdade, sejam missionários na missão errada — falhando em demonstrar o coração de Deus a um mundo ferido?

Certamente!

Ei, se Jesus chamou Pedro de "a rocha", e apesar disso Pedro foi enganado no mínimo duas vezes, e se Tiago e João não perceberam o coração de Jesus várias vezes, e se Paulo foi zeloso por Deus, embora perseguisse a igreja..., quem eu acho que sou para dizer orgulhosamente: "Comigo isso jamais acontecerá!". O farisaísmo pode agir sorrateiramente sobre todos nós!

Então, o que motivava os fariseus a terem zelo pela missão errada? Eles não tinham misericórdia ou compaixão pelas pessoas feridas e sujas de barro! Eles faziam muitas coisas corretas, não enxergavam a si mesmos ou aos outros corretamente. Tinham uma mentalidade do tipo "nós *versus* eles". Acreditavam que Deus pertencia às "pessoas boas" (nós) e não queria nada com as "pessoas más" (eles). Então se separavam. E foi nesse ponto que Jesus e os fariseus colidiram.

O coração de Jesus

Marc era proprietário de dois bares na Sixth Street — cujas festas todos de Austin frequentavam. Na maior parte de sua vida, Marc estava o tempo todo indo a festas. Então ele decidiu ganhar dinheiro com isso. Tanto o Triple Play (o bar esportivo de Marc) quanto o The Loft davam muito dinheiro — o bastante para sustentar seu estilo de vida *rockstar* e seus vícios costumeiros. Durante anos, o álcool, as drogas, o sexo e uma multidão de pessoas vivendo a *vida loca* com Marc o ajudaram a superar o vazio e as profundas inseguranças dos quais ele tinha tentado fugir a vida inteira. Agora, porém, na flor dos 28 anos de idade, Marc finalmente tinha sido pego.

Certa noite, depois que o bar havia sido fechado, Marc sentou no balcão do bar com a cabeça apoiada nas mãos, pensando: *Deve haver alguma coisa melhor!* Marc recorda: "Os meus hábitos de bebida e drogas tinham se tornado inadministráveis, mas eu jamais admitiria isso. Eu me apoiava na única identidade que eu conhecia — 'a vida na festa de Marc'. A minha namorada não conseguiu suportar o meu comportamento fora de controle e acabou me deixando. Eu estava deprimido. Sabia que alguma coisa precisava mudar".

Marc conhecera em seu bar várias pessoas que haviam mencionado a Igreja de Gateway. Elas tinham sido convidadas por outros e começaram a investigar a fé com Jesus, e a imagem de vida que eles estavam começando a conhecer parecia valer a pena. Ansiando por uma vida melhor, Marc começou a frequentar a Gateway.

Nate, o rapaz que mencionei anteriormente, soube que Marc falava espanhol fluentemente e pediu que ele o acompanhasse ao México em uma viagem que estava sendo organizada por seu grupo. Alguns homens iriam até o México a fim de construir uma casa para uma família em necessidade. Quando conheceu Nate, Marc não estava planejando participar da aventura — achou que não valia a pena.

"As primeiras palavras de Nate para mim foram: 'Você é Marc, que fará a tradução para nós no México? Isso é fantástico!' ", Marc recorda. "Nate estava tão entusiasmado e apaixonado por isso que eu não tive coragem de lhe dizer não, de modo que acabei indo. Aceitar esse convite mudou a minha vida."

....

Mateus estava sentado na coletoria, vantajosamente empregado em seu negócio fraudulento, quando Jesus veio e lhe disse: "Siga-me" (Mateus 9.9). Jesus estivera visitando a região de Mateus na Galileia por cerca de um ano, e sem dúvida Mateus já deveria ter ouvido falar sobre o Mestre e provavelmente deve tê-lo seguido em algum momento. No entanto, Mateus ainda não tinha abandonado seu negócio desprezível — conhecido entre os religiosos por atrair "pecadores" imorais e nada éticos — os cobradores de impostos eram os "rapazes maus". Nos termos de hoje, seria como se Jesus entrasse no bar do nosso amigo e dissesse: "Marc, siga-me".

Mateus deve ter visto nos olhos de Jesus a visão de alguma coisa melhor em que ele poderia transformar-se. O homem estava tão animado que ofereceu uma *grande* festa para Jesus em sua casa (uma indicação de sua riqueza adquirida por meio de negócios nada éticos). Embora ele tivesse apenas um vislumbre da obra-prima que Jesus enxergou, aquilo era atraente o bastante para Mateus desejar que todos os seus amigos tivessem o mesmo.

Apesar de Mateus ter se aproximado de Jesus, ele também ainda se relacionava com seus amigos que participavam da festa, bebiam muito, exibiam tendências imorais e eram simplesmente desonestos, porque assim eram os que estavam na festa. Marcos destaca que "muitos publicanos 'pecadores' estavam comendo com Jesus e seus discípulos, pois havia muitos que o seguiam" (Marcos 2.15). Foi isso o que convenceu os religiosos de que havia algo errado com Jesus.

> Ora, vendo isto, os fariseus perguntavam aos discípulos: Por que come o vosso Mestre com os publicanos e pecadores? Mas Jesus, ouvindo, disse: Os sãos não precisam de médico, e sim os doentes. Ide, porém, e aprendei o que significa: Misericórdia quero e não holocaustos; pois não vim chamar justos, e sim pecadores [ao arrependimento].
>
> Mateus 9.11-13 (*Almeida Revista e Atualizada*)

Não ignore o sarcasmo aguçado de Jesus aqui! Quem eram os "sãos"? E quem eram os "justos" de quem Jesus estava falando?

Os fariseus que no final das contas acabariam por matá-lo!

Eles não eram *sãos*; estavam *escondendo-se*! Eles não eram justos; estavam jogando o jogo religioso do "nós *versus* eles" para se sentirem bem a respeito de si mesmos — mas o coração deles estava longe de Deus (Marcos 7.6). Jesus destaca exatamente isso — eles usavam a religião para mascarar o que lhes faltava por dentro: *misericórdia*!

Jesus diz que eles precisavam aprender o que isso significava. Ele cita Oseias 6, texto no qual Deus chama o amor de Israel de a "neblina da manhã" — que aparece e logo evapora. Ou seja, os israelitas tinham sido infiéis a Deus: "Pois desejo misericórdia, e não sacrifícios; conhecimento de Deus em vez de holocaustos" (v. 6). Deus está alcançando a essência do que ele quer para seu povo — não apenas sacrifícios ("Eu não ajo como eles agem") ou ofertas religiosas ("Olhe para mim; eu sirvo, eu entrego o dízimo, eu frequento a igreja, eu sou uma pessoa boa!"). Deus quer algo mais.

Ele quer corações semelhantes ao dele, cheios de uma misericórdia que flui como um rio de amor a partir do Único que oferece misericórdia a mim, a você e a Marc também.

Como vemos ao longo dos quatro Evangelhos, Jesus não tem uma imagem do tipo "nós *versus* eles" das pessoas — os "sãos" *versus* os "outros" que precisam da misericórdia e da ajuda de Deus para encontrar restauração. Jesus simplesmente vê "pessoas" — obras-primas perdidas, sujas de lama, manchadas pelo pecado, estragadas, que somente o Artista Mestre pode restaurar. Jesus veio para todas as pessoas que reconhecem honestamente sua necessidade desesperada por uma obra de restauração divina. É o seu caso? Se é, fantástico! Ore para que Deus use este estudo a respeito da vida e dos encontros de Jesus para alinhar o seu coração com o dele e para cumprir a missão divina de restauração em você e por meio de você.

Vida por vida

Como veremos, Mateus e seus amigos seguiram Jesus por um ano, e então Jesus enviou Mateus para fazer as mesmas coisas que Jesus havia feito por ele. Dois anos e meio depois, Jesus comissionou Mateus e seus amigos para *liderar a igreja*, restaurando o mundo onde quer que eles estivessem. E estou convencido de que Jesus quer fazer a mesma coisa com você e com os seus amigos! Na verdade, se analisarmos os últimos três a cinco anos, e percebermos que nenhum dos nossos vizinhos próximos, "pecadores e cobradores de impostos", estão seguindo Cristo e liderando sua missão de restauração, precisaremos reconsiderar se realmente somos missionários na missão de Jesus. Tenho visto centenas de pessoas comuns, em igrejas e redes cristãs ao redor do mundo, restaurando a obra de arte de Deus, vida por vida. Você também pode!

Marc recorda: "A caminho do México, aqueles homens contaram histórias de como era a vida deles — muitos viviam da mesma forma que eu vivia —, mas a diferença que notei foi que eles não estavam mais vivendo isoladamente. Eles estavam naquilo juntos, ajudando uns aos outros a se tornar o que Deus havia planejado para eles — e eu queria aquilo também! Abri o meu coração para Cristo, fui batizado e me envolvi com um grupo de recuperação e um pequeno grupo de homens — o que me ajudou a superar as drogas e a crescer tremendamente".

Embora ganhasse muito dinheiro com seus bares, Marc sentiu Deus guiando-o para fora desse negócio — um enorme passo de fé, que foi compensado quando ele descobriu enormes bênçãos do outro lado da vida. Uma das nossas redes da igreja agora se reúne em seu antigo bar! (Falaremos sobre como você pode começar uma rede na Parte 2.) A namorada de Marc percebeu essa mudança positiva, começou a aproximar-se dos novos amigos de Marc e encontrou a fé; hoje eles estão casados e felizes.

Vários anos depois, Nate desafiou Marc a iniciar seu grupo de homens, e Marc convidou Corey para juntar-se a eles. Corey havia mudado de Miami a fim de trabalhar em Austin como fisioterapeuta, mas se envolveu na mesma vida em que Marc tinha se afundado antes. Corey viu em Marc um vislumbre do homem que ele mesmo poderia ser. Corey começou a seguir Jesus naquele grupo de homens, permitindo que Jesus realizasse uma obra de restauração nele. Em alguns anos, Corey estava tomando decisões radicais para ser um instrumento de misericórdia e restauração nas mãos do Artista Mestre.

Servindo a famílias refugiadas junto com outras pessoas da Gateway, Corey decidiu mudar-se para uma região popular da cidade a fim de ser um ministro de misericórdia e esperança entre os refugiados. Marc capacitou Corey para a liderança, e hoje Corey lidera espiritualmente um grupo de homens. Corey conseguiu convencer seu grupo a demonstrar misericórdia e amor aos mais velhos. Eles começaram a visitar a comunidade de aposentados na qual eu conheci a avó de Derek.

E ali Corey conheceu Derek!

Corey e Derek se tornaram amigos. Eu não tinha a menor ideia de como a história se desenrolaria, mas vejo Corey demonstrando amor e misericórdia a Derek e Zoe, trazendo à luz a obra-prima sob o barro — exatamente como Marc fez por ele, e Nate e outros fizeram por Marc, e eu fiz por Nate, e Randy Worrell fez por mim. E alguém deve ter feito o mesmo por você também!

É por essa razão que pude olhar Zoe e Derek nos olhos naquela manhã de domingo e dizer: "Estou muito feliz por vocês estarem aqui hoje. Eu amaria orar por vocês. Deus tem grandes planos para vocês dois se estiverem dispostos a segui-lo". É assim que Deus, o Artista, restaura sua obra-prima, vida por vida! E ele fará o mesmo em você e causará um impacto enorme por seu intermédio — se você estiver disposto. Você está disposto a deixar o processo de restauração de Deus começar em sua vida?

QUESTÕES E AÇÕES

1. Reflita a respeito da seguinte questão: Você tende a focar mais o barro ou a obra-prima quando olha para si mesmo? E quando você olha outras pessoas marcadas pelo pecado? Por quê?
2. Experimente realizar a seguinte ação: Peça para Deus levar você esta semana a pessoas que pareçam manchadas pelo barro do seu ponto de vista. Crie oportunidade para envolver-se em uma conversa com elas. Seu único objetivo é fazer perguntas, ouvir e aprender sobre essas pessoas criadas de maneira especial e única pelo Artista Mestre.

Capítulo 2

À prova de choque

Ceia na casa do fariseu, Pieter Paul Rubens (1618)
Foto: Scala / Art Resource, NY

"VAMOS SAIR SÓ para nos divertir um pouco! Vamos ver quanto e até onde eles chegam", Amy♦ provocou sua namorada, que não gostou nada da ideia de sair por aí com um bando de cristãos. "Venha", Amy insistiu. "Ouvi dizer que o lema deles é 'Venha como você está. Eu só quero provar que eles aceitam 'como você é'... a não ser que você seja *gay*".

Amy vivera um relacionamento lésbico por nove anos, até que tudo terminou, o que a fez querer saber por que seus desejos mais profundos nunca podiam ser satisfeitos. Ela e Rachel tinham apenas começado a se encontrar quando decidiram ir à igreja certa manhã de domingo.

"Eu fui até uma missão para chocar as pessoas", Amy admite. "Rachel e eu ficamos de mãos dadas em frente às pessoas, mas, em vez dos olhares repugnantes de desprezo que esperávamos, as pessoas olharam nos nossos olhos e nos trataram como pessoas reais. Então começamos a frequentar a igreja semanalmente. Continuamos ficando mais próximas a cada semana, tentando obter uma reação, crentes de que seríamos rejeitadas mais cedo ou mais tarde. Quando percebemos que não conseguíamos chocar as pessoas, paramos de tentar e começamos a aprender.

"Não muito tempo depois, Rachel e eu paramos de nos ver, mas eu continuei indo à igreja porque estava procurando algo", Amy admite. "Eu definitivamente não estava procurando mudar. Não era o meu estilo de vida lésbico que eu estava entregando a Deus; eu queria saber se Deus tinha as respostas para os meus anseios mais profundos. O problema era que eu não confiava em Deus de modo algum!

"Quanto mais eu prestava atenção e aprendia sobre os ensinamentos de Jesus, mais passei a acreditar que Deus realmente me amava. Ouvi mais e mais sobre ser sua obra-prima e, com o tempo, comecei a acreditar nisso de verdade. Quanto mais eu acreditava que Deus realmente podia ver algo de valor em mim, mais eu confiava nele."

Ao longo do tempo, Amy abriu lentamente seu coração e suas dificuldades para Cristo. "Levou vários anos, mas conforme eu me aproximava de Cristo, ele gentilmente me conduzia em uma jornada surpreendente.

Primeiro, descobri que o meu pai teve nove casos extraconjugais enquanto eu crescia — um segredo que abalou o meu mundo. Jesus começou a me mostrar como as raízes das minhas lutas sexuais estavam intrinsecamente ligadas ao meu pai — eu era exatamente como ele, usando as pessoas para encontrar conforto, vida e amor fora de Deus."

Amy continuou a crescer em seu conhecimento das Escrituras, cada vez mais apaixonada pelo Senhor. No ano seguinte, Deus tinha outra surpresa para ela: "Fui ao seminário chamado 'A Ser Dito', patrocinado pela Gateway. Queria ver como Deus poderia pôr fim ao meu quebrantamento, mas o que ele me mostrou foi chocante demais", Amy recorda.

"Enquanto Dan Allender estava contando uma história de intimidações, repentinamente tive o *flashback* de saltar do ônibus da escola. Eu vivia na parte de baixo da mesma rua de Jimmy, um garoto que me ameaçava o ano inteiro. Mas, nesse dia em particular, Jimmy me tratou bem quando desci do ônibus", Amy recorda. "Ele se desculpou por ser tão egoísta e me convidou para ir à sua casa."

"Naquele dia no seminário, todo o resto escureceu conforme aquele vívido pesadelo se revolveu de volta à minha lembrança." Amy se viu atravessando a rua até a porta da frente de Jimmy e reparando em todas aquelas sombras esmaecidas. Assustada, avistou dois adolescentes que olhavam para ela com uma fisionomia devoradora enquanto a porta se fechava com um tranco. Seus gritos nunca escaparam da escuridão maligna que cercava aquela casa. Eles a agarraram e a estupraram.

Ela contava apenas 9 anos de idade!

Amy mergulhou em uma piscina de lágrimas ao experimentar essa epifania divina. Ela concluiu que o Senhor a tinha conduzido a essa revelação — para mostrar a fonte de tanta luta sexual escondida durante anos por baixo de camadas de barro protetor.

"Depois disso, concluí que Deus sabe mais sobre mim do que eu sei sobre mim mesma", Amy recorda, "e ele quer trazer cura a essas minhas feridas, de modo que entreguei a ele todo o meu coração e todo o meu corpo — tudo. À medida que continuei a buscar intimidade com o Senhor, os conflitos com o lesbianismo se dissolveram. Não estou dizendo que é assim que Deus trabalha com todos, mas é como ele está me curando. Quanto mais eu me concentro no amor de Deus para comigo e tento ver sua obra-prima emergir, menos quero qualquer coisa que interfira sua obra em mim".

Sete anos depois, Amy lidera o nosso ministério para ajudar as pessoas a encontrar cura e plenitude em todos os tipos de batalhas sexuais e relacionais. Ela está ajudando outras pessoas a se tornar obras-primas restauradas de Deus.

Jesus nunca se choca

Você percebe que Jesus não se choca diante de coisas chocantes que as pessoas fazem? Jesus sabia que Zaqueu havia roubado pessoas cegas e lucrado muito por causa de seu comportamento antiético, mas, apesar disso, Jesus não se chocou diante dele.

Jesus não ofereceu correção, mas relacionamento, a Zaqueu. "Zaqueu, desça depressa. Quero ficar em sua casa hoje" (v. Lucas 19.5). Isso chocou todo mundo! Apesar disso, o relacionamento mudou Zaqueu.

Jesus sabia que a mulher samaritana junto ao poço tinha sido casada e se divorciara cinco vezes. Ele sabia sobre seu "caso" atual e como ela estava sexualmente envolvida com o rapaz com quem vivia (João 4). Jesus não a rejeitou. (Os samaritanos dos dias de Jesus eram tratados pela comunidade religiosa da mesma forma que os *gays* são tratados com frequência hoje pela comunidade cristã.) Nada disso afastou ou impediu Jesus de lhe oferecer água viva. Jesus quer seguidores que sejam menos parecidos com os fariseus e mais parecidos com ele — à prova de choque.

Lucas relata uma ocasião em que Simão, o fariseu, convidou Jesus para jantar. Jesus e seus discípulos foram, e o Mestre "reclinou-se à mesa" (Lucas 7.36), junto com os amigos religiosos de Simão. Esses amigos eram céticos em relação à verdadeira identidade de Jesus — principalmente porque ele demonstrava mais amor por "pecadores" do que amor pela Lei de Moisés (Jesus já tinha deixado claro que isso não era verdade; ele veio para cumprir o propósito da Lei de Moisés). O grupo tinha convidado Jesus para jantar a fim de julgá-lo, não com o intuito de aprender com ele.

O estilo do jantar da época consistia em uma mesa com um único pé, cercada por almofadas para assento; os convivas se debruçavam usualmente com os pés estendidos para o lado de fora ou para trás. À medida que a refeição se desenrolava, uma mulher imoral invadiu a festa. Ela timidamente se dirigiu até o lugar em que Jesus estava e se postou atrás do Mestre. Lucas deixa claro para nós que ela era "pecadora" (v. 37). A mulher não apenas cometera alguns erros, mas tinha uma vida repleta de desvios sexuais, e todo mundo sabia disso!

O barro daquela mulher era de conhecimento público. Por toda a sua vida, ela tinha sido julgada e condenada pelo *establishment* religioso, de modo que era preciso ter muita coragem para entrar justamente na casa daqueles que a atormentavam.

E ali ficou ela, paralisada... porque Jesus estava lá! De algum modo, o burburinho na rua tinha chegado até aquela mulher por meio da multidão com quem ela andava — em Jesus há esperança até para o ser humano mais corrompido. Ouvindo que Jesus estava próximo, uma força incontrolável brotou de dentro da mulher para que ela se lançasse aos pés do Mestre. Quando ela paralisou diante de sua presença, explodiu a esperança de toda aquela dor que estava represada por seu comportamento lamacento — e a mulher começou a chorar. Suas lágrimas caíram acidentalmente sobre os pés sujos de Jesus (ao que parece, o anfitrião não tivera a cortesia de limpá-los).

A tensão na sala se elevou; os ombros de todos os presentes enrijeceram quando a mulher se ajoelhou diante de Jesus, curvou-se e enxugou seus pés úmidos e sujos com os próprios cabelos. A mulher pegou uma garrafa de óleo misturado com perfume, derramou o óleo nas mãos e gentilmente acariciou os pés de Jesus com o óleo — beijando-os enquanto os ungia com o perfume.

Jesus simplesmente ficou ali sentado, sem hesitar, os olhos fixos nos fariseus, assistindo-os a reagir em choque e descrença, disparando chamas de desprezo de seus olhos sem misericórdia.

Simão não pôde suportar mais nem um minuto. Aquela estranha cena tinha chegado ao limite. Ele murmurou consigo e com seus convidados "mais respeitáveis": "Se este homem fosse profeta, saberia quem nele está tocando e que tipo de mulher ela é: uma 'pecadora' " (Lucas 7.39).

Em outras palavras, se Jesus fosse verdadeiramente um profeta, ele saberia sobre o escandaloso pecado sexual dela e ficaria chocado. Mas Jesus sabia e não estava chocado!

Agora você deve concordar que essa *era* uma situação controversa. Imagine uma conhecida prostituta se aproximando do seu pastor, beijando seus pés e derramando óleo sobre eles após o culto de domingo. Seria o último domingo do pastor na maioria das igrejas se ele não pusesse rapidamente fim a tudo isso! O que Jesus estava pensando? Por que isso não chocou Jesus como chocaria todos nós?

Jesus olha para o coração. É sobre o coração que estamos falando. Jesus confrontou o coração desafeiçoado de seu anfitrião e de seus amigos enquanto aquela mulher demonstrou um coração transbordante de amor. Jesus declarou: "Simão, tenho algo a lhe dizer" (v. 40).

> "Dois homens deviam a certo credor. Um lhe devia quinhentos denários e o outro, cinquenta. Nenhum dos dois tinha com que lhe pagar, por isso perdoou a dívida a ambos. Qual deles o amará mais?"
>
> Simão respondeu: "Suponho que aquele a quem foi perdoada a dívida maior".
>
> "Você julgou bem", disse Jesus.
>
> Em seguida, virou-se para a mulher e disse a Simão: "Vê esta mulher? Entrei em sua casa, mas você não me deu água para lavar os pés;

> ela, porém, molhou os meus pés com suas lágrimas e os enxugou com seus cabelos. Você não me saudou com um beijo, mas esta mulher, desde que entrei aqui, não parou de beijar os meus pés. Você não ungiu a minha cabeça com óleo, mas ela derramou perfume nos meus pés. Portanto, eu lhe digo, os muitos pecados dela lhe foram perdoados; pois ela amou muito. Mas aquele a quem pouco foi perdoado, pouco ama".
>
> Lucas 7.41-47

É de amor que estamos falando! Não se esqueça desse ponto extremamente crítico que Jesus levanta para todos nós — se você reconhecer verdadeiramente quanto custa para Deus perdoar você, isso inundará o seu coração com o amor a Deus e às outras pessoas que mais precisam dele. É tudo uma questão de amor! Não um amor que ignora o barro e o dano que destroem a obra-prima de Deus, mas um amor que reconhece quanto a misericórdia amorosa de Deus tem sido concedida a uma pessoa imperfeita como eu e você! Esse grande amor traz tanto graça quanto verdade para dar esperança a um mundo perdido e carente de perdão e restauração.

Jesus jamais ignorou o pecado daquela mulher (ele falou sobre "seus muitos pecados"), nem ignorou os pecados apenas aparentemente menos graves dos fariseus (corações preconceituosos e ingratos que não demonstraram nenhum amor ou misericórdia, embora tenham custado a Jesus o mesmo preço para serem perdoados — sua vida!). O que Jesus faz é destacar que tanto aquela mulher quanto os religiosos "bons" sentados em torno da mesa tinham uma dívida que *não podiam pagar*! Todos eles poderiam ter essa dívida perdoada, mas nenhum deles seria capaz de pagá-la por si mesmos.

Nos dias de Jesus, se você não pudesse pagar uma dívida, o seu destino era acabar na prisão do credor ou se tornar seu escravo (Mateus 18.30). O procedimento era o mesmo tanto para os que não podiam pagar *grandes* dívidas quanto para os que não podiam pagar *pequenas* dívidas. Talvez a razão pela qual ficamos tão chocados é que não nos sentimos realmente agradecidos ou necessitados *da mesma maneira* em relação à graça de Deus. Em outras palavras, não nos enxergamos corretamente. Por consequência, não experimentamos a magnitude do amor e da graça de Deus que nos são oferecidos e, por isso, não temos tanto amor ou tanta misericórdia no coração por aqueles que precisam da mesma coisa que nós!

Isso se aplica a você? Sua atitude se assemelha à atitude dos fariseus ou à atitude de Jesus? Há certos tipos de pessoas que você trata como irredimíveis — em situação realmente péssima? Você se julga secretamente melhor do que "essas" pessoas; portanto, você tem uma dívida menor para com Deus? Você reconhece que não poderia pagar sua dívida, da mesma forma que as outras pessoas não podem, e que o ponto que Jesus defendia era realmente esse — não há diferença alguma entre nós, exceto pelo fato de que alguns reconhecem o custo do perdão, e outros não; alguns são mais agradecidos, outros menos; alguns amam mais em resultado do perdão, outros amam menos.

Cheios de culpa

Jesus não retrocedeu em choque e incredulidade diante da "maldade" relativa das pessoas, porque ele identificou a pessoa como uma obra-prima em vez de identificá-la como barro. A razão pela qual acredito que Jesus quer que seus seguidores sejam à prova de choque não está relacionada a odiar ou não odiar o pecado. Está relacionada a enxergar o pecado como ele é — um corpo estranho. O pecado não é a nossa verdadeira identidade — esse é o problema. Nós precisamos ajudar as pessoas a se identificar com a imagem de Deus nelas.

Paulo explicou esse ponto da seguinte maneira: "Não sou mais eu quem o faz, mas o pecado que habita em mim [ou seja, o pecado não sou eu]" (Romanos 7.17). Quando as pessoas se identificam com o barro (que não é elas), agem como barro! Quando as pessoas se identificam com a obra-prima que Deus as criou para ser, estão mais dispostas a permitir que o Mestre realize sua obra de restauração.

A culpa nos diz: "Você é igual a seu mau comportamento. Você é a soma de todas as coisas que fez e das quais não tem orgulho. Você é feio e sujo e sem valor. Você nunca terá valor algum — você é barro". O problema com a culpa é que ela nos mantém agindo como barro, de modo que apenas continuamos nos enlameando e arrastando outros para rolar no barro conosco. Jesus remove a culpa de todas as pessoas dispostas e as identifica como seus filhos estimados, amados e adotados, que *serão* plenamente restaurados (Efésios 2.3-5). Ajudar as pessoas a reconhecer "que tipo" de gente Deus as criou para ser pode catalisar a obra de restauração de Deus nelas!

O tipo de pessoas de St. Lucia

O papagaio St. Lucia, uma das mais belas aves do mundo, estava fadado à extinção. Por volta de 1977, apenas uma centena dessas aves exóticas permanecia na terra, todas elas na pequena ilha caribenha de St. Lucia. O visual turquesa, verde-limão e vermelho do papagaio St. Lucia tem sido alvo de armadilhas e caça, e seu *habitat* natural vem sendo dizimado há décadas. Um biólogo previu que o papagaio "não conseguiria escapar da extinção por volta do ano 2000.

Foi quando Paul Butler, um jovem de 21 anos de idade e sem nenhuma autoridade ou dinheiro, assumiu o desafio de convencer os habitantes de St. Lucia de que eles eram o *tipo de pessoas* que protegem o que lhes pertence. Ele fez tudo o que estava a seu alcance para ajudar as pessoas a reconhecer: "Este papagaio é nosso. Ninguém tem essa espécie além de nós. Precisamos tratá-la com carinho e assegurar sua sobrevivência". Ele organizou eventos, montou teatro de marionetes, distribuiu camisetas, convenceu bandas a gravarem músicas sobre o papagaio e pediu aos ministros religiosos para orar sobre a proteção comunitária do papagaio. Tudo isso com o objetivo de convencer os habitantes de St. Lucia de que "somos o tipo de pessoas que se importam com o nosso papagaio". E funcionou!

Em vez de acabar extinta, a população de papagaios St. Lucia cresceu mais de 600% desde que Butler iniciou sua Campanha da Identidade.[1]

A nossa visão em relação ao "tipo" de pessoas que somos muda o nosso comportamento. Os fariseus identificavam a mulher imoral por causa de seu barro. "Se este homem fosse profeta, saberia quem nele está tocando e *que tipo* de mulher ela é: uma 'pecadora' " (Lucas 7.39). Que tipo de mulher ela *é*? Eles podiam ver apenas o barro, de modo que a trataram como sujeira. Jesus via o tipo de mulher que ela fora criada para ser!

Tudo se resume a uma questão de identidade. Você vê a imagem de Deus em cada pessoa? Consegue vislumbrar a intenção original de Deus para uma vida? Isso deve ter sido o que Jesus conseguia ver! Ele de algum modo ajudou as pessoas a identificar "que tipo" de pessoas Deus criou para que elas fossem. Os fariseus não tinham a visão espiritual para enxergar que tipo de mulher ela fora criada para ser, de modo que eles inadvertidamente faziam o trabalho do destruidor, que mantém as pessoas escravizadas a seu pecado ao mantê-las identificadas com o pecado. Que tipo de pessoas somos? Essa é uma questão crítica. Como vemos a nós mesmos e aos outros?

A condenação já foi dada

Todas as pessoas crescem sob a voz condenatória da culpa. Todos nós nos sentimos assim porque, à parte da graça de Deus, é a mais pura verdade. As pessoas conhecem bem lá no fundo as palavras condenatórias de Paulo: "Porque tenho o desejo de fazer o que é bom, mas não consigo realizá-lo. Pois o que faço não é o bem que desejo, mas o mal que não quero fazer, esse eu continuo fazendo [...]. Miserável homem que eu sou! Quem me libertará do corpo sujeito a esta morte? (Romanos 7.18,19, 24).

1 Heath, Chip; Heath, Dan. **Switch**: How to Change Things When Change Is Hard. New York: Broadway Books, 2010. p. 151.

Paulo mostrou como a culpa nos faz sentir miseráveis e condenados. Que esperança há para mim se essa é a verdade? As pessoas naturalmente sentem esse senso de julgamento sem esperança e, assim, fogem do Senhor.

À parte da graça de Deus, à parte de saber que Deus nos estende a esperança que pode restaurar a mais danificada obra-prima, as pessoas vivem o tempo todo sentindo-se condenadas. Identificar as pessoas com o barro apenas as afasta ainda mais do Mestre que pode restaurá-las.

Steve, um cético pensador agnóstico, tinha uma opinião muito negativa a respeito da religião organizada e não queria de modo algum pensar em Deus ou nas alegações de Jesus. Sua esposa o convidou a ir à nossa igreja e, à medida que ele começou a entender a visão de Deus para sua vida, enviou-me por *e-mail* este *insight*:

> Até agora eu não queria pensar tanto sobre Deus, porque isso significaria que eu teria de encarar tudo o que já fiz de errado neste mundo — todas as pessoas que posso ter ferido, todas as coisas ruins que posso ter feito, até mesmo os meus pensamentos mais íntimos. Eu não quero enfrentá-los — eu não quero saber disso — eu não gosto dessa pessoa que poderei encontrar. Por que então permaneço tão imobilizado em ser essa pessoa? Eu quero ser alguém melhor. Não quero magoar as pessoas. Quero ser libertado desses desejos de fazer coisas ruins. Não estou pronto para lidar com todo o meu passado, mas talvez no momento apropriado eu possa encontrar paz nisso em que me tornei. De toda forma, acho que agora estou pronto para avançar e seguir o caminho de Deus para ser uma versão melhor de mim mesmo.

Relacionamento é a solução

Você consegue sentir a culpa e a condenação que mantêm as pessoas afastadas da graça restauradora de Deus? A menos que nós, como Jesus, ofereçamos realmente "boas-novas" sobre Deus para compensar as más notícias que cada um secretamente entende, as pessoas continuarão simplesmente fugindo do Senhor.

Portanto, precisamos ser como Jesus. Precisamos começar onde Jesus começou, com pessoas perturbadas e que se sentiam miseráveis. Jesus não começou com o barro, mas com a esperança dessas "boas-novas" a respeito de um Deus de graça que oferece um relacionamento aos pecadores para que eles se tornem as pessoas que foram planejadas para ser (todos nós precisamos disso).

Pense no seguinte: Jesus não confrontou as práticas de roubo de Zaqueu; ele ofereceu um relacionamento, e isso mudou a vida de Zaqueu! Jesus não se certificou de que a mulher junto ao poço compreendesse que o sexo fora do casamento é errado (embora ele tenha dito isso em outras ocasiões); ele ofereceu à mulher água viva que tornava detestável a água turva.

Jesus não fez a mulher flagrada em adultério recordar que ela havia quebrado os Dez Mandamentos — não precisou fazer isso —; ele simplesmente a livrou da condenação para que ela pudesse seguir o conselho do Mestre: "Vá e abandone sua vida de pecado" (João 8.11). Jesus ofereceu uma chance para que ela vivesse uma vida nova! O relacionamento era a solução de Jesus para o pecado. Nós podemos oferecer um relacionamento restaurador às pessoas cobertas de lama? É isso o que significa ser parecido com Jesus!

....

Sunni♦ deu uma espiada no espelho retrovisor. Alguma coisa nos inocentes e grandes olhos marrons sorrindo no banco de trás do carro disparou um acorde profundo em sua alma. *Ela merece mais do que eu tive,* Sunni pensou. O lindo dia ensolarado contrastava vividamente com as escuras memórias adolescentes da morte de sua mãe por *overdose*. Sunni tinha deixado de fazer *strip-tease* para ganhar a vida desde que a filha havia nascido, mas abandonar o álcool e as drogas não era tão fácil assim.

Minha linda garotinha merece mais do que uma mãe viciada em relacionamentos doentios. Como é que eu me livrarei disso? Sunni pensou nos muitos homens com que ela já havia deitado, sempre esperando ser resgatada por um príncipe montado em um portentoso cavalo branco. *Eu fico com homens que são mentirosos, manipuladores, alcoólicos e traidores porque estou desesperada para ser amada por alguém,* Sunni pensou, *e apesar disso eu me sinto o tempo toda vazia, como se estivesse sempre faltando alguma coisa.*

— Mamãe, quando nós vamos à igreja de novo? — a voz da pequena Autum♦, com seus 4 aninhos de idade, interrompeu a introspecção de Sunni. Com as boas recordações de frequentar a igreja de sua tia quando criança, Sunni tinha tentado ir à igreja um ano antes. Mas ela sempre saía dessa última igreja sentindo-se pequena, suja, desmerecedora do amor de Deus, como se não houvesse maneira de se redimir aos olhos de Deus. E ela sabia que, se aquelas pessoas descobrissem algo sobre seu passado, certamente a rejeitariam.

— Eu não sei, querida — Sunni respondeu a Autum. No entanto, naquele mesmo dia, enquanto dirigia e escutava sua estação de rádio favorita, Sunni ouviu um anúncio que a fez sorrir. "Ouvir o anúncio de uma igreja numa rádio especializada em música *rock* foi uma completa surpresa para mim", Sunni recorda, "mas o que grudou na minha mente foram as últimas palavras: 'Venha como você está — proibido para pessoas perfeitas' ".

Sundeos é uma igreja que ajudamos a iniciar em Oregon. Sean,♦ o pastor, recorda-se do primeiro encontro com Sunni naquele domingo. Sunni veio uma vez e apreciou o fato de que as pessoas pareciam genuínas e verdadeiras, mas suas memórias do passado ainda a perseguiam: *Talvez eles estejam representando,* ela concluiu. As pessoas pareciam falsas e preconceituosas na última igreja em que Sunni estivera; ela simplesmente esperava que o mesmo acontecesse aqui — em especial se eles soubessem de seu passado. Duas semanas depois, ela estava com uma ressaca tão grande no domingo de manhã que seu corpo tremia por causa da desidratação.

"O convite 'Venha como você está' continuou vivo na minha mente", Sunni recorda, "então decidi colocá-los à prova e ver se eles me manteriam por perto" — antes tarde do que nunca, ela calculou. Sean a viu entrar na igreja, apresentou-se como o pastor e perguntou como ela estava passando.

— Estou com uma ressaca tremenda — Sunni confessou, na clara intenção de provocar uma reação preconceituosa.

— Oh, então você precisa de um pouco de café — Sean respondeu. — Posso pegar para você?

Sunni ficou chocada. Ela tentou fazer a mesma coisa várias vezes com outras pessoas, empenhando-se em obter uma reação à sua "tremenda ressaca". Em vez disso, sentiu como se as pessoas ali estivessem menos preocupadas com sua ressaca do que estavam preocupadas com sua pessoa — uma completa surpresa.

"Eu continuei a frequentar a Sundeos e comecei a construir relacionamentos fantásticos com as pessoas de lá, e, à medida que a minha confiança aumentava, comecei a dizer menos palavras para chocar os outros (o que era um mecanismo de defesa que eu usava com o intuito de manter as pessoas longe o bastante para que não me ferissem) e comecei a permitir a mim mesma ser levemente vulnerável. Sean, Collette, Chandy e algumas pessoas me fizeram entrar em sua vida como se eu fosse da família. Não importava o que eu dissesse ou fizesse, a resposta era: 'Eu amo você exatamente por quem você é, exatamente onde você está, e é isso o que Jesus faz'. Nove meses depois, eu quase morri de *overdose* como minha mãe no passado, mas clamei por ajuda — dessa vez, a Deus e a meus novos amigos cristãos."

Sunni entrou num programa de reabilitação para livrar-se das drogas e do álcool, e Sean a batizou em nome de Jesus. Hoje Sunni celebra quase quatro anos de sobriedade. "Deus me guiou a um homem cristão fantástico com quem estou casada há quase um ano, voltei a estudar e sei que Autum terá uma vida melhor do que tive, porque Deus está conduzindo todos nós."

....

Jesus ofereceu misericórdia a pessoas que precisavam de misericórdia. Ele anunciou boas-novas sobre o coração de Deus a pessoas que se sentiam condenadas, julgadas e crentes de que não havia esperança para elas em Deus. Ele ofereceu às pessoas relacionamento restaurador. Como seguidores de Jesus, será que nós primeiro apresentamos algo relacionalmente "bom" às pessoas necessitadas de boas notícias, ou mostramos um evangelho de gerenciamento do barro que diz: "Enquanto elas não virem o barro, não reconhecerão sua necessidade de Deus"?. Ou: "Enquanto eu não ajudá-las a reconhecer as 'más notícias' de como seu pecado é terrível, elas não reconhecerão sua necessidade de perdão"? Jesus não fez isso, mas os fariseus fizeram.

Isso não significa que Jesus ignorasse ou negasse a seriedade dos nossos pecados contra Deus ou dos nossos erros contra os outros. Jesus não negava a verdade sobre o pecado (como veremos nos capítulos seguintes). Em vez disso, ele punha os holofotes da graça sobre a obra-prima, de modo que pessoas pudessem ver por que o barro precisa ser removido.

O que aconteceria se você entrasse no seu ambiente de trabalho, no seu bairro, na sua casa e começasse a tratar as pessoas exatamente como Jesus as tratava? E se você não se deixasse abalar pelo barro... mas fosse motivado por misericórdia... e estivesse comprometido a restaurar valor? Precisamos adotar uma nova mentalidade. Deus talvez precise remover algumas das suas manchas mais encardidas para tornar você mais parecido com Jesus do que com um fariseu. Você permitirá que ele faça isso? Precisamos aprender a substituir o choque pela misericórdia que restaura valor em vez de desvalorizar as pessoas. Mas como fazer isso?

Aqui está uma verdade poderosa a respeito da qual você provavelmente nunca pensou: A maneira pela qual você decide enxergar as pessoas importa mais do que aquilo que você diz ou faz.

QUESTÕES E AÇÕES

1. Reflita a respeito da seguinte questão: Na lista a seguir, assinale cada "tipo de pessoa" com relação à qual você talvez se sinta constrangido ou incomodado para conversar. Sinta-se livre para escrever novas

categorias que venham à sua mente. Peça a Deus que mostre por que você se sente dessa maneira e por que essas categorias poderiam limitar a obra dele por meio de você:

( ) um viciado em drogas
( ) uma lésbica
( ) um liberal
( ) um conservador
( ) um muçulmano
( ) um hindu
( ) um budista
( ) um cristão nominal
( ) um casal *gay*
( ) um criminoso convicto
( ) um bruxo
( ) uma *stripper*
( ) um molestador sexual condenado
( ) um ateu nominal
( ) alguém de uma cultura ou etnia diferente
( ) uma pessoa "bem-sucedida"
( ) uma pessoa bonita
( ) uma pessoa em uma cadeira de rodas
( ) uma pessoa perturbada
( ) outros ______________ ______________ ______________

2. Experimente realizar a seguinte ação: Procure pessoas com as quais você possa interagir nesta semana e que o deixem incomodado ou pareçam muito diferentes de você. Novamente, apenas faça perguntas sobre o que elas gostam de fazer ou quais foram as coisas mais divertidas que elas fizeram ultimamente. Se elas disserem algo chocante ou talvez doloroso, ore: "Deus, mostra-me o valor inestimável que o Senhor atribuiu a essa pessoa".

Capítulo 3

Restaurando valor

Hawkeyes
Foto: Travistank.com

Isso não está certo!, Tracy pensou. *Como posso adorar a Deus com* isso *bem diante dos meus olhos?* Tracy estava completamente distraída pela mulher com o cabelo azul todo espetado, sentada no banco da frente. Ela rapidamente processou a informação — sem maquiagem, cabelos curtos, jaqueta *jeans*, tatuagem — e proferiu o veredicto. Tracy cutucou seu marido, apontou para a mulher e deixou escorregar uma notinha: "Ela é *gay*; vamos sair daqui".

Tracy e o marido foram conhecer a Gateway a pedido da filha. Tracy frequentou a igreja a vida inteira e chegou mesmo a trabalhar durante décadas na equipe interna. Ela sabia distinguir o certo do errado, e aquilo era errado!

"O meu marido parecia um pouco menos interessado do que eu em analisar a jovem", Tracy recorda, olhando para trás. "Acho que eu a mirei o culto inteiro na igreja. Eu estava zangada. Sim, eu estava! Eu sentia como se ela não tivesse direito de estar na igreja, muito menos de se sentar à minha frente. Eu estava lá para adorar a Jesus, e ela era uma completa distração. Eu espiei discretamente suas 'amigas', imaginando que coisas perversas elas provavelmente faziam juntas. Eu estava completamente aborrecida, absolutamente enojada! À medida que eu tentava prestar atenção na mensagem, os meus olhos se voltavam para aquela mulher o tempo todo — ainda formando uma opinião, observando seus gestos, analisando, julgando. Senti arrepios ao sentar atrás dela, com tantos lugares na igreja. E fiquei questionando: *Por que, oh, por que eu não poderia ter sentado onde sentamos normalmente?* À medida que o fim do culto se aproximava, eu pensava: *Ótimo! Finalmente posso sair.*"

No entanto, assim que eles terminaram a canção de encerramento do culto, algo captou a atenção de Tracy e a fez tombar para trás. A mulher de aparência durona estava vestindo uma saia! Uma saia de renda branca muito feminina. Por alguma razão, isso confundiu Tracy a tal ponto que ela não conseguia parar de olhar, seguindo aquela jovem por todo o caminho ao longo do pátio. As pessoas que ela sabia serem cristãos sólidos cumprimentaram e até abraçaram aquela mulher. Então aconteceu! Tracy assistiu em choque quando a mulher se virou e deu um enorme abraço... em sua filha. Pelo resto do dia, Tracy se sentiu perturbada e em conflito. Naquela noite, Tracy chamou a filha, e elas tiveram uma longa conversa sobre "aquela mulher". Tracy enfim descobriu o restante da história de Lisa.

Lisa foi criada por uma mãe viciada em drogas pesadas. Seu pai as deixou somente para ser rapidamente substituído por um padrasto que abusou sexualmente de Lisa antes que ela tivesse idade para conhecer o significado da palavra "sexo". Depois de prolongados anos de abuso, querendo proteger a irmã mais nova de ser abusada, Lisa foi à corte testemunhar contra o padrasto. Era jovem demais para que alguém acreditasse em seus relatos, e a família inteira se virou contra ela. Lisa foi obrigada a morar com o pai biológico aos 12 anos de idade, e não apenas teve a amizade íntima de sua irmã arrancada, mas seu pai biológico rapidamente passou a molestá-la sexualmente também.

Lisa começou a experimentar drogas no ensino médio para acalmar o turbilhão de raiva e desgosto que sentia em relação aos homens. Ela não confiava neles nem em sua perigosa feminilidade. O único rapaz com o qual se sentia segura para namorar no colégio tinha uma natureza muito feminina. Contudo, quando Lisa engravidou, ele também se tornou um monstro violento. Bateu tanto em Lisa que ela perdeu o bebê aos 16 anos de idade. Sentindo-se terrivelmente sozinha aos 22 anos de idade, Lisa tentou reconciliar-se com a mãe, que então lhe apresentou o cristal de rocha.

"Não pude conter a cascata de lágrimas", Tracy recorda, "quando a minha filha compartilhou a obra maravilhosa de cura que Jesus tinha feio na vida de Lisa desde que ela fora batizada um ano antes. Descobri que Lisa tinha superado o vício em drogas, trabalhado nos 12 passos e até mesmo perdoado sua família. Ela estava participando de um pequeno grupo, e um casal mais velho agora lhe oferecia mentoreamento como pais amorosos. E a saia? — bem, Lisa sentia que Jesus tinha tornado as coisas seguras o bastante para ela começar a apreciar sua identidade feminina novamente.

"Eu estava com o coração destruído quando me enxerguei mais claramente do que nunca. *Eu era uma verdadeira fariseia!* Sim, eu tinha uma resposta rotineira ao pecado, um manual repleto de regras do tipo 'faça isso' e 'não faça aquilo', e, sim, eu era uma fariseia. Eu me sentia triste, envergonhada e arrogante. Um ano depois, encarei aquele dia como um encontro divinamente orquestrado. Jesus usou Lisa para me ajudar a reconhecer o meu pecado e me submeti a seu poder. Eu tinha perdoado a mim mesma e estava gostando dessa nova perspectiva sobre a vida."

Construindo a imagem certa

O que você carrega no seu coração com respeito a uma pessoa, a moldura mental na qual você a enquadra, é a isso que as pessoas reagem interpessoalmente. Entender esse mecanismo pode transformar você em uma pessoa mais doadora de vida. Você deve ter ouvido falar sobre um estudo que mostra que as palavras compõem apenas 10% da comunicação efetiva. O restante é comunicado de forma não verbal: por meio do tom de voz, da linguagem corporal, das expressões faciais. Eu gostaria de sugerir algo ainda mais subliminar que também domina a comunicação — o coração.[1]

Quatro décadas de pesquisa em psicoterapia demonstraram que o fator mais influente que faz uma pessoa mudar durante uma terapia é o relacionamento. Como o terapeuta *se sente em relação ao cliente* faz uma enorme diferença! Em mais de uma centena de estudos, os clientes indicaram que não foram as ideias ou as técnicas terapêuticas que mais ajudaram; foi o calor humano ("Você prestou atenção em mim e se importou com o que eu sentia"), empatia ("Você me entendeu") e relacionamento genuíno

1 Este estudo tem sido contestado ao longo dos anos, e a variação de contextos nos quais a comunicação efetiva é apenas 7% verbal, como indicado pelo estudo, tem sido questionada; contudo, não importam quais sejam as porcentagens exatas, a questão é em geral a mesma. Cf. DRUCKMAN, Daniel; ROZELLE, Richard M.; BAXTER, James C. **Nonverbal Communication**: Survey, Theory, and Research. Thousand Oaks, CA: Sage Publications, 1982. p. 84-85.

("Você me respeitou e demonstrou apreço por mim") que causaram o impacto mais significativo sobre a mudança comportamental e a visão de mundo de uma pessoa.[2]

Nós conseguimos realmente perceber o que há no coração de outra pessoa — como ela se sente a nosso respeito — e isso faz uma diferença enorme! Esta é uma verdade poderosa quando nos encontramos com outras pessoas. Se as pessoas fingirem interesse em você, mas não forem verdadeiramente genuínas —, talvez apenas queiram parecer boas ao agir de forma interessada. E você é capaz de perceber quando isso acontece!

Não importa se o seu chefe usa as técnicas mais recentes de gestão de pessoas com você — sentando-se na beirada da cadeira para praticar escuta ativa, perguntando sobre os seus familiares a fim demonstrar interesse — nada disso importa. Você responderá à maneira pela qual o seu chefe *se sente* de verdade em relação a você quando faz essas coisas — algo que você percebe intuitivamente.

Em um casamento, você e o seu cônjuge podem procurar um conselheiro habilidoso e desenvolver boas técnicas de resolução de conflito e de comunicação. Cada um de vocês pode fazer as coisas certas de maneira tecnicamente adequada. Mas nada disso importará se um de vocês cultivar desprezo no coração em relação ao outro — os dois saberão, e será isso o que provocará a reação![3]

O mesmo é verdadeiro para cada seguidor de Cristo ao se relacionar com outras pessoas. Os outros percebem intuitivamente como você *se sente em relação a eles*, e é a isso que eles reagem. Fazer treinamentos sobre o que dizer, memorizar argumentos que provam que você está certo, distribuir folhetos bem elaborados e livros de qualidade, tudo isso pode tanto ajudar quanto atrapalhar, dependendo de uma única coisa: o que há no

2 Duncan, Barry et al. (Eds.) **The Heart and Soul of Change**: Delivering What Works in Therapy. 2. ed. Washington: American Psychological Association, 2010. cap. 4.

3 The Arbinger Institute, **Leadership and Self-Deception** (San Francisco: Berrett-Koehler Publishers, 2010), apresenta uma ótima defesa desta verdade.

seu coração em relação àquela pessoa. Isso é o que mais importa! Isso é o que influencia a maioria das pessoas, mesmo que elas não possam conscientemente explicar por quê.

Isso significa que, se quisermos ser pessoas influentes — pessoas doadoras de vida, pessoas que são mais parecidas com Jesus —, precisamos estar atentos às *molduras mentais* nas quais enquadramos os outros. A imagem que fazemos dos outros no nosso coração, como nos sentimos em relação a eles, mais do que as palavras que dizemos, as técnicas que usamos ou as verdades que proclamamos — é isso que provoca um maior impacto.

Se você é verdadeiramente *a favor* das pessoas, se cultiva *boa vontade* em relação a elas no seu coração, se as tem em *alta conta*, as pessoas poderão enfrentar todo tipo de dificuldades porque saberão que você está do lado delas. No entanto, se o que você sente em relação às outras pessoas é desvalorização, julgamento, paternalismo, manipulação ou "autocentrismo", elas seguirão o que você diz como cães adestrados.

Contudo, talvez você pergunte: Como podemos manter bons pensamentos no coração quando as pessoas são tão ruins? Ótima questão!

Eu quero misericórdia

Jesus ofereceu misericórdia a pessoas que mereciam julgamento. No capítulo 4 de Lucas, Jesus levantou-se diante da sinagoga de sua cidade natal e leu a profecia de Isaías a respeito da missão do Messias (que deveria ser também a nossa missão!). Jesus disse: "Hoje se cumpriu a Escritura que vocês acabaram de ouvir" (cf. v. 21).

> "O Espírito do Senhor
>   está sobre mim,
> porque ele me ungiu
>   para pregar boas-novas
>   aos pobres.

Ele me enviou
para proclamar liberdade
aos presos
e recuperação da vista
aos cegos,
para libertar os oprimidos
e proclamar o ano da graça
do SENHOR".
Então ele fechou o livro.

Lucas 4.18-20

Ele disse: "Eu vim para fazer que as pessoas que lutam, pessoas de coração destruído, pessoas cativas a vícios, pessoas presas em trevas espirituais saibam que esta é a hora do favor de Deus — *Deus é por você, não contra você!*". Será que as pessoas percebem que você está a favor delas, não contra elas?

No entanto, devemos observar que Jesus interrompeu as palavras proféticas de Isaías no meio da frase. Ele leu: "para proclamar o ano da bondade do SENHOR", e então fechou o livro. Só que Isaías havia completado: "para proclamar o ano da bondade do SENHOR e o dia da vingança do nosso Deus" (61.2). Por que Jesus deixou essa parte fora da leitura? Por que ele cortou a parte sobre vingança e julgamento?[4]

Porque está chegando — está chegando o dia em que Deus consertará todas as coisas, e a justiça será feita. Antes, porém, ele oferece misericórdia a todos os que reconhecem sua necessidade. E ele oferece restauração a todos os que receberão a ajuda de Deus. Jesus assegurou: "Pois não

4 O dia da vingança e o dia do julgamento de Deus são sinônimos. Jesus disse: "Eu vim ao mundo como luz, para que todo aquele que crê em mim não permaneça nas trevas. Se alguém ouve as minhas palavras, e não lhes obedece, eu não o julgo. Pois não vim para julgar o mundo, mas para salvá-lo. Há um juiz para quem me rejeita e não aceita as minhas palavras; a própria palavra que proferi o condenará no último dia" (João 12.46-48).

vim para julgar o mundo, mas para salvá-lo" (João 12.47). Se Jesus não veio para julgar ou condenar, mas em vez disso veio para restaurar e libertar, e se isso se aplica também à época em que vivemos, nós estamos representando bem sua mensagem? Qual é a nossa postura: enquadramos os outros na moldura da misericórdia, ou na moldura do julgamento? A expectativa das pessoas é por julgamento, e isso as mantém afastadas do Único ser que pode ajudá-las. Preste atenção neste *e-mail* que recebi de Jenny:

> Durante anos, eu estava tão apavorada que nem mesmo pensava em ir à igreja. Houve muitas ocasiões em que me derramei em lágrimas só de pensar no julgamento que eu receberia se tentasse chegar a uma igreja. Nos últimos dois anos, venho sofrendo de profunda depressão. Tive quatro abortos naturais e um aborto provocado (dois abortos intencionais eram filhos do meu marido, os outros eram do "meu passado"). Eu me entreguei livremente e acabei abortando um bebê; concluí que esses abortos naturais foram uma punição para mim.

Misericórdia é um assunto de grande importância para Deus. Quando ele se revela a Moisés, o Senhor diz: "Diante de você proclamarei o meu nome: o SENHOR. Terei misericórdia de quem eu quiser ter misericórdia, e terei compaixão de quem eu quiser ter compaixão" (Êxodo 33.19). "E passou diante de Moisés, proclamando: 'SENHOR, SENHOR, Deus compassivo e misericordioso, paciente, cheio de amor e de fidelidade' " (Êxodo 34.6). A misericórdia e a compaixão definem o caráter de Deus.[5] Jesus anuncia: "Bem-aventurados os misericordiosos, pois obterão misericórdia" (Mateus 5.7).

5 O versículo seguinte também se refere à justiça divina: "[Deus] não deixa de punir o culpado" (Êxodo 34.7). Mas a justiça é a descrição de cargos de Deus, não nossa. Jesus pagou a punição de todos os que o recebem. Somos instruídos a demonstrar misericórdia, não a punir o mundo por causa de seus pecados.

A misericórdia e a amabilidade demonstradas pelas mulheres na nossa igreja convenceram Jenny a frequentar um grupo chamado Perdoado e Libertado. É uma iniciativa voltada a curar as cicatrizes do aborto e a dar uma guinada no passado. Jenny explicou: "Fui batizada alguns meses atrás e comecei a fazer a experiência de *Revolução da alma* para aprender a ouvir os avisos de Deus. A minha vida está mudando a cada passo que sigo. O meu marido e eu estamos fortalecendo o nosso casamento, e tudo isso por causa de Deus".

É a bondade de Deus que leva as pessoas ao arrependimento (Romanos 2.4). Jesus se aborrecia claramente com aquelas pessoas a quem ele demonstrava amabilidade e misericórdia, mas que por sua vez se recusavam a estendê-las aos outros (Mateus 18.33). Tendemos a pensar que não cairemos nessa armadilha, mas os encontros de Jesus revelam que pessoas religiosas com inclinação evasiva com frequência escorregam e caem.

Religião impiedosa

Na segunda vez em que Jesus disse aos fariseus que eles deveriam aprender o significado das palavras de Deus: "Desejo misericórdia, não sacrifícios" (Mateus 12.7), Jesus e seus discípulos tinham entrado na casa do Senhor e comido os pães da Presença em pleno sábado. Os fariseus acusaram Jesus de quebrar a Lei de Moisés ao trabalhar no sábado. Jesus insistiu em que ele e seus discípulos eram inocentes (os fariseus não entendiam a essência da lei de Deus). Que ligação Jesus encontrou entre o uso que os fariseus faziam da Lei de Moisés e a ausência de misericórdia?

Embora Jesus não tivesse verdadeiramente quebrado a lei, ele justificou suas ações com dois exemplos que representavam tecnicamente a desobediência à Lei de Moisés. Davi fugiu para salvar a vida da perseguição do rei Saul, mentiu ao sacerdote para não denunciar sua presença e então tomou o pão consagrado que apenas os sacerdotes podiam legalmente comer. Jesus refere-se a esse incidente e esclarece as coisas:

"Ele entrou na casa de Deus e, junto com os seus companheiros, comeu os pães da Presença, o que *não lhes era permitido* fazer" (Mateus 12.4). Apesar disso, não encontramos nas Escrituras condenação a Davi e seus homens. Por quê?

Jesus confronta a abordagem farisaica das Escrituras que não valorizava a misericórdia (na situação de risco de vida enfrentada por Davi) acima do julgamento (violação técnica da lei). Eles não entendiam o que o meio-irmão de Jesus, Tiago, veio a concluir posteriormente: "A misericórdia triunfa sobre o juízo!" (Tiago 2.13).

Jesus não negou a Lei de Moisés; ele a cumpriu de um modo que os fariseus nunca foram capazes de fazer (Mateus 5.17-20). Ele acusou os fariseus de se esquecerem do ponto principal e considerarem a tecnicidade da lei mais importante do que as pessoas às quais a lei devia servir. No relato de Marcos a respeito desse encontro, Jesus disse: "O sábado foi feito por causa do homem, e não o homem por causa do sábado" (Marcos 2.27).

A motivação dos fariseus não era o amor pelas pessoas, mas o amor por si mesmos. Eles amavam a lei porque a usavam para se sentirem importantes. Veja, o problema é o mesmo. Os fariseus não se viam como a obra-prima de Deus sendo misericordiosamente restaurada. Eles se viam como pessoas corrompidas que haviam consertado a si mesmas (ou que não precisavam de restauração). Como você se vê? Essa visão leva você a valorizar o "ser correto" ou o "conhecer a verdade", mais do que o "demonstrar compaixão ou misericórdia" a um mundo perdido que Jesus quer restaurar?

Depois de me converter, eu me tornei um ávido estudioso da Bíblia e por fim acabei entrando no seminário teológico. No entanto, como a maior parte do meu senso de importância ou valor ainda vinha de "ser inteligente" ou de "ser bom" em tudo o que eu fazia, o meu conhecimento e a minha aplicação das Escrituras estavam voltados para o meu umbigo. Eu usava a Bíblia para provar quanto eu era inteligente ou bom. Quando comecei a ensinar, escorreguei sutilmente para o farisaísmo.

O meu amor pela verdade baseava-se mais na minha preocupação em provar que eu estava certo do que em ajudar os outros a encontrar a restauração.

Marcos registra outra controvérsia sobre o sábado na qual Jesus se mostra genuinamente zangado porque os líderes religiosos estavam mais preocupados em provar que estavam certos a respeito da lei do sábado do que em se importar com um homem com a mão atrofiada que Jesus queria curar (Marcos 3.1-6). Honestamente, eu vejo o tempo todo cristãos evangélicos que parecem valorizar o "falar a verdade" e o "ser correto" muito mais do que valorizam o "levantar um dedo" para ajudar pessoas perdidas, feridas ou desviadas. Creio que essa é uma boa indicação de que nós perdemos o senso da verdade sobre a essência de Jesus!

Recebi um *e-mail* de um pastor que teve coragem de olhar honestamente no espelho e virar as costas para o farisaísmo. Preste atenção no que ele diz:

> Fui criado em uma igreja cristã tradicional com uma mentalidade extremamente conservadora. Cursei o ensino médio e o seminário teológico com essa mesma mentalidade. O que eu aprendi com esse treinamento todo foi a ideia de que nós travamos uma batalha pela verdade e, quando deparamos com a nossa cultura, precisamos entrar nessa batalha e tentar a todo custo vencer essa disputa.
>
> Ao ler a obra *Proibida a entrada de pessoas perfeitas*, eu realmente me identifiquei com sua história sobre compartilhar o evangelho com um indivíduo cuja resposta foi: "Sim, eu entendo o que você está dizendo; só não quero ser como você". Quando li isso, sentei e chorei. Deus me convenceu de que eu estava mais interessado em ser correto, em buscar alguma passagem da lei que protegesse a minha visão de cultura, e em me certificar de que todos soubessem o que eu represento, mais do que eu estava interessado no quebrantamento da cultura bem à minha frente. Eu tinha inadvertidamente me tornado

uma barreira para as pessoas que buscavam a graça. É difícil admitir isso, mas é a pura realidade.

Reconhecendo essa verdade, ele trabalhou duro para levar sua igreja a reconhecer e a se importar com a cultura ao redor, mas os membros não estavam dispostos. Certa vez, uma pessoa chegou a lhe dizer: "Sei que essas mudanças são necessárias, mas você pode pô-las em prática quando eu tiver morrido e partido".

Corajosamente, os 47 anos de idade, ele e a esposa deixaram sua zona de conforto e iniciaram a The Harbor Community Church, em St. Louis, e muitas pessoas feridas pelas tempestades da vida encontraram a fé em Jesus como resultado!

Nenhum julgamento

Os fariseus amavam julgar as pessoas! Jesus os exortou: "Não julguem, e vocês não serão julgados. Não condenem, e não serão condenados" (Lucas 6.37). À medida que você ler sobre os encontros dos fariseus com Jesus, verá o tempo todo que os fariseus julgavam as outras pessoas e não tinham a menor misericórdia ou compaixão por aqueles que não conseguiam chegar à altura de seus padrões. Jesus os censurou: "Ai de vocês também!, porque sobrecarregam os homens com fardos que dificilmente eles podem carregar, e vocês mesmos não levantam nem um dedo para ajudá-los" (Lucas 11.46). Em vez de ajudar compassivamente as pessoas, será que nós as sobrecarregamos com o fardo do julgamento quando elas não conseguem viver de acordo com os *nossos* padrões?

Essa é a chave do farisaísmo — julgar não segundo os padrões de Deus, mas segundo os nossos padrões. É isso o que mais aborrecia Jesus: os fariseus são hipócritas! Eles não se julgam pelos padrões de Deus, mas julgam rapidamente os demais pelos próprios padrões. As pessoas percebem isso exibido em seus olhos de condenação.

Somos mais parecidos com Jesus ou com os fariseus? A resposta não é tão óbvia. Descobri que a crítica farisaica faz crescer joio no meu jardim de boas sementes, mas eu não consigo enxergar isso. Durante toda uma semana, tentei estar mais consciente de qual é o meu olhar em relação às pessoas. Aqui está o que descobri:

Julgar é *divertido*!

Julgar as outras pessoas faz você se sentir bem, e não tenho certeza de ter passado um único dia sem cometer esse pecado. Em determinada semana, posso condenar o meu filho inúmeras vezes por causa do quarto bagunçado; posso julgar a minha filha por estar mal-humorada — o que me aborrece especialmente quando sou eu que estou de mau humor (a diferença é que sempre tenho uma *boa* razão para estar assim!). Eu julgo a minha esposa por se envolver demais no serviço da igreja (porque isso estabelece padrões mais elevados para eu seguir); e até o meu cachorro recebe o martelo da condenação por causa de sua respiração ruim (apesar de alimentarmos o pobre animal com lixo, não escovamos seus dentes). Alguns de vocês podem estar pensando: "Espere aí. Você está dizendo que corrigir os meus filhos por causa de um quarto bagunçado é julgar?". Não mesmo! Mas há um tipo de correção que avalia com misericórdia e há um tipo de correção que desvaloriza com julgamento.

Assisto ao telejornal e condeno as "pessoas idiotas" que fazem aquelas coisas absurdas. A maioria dos *reality shows* da tevê está repleto de pessoas que posso julgar como pecaminosas, ignorantes, estúpidas, arrogantes ou infantis. Basta pegar o carro e dirigir alguns metros para encontrar uma horda de motoristas ineptos que devem ter sido reprovados no exame de habilitação — e, para completar, aproveito o ensejo para lançar uma pequena condenação sobre o nosso Departamento de Segurança Pública!

No mercado, reclamo com os meus botões sobre a estúpida falta de organização que torna impossível encontrar o que estou procurando, tudo isso enquanto estou sendo torturado pela música ambiente — quem é o responsável pela programação musical neste lugar? Escolho a fila mais curta, que eu considero longa demais também porque — *"ATENÇÃO, PESSOAL — é a fila para '10 itens ou menos', e estou vendo que vocês já ultrapassaram esse número há muito tempo com essas suas três cestas entupidas de produtos — O que há de errado com esse povo?"*. E por que aquela moça da caixa — uau, o que é *aquilo* que ela está vestindo?? — não se concentra no trabalho para que possamos dar o fora daqui o mais rápido possível?[6]

Se fôssemos honestos, reconheceríamos que julgar é o nosso passatempo preferido — mas não somos! Somos ótimos em julgar o mundo à nossa volta por padrões que *teríamos enorme dificuldade* em seguir! Julgar nos propicia uma sensação boa porque nos faz parecer melhores do que os outros — simplesmente ocupamos o lugar de Deus, a viga mestra padrão! Jesus destacou esse complexo de Deus naqueles que julgavam de acordo com os próprios padrões, mas não se julgavam de acordo com os padrões divinos de misericórdia, justiça e fidelidade (Mateus 23.23).

Os fariseus se sentiam superiores e não demonstravam *nenhuma misericórdia* por pessoas que não viviam de acordo com *seus padrões*. O que Jesus mais desprezava no coração dos fariseus era a falta de misericórdia. Ele lhes disse certa vez: "Se vocês soubessem o que significam estas palavras: 'Desejo misericórdia, não sacrifícios', não teriam condenado inocentes" (Mateus 12.7). Mais do que todos os nossos sacrifícios autojustificadores ("Eu faço isto, eu não faço aquilo — vejam como eu sou uma pessoa boa — pelo menos não sou tão ruim quanto Steve"), Deus quer corações capazes de receber sua misericórdia para que possam ser capazes de oferecê-la aos outros. Apenas quando nos colocamos sob o guarda-chuva da misericórdia de Deus é que podemos lidar com o barro e as manchas na nossa vida, não para nos sentirmos julgados ou condenados, mas para deixarmos Deus remover isso do nosso ser. Essa postura muda a nossa vida e a vida dos outros. Então, de que maneira podemos ser pessoas que, como Jesus, restauram valor?

6 Usei esta ilustração em uma mensagem que proferi sobre o farisaísmo, e adaptei a minha versão dessa ilustração de um livro excelente que recomendo: FISCHER, John. **12 Steps for the Recovering Pharisee (Like Me):** Finding Grace to Live Unmasked. Minneapolis: Bethany House, 2000. p. 14-15.

Restaurando valor ou depreciando

Hawkeyes viveu nas ruas durante anos. Abusado e abandonado por seu pai quando ainda era pequeno, sobreviver nas ruas foi o único tipo de vida que ele conheceu. Ele e a esposa, Lady Hawk, vivem em uma tenda na floresta, mas trabalham nas ruas para sobreviver.

Travis Tank decidiu sair às ruas e fazer um ensaio fotográfico intitulado "Nenhum Sem-teto no Céu". Sua missão era simples: prestar atenção nas histórias daqueles que viviam nas ruas e perguntar a eles como Deus os ajudava a sobreviver. Como fotógrafo profissional, ele combinaria essas histórias com suas imagens para criar um belo ensaio fotográfico. No processo, esperava transmitir a mensagem de que Deus amava essas pessoas e de que elas valiam muito para ele. Quando Travis fotografou Hawkeyes, este mencionou casualmente que nunca na vida tivera uma imagem sua registrada em fotografia.

Várias semanas depois, Travis localizou Hawkeyes e lhe entregou uma linda foto 8 x 10 emoldurada, na qual ele e a esposa, Lady Hawk, estavam se beijando. Travis levou também várias outras fotos lustrosas, incluindo um impressionante instantâneo de Hawkeyes que o fazia parecer um modelo de força — ao lado da bandeira hasteada do Texas, com os longos e desgrenhados cabelos loiros emoldurando o rosto queimado de sol — uma imagem extraordinária! (É a foto que abre este capítulo.)

Quando Travis entregou as fotos a Hawkeyes, aquele homem bruto, insolente e vestido em trapos explodiu em lágrimas! Algo naquelas fotos, ou talvez o valor que elas transmitiam, o tocou profundamente. Ele se postou diante de Travis e o abraçou. Como resultado, Hawkeyes e Lady Hawk decidiram que queriam saber mais sobre um Deus que os valorizaria tanto quanto Travis o fez, e foi assim que acabei conhecendo Hawkeyes. Na época em que escrevi este livro, ele e a esposa se sentavam no lado esquerdo no nosso culto de meio-dia e meia, com a bandeira do Texas erguida. Ele às vezes falava mais alto quando tinha uma opinião forte sobre algo. Temos visto muitas pessoas encontrando fé e esperança e um caminho para fora das ruas e dos vícios — mas isso usualmente começa com valor restaurado.

Quando estudei a vida de Jesus e seus encontros, fiz algumas descobertas chocantes. As pessoas alienadas pelo *establishment* religioso queriam estar perto de Jesus, e "havia muitos que o seguiam" (Marcos 2.15). A vida dessas pessoas mudou, e eu me convenci de que isso aconteceu principalmente em razão de como Jesus se sentia em relação a elas. O que ele carregava no coração em relação àquelas pessoas era percebido por elas. A misericórdia de Jesus conseguia enxergar algo de grande valor e importância através do barro, e em seus olhos as pessoas viam a esperança de se tornarem aquilo que sabiam que poderiam ser. Jesus restaurava valor!

Os fariseus religiosos, por outro lado, depreciavam as pessoas com base na importância relativa do pecado. E, claro, aquela não era uma escala justa. Os próprios pecados deles de orgulho preconceituoso ou mesquinharia não pesavam muito, mas a cobrança imoral de impostos, a bebedeira, os pecados sexuais, o descumprimento das práticas religiosas — tudo isso pesava uma tonelada. Na mentalidade dos fariseus, o pecado pesado subtraía valor de uma pessoa. E quanto a você: o que você pensa sobre isso?

Então aqui está uma importante questão a fazer para avaliarmos se somos mais parecidos com Jesus ou mais semelhantes aos fariseus nos nossos encontros com as pessoas: Eu restauro valor ou deprecio mentalmente as outras pessoas? Mantenho no meu olhar a imagem de uma pessoa que tem importância real (da perspectiva de Deus), ou mentalmente subtraio valor com base no meu julgamento sobre seu estilo de vida manchado pelo pecado?

O que vale a pena?

Vários anos atrás, tivemos de vender a casa da minha mãe. Eu cresci naquela casa. Aprendi a andar, a falar, a andar de bicicleta, a dirigir um carro — tudo aconteceu naquela casa (eu não dirigi o carro para dentro da casa... na verdade, essa é outra casa, e outra história). Ajudei o meu pai a enfeitar o jardim, construímos um pequeno lago e uma cascata na parte de trás. A minha mãe tinha vivido naquela casa por trinta anos. Todas as nossas lembranças estavam ali. Mas era preciso vendê-la.

Então nós a anunciamos pelo que imaginávamos ser seu valor. E ficamos esperando por muito tempo sem que um único comprador fizesse uma oferta. O corretor de imóveis nos disse: "Vocês precisam abaixar o preço. A casa só vale o que alguém estiver disposto a pagar por ela". Nós tínhamos avaliado aquela casa com base no tempo e na energia criativa ali empregados, isso para não mencionar o valor sentimental que ninguém mais era capaz de enxergar.

Outro ano se passou. Por fim, abaixamos o preço, e a casa foi vendida. O corretor estava certo: O valor real de qualquer coisa, seja lá o que for, é estabelecido pelo preço mais alto que uma pessoa pagará por ela.

Então, qual é o verdadeiro valor do ser humano mais enlameado? Qual é o mais alto preço que alguém pagará por ele? "Pois vocês sabem que não foi por meio de coisas perecíveis como prata ou ouro que vocês foram redimidos da sua maneira vazia de viver, transmitida por seus antepassados, mas pelo precioso sangue de Cristo" (1Pedro 1.18,19).

Jesus disse: "Mas eu, quando for levantado da terra, atrairei *todos* a mim" (João 12.32). Deus definiu o valor de cada pessoa pela qual ele estava disposto a pagar. Ele avaliou você, eu, Hawkeyes, os *gays*, os viciados em drogas, os predadores sexuais, os executivos deformados das corporações, as pessoas boas e felizes, cada um tem um valor eterno — e ele pôde pagar por todos nós! Por quê? Porque ele vê o que nós realmente valemos para o Artista, que investe sua energia criativa e mantém um memorial eterno de sua imagem em cada obra-prima única.

Então, o que nos justifica depreciar o valor das pessoas? Como podemos alegar seguir Cristo se não restauramos valor às pessoas que ele valorizou com o seu sangue? Talvez o problema seja que nós simplesmente não vemos o que Jesus vê.

O que você vê?

O jogador profissional de beisebol Matt White tinha uma tia que enfrentava dificuldades financeiras havia anos. Ela vivia em uma propriedade de 50 acres em Massachusetts. Quando sua saúde começou a definhar, a senhora foi forçada a vender a propriedade para pagar o plano de saúde. Como um ato de amabilidade, Matt comprou as terras da tia pelo valor estimado de 50 mil dólares. Enquanto estudava o terreno para ver onde construiria uma casa, Matt descobriu formações de pedras rochosas.

Matt contratou um geólogo, que pesquisou o solo e informou que aquelas pedras tinham um elevado valor comercial para a jardinagem e poderiam de fato ser vendidas a 100 dólares a tonelada... e agora Matt possuía cerca de 24 milhões de toneladas na propriedade. O valor avaliado na superfície era de 50 mil dólares; abaixo da superfície, a terra valia mais de 2 bilhões de dólares![7]

Quando Jesus olhava para as massas reunidas, ele via algo de imenso valor sob a superfície. "Ao ver as multidões, teve compaixão delas, porque estavam aflitas e desamparadas, como ovelhas sem pastor" (Mateus 9.36). Para sermos como Jesus, precisamos ver o que Jesus vê sob a superfície que tem valor infinito para Deus. O que precisamos visualizar na nossa moldura mental quando nos deparamos com pessoas perdidas?

Tesouros eternos à disposição

Jesus deve ter visto por baixo da pobreza espiritual, imaginando os tesouros eternos de Deus à disposição de cada pessoa pela fé. Paulo compreendeu isso: "Foi-me concedida esta graça de anunciar aos gentios as *insondáveis riquezas* de Cristo" (Efésios 3.8). Paulo podia olhar para a adoração de ídolos dos efésios pagãos e sexualmente mal orientados e ver que, abaixo da superfície,

[7] Associated Press: "White's Rock Quarry Could Net Pitcher Billions", *ESPN*, February 28, 2007, disponível em: < http://sports.espn.go.com/mlb/spring2007/news/story?id=2783310 >. Acesso em: 08 jan. 2014.

tesouros eternos permaneciam disponíveis em Cristo. Podia imaginá-los já vivendo de modo ousado e confiante na presença de Deus, autorizados pelos recursos ilimitados de Deus a desfrutarem de uma força interior, arraigados em cultivar o amor de Deus e vivenciando o amor de Cristo que torna uma pessoa plena e cheia de vida! É por isso que Paulo orava, porque era o que ele podia ver disponível para as pessoas (Efésios 3.12-19).

É isso o que você vê por baixo da superfície? Em caso positivo, isso moveria você com compaixão e misericórdia para querer que as outras pessoas conheçam o amor, a alegria, a paz, a amabilidade, o autocontrole, a plenitude de vida... tesouros eternos disponíveis a todos. Você faria tudo o que fosse possível para anunciar às pessoas, a todo tipo de pessoas, quão valiosas elas são para Deus, a ponto de ele lhes deixar disponíveis riquezas insondáveis por toda a eternidade — a despeito do barro!

Os restauradores são poucos

Quando Jesus olhava por baixo da superfície, isso ativava sua compaixão por pessoas angustiadas, humilhadas, desviadas, solitárias e desconectadas de Deus, que é o único a reconhecer nosso verdadeiro valor. Então Jesus disse algo chocante a seus seguidores: "A colheita é grande, mas os trabalhadores são poucos" (Mateus 9.37). Ele ordenou que os discípulos orassem por mais trabalhadores! E depois os enviou para serem eles próprios restauradores (9.37—10.1).

O problema principal não é que as pessoas não se sentem destruídas pelo pecado (muitas estão aflitas e abatidas). O problema não é que Deus não se importa (ele tem compaixão). O problema não é com a abertura ou com a disposição das pessoas para responder (a colheita é abundante). O problema somos nós!

O problema principal é que o plano de restauração de Deus para cada um de nós envolve uma orientação para que nos importemos com os outros — e isso exige a nossa disposição em fazer isso.

São poucos os que estão dispostos e disponíveis a firmar uma parceria com Deus em sua obra de restauração! Você está disponível para que Deus faça sua obra de restauração? Ou a sua vida é simplesmente ocupada por outras coisas mais importantes? Os trabalhadores são poucos — aí está o problema!

Pense nisso da seguinte forma: Alguma vez você já teve um movimento ou uma sugestão mental para parar e ajudar alguém em necessidade, mas porque você estava tão ocupado ignorou esse chamado? Alguma vez você já teve um pensamento urgente de que deveria confortar ou desafiar alguém espiritualmente, mas decidiu que isso poderia ser um tanto invasivo? Alguma vez você se sentiu guiado a dizer algo encorajador, mas a coisa toda parecia um pouco estranha? Deus dá avisos a todos, mas a maioria não corresponde! Os trabalhadores simplesmente não estão disponíveis.

Alguns anos atrás, dois psicólogos da Universidade de Princeton fizeram um experimento inspirado na parábola do bom samaritano (Lucas 10.25-37). Jesus contou a história de um viajante que foi assaltado, espancado e deixado à beira da morte na estrada entre Jerusalém e Jericó.

Um sacerdote e um levita (os líderes religiosos na cultura de Jesus) caminhavam pelo outro lado da estrada. O único a parar e ajudar foi um samaritano (considerado um pária naquela sociedade). Jesus inverteu as expectativas de seus ouvintes e fez do samaritano o herói que demonstrou misericórdia e, portanto, cumpriu a lei ao demonstrar amor ao próximo. Então Jesus disse ao perito na lei que tinha provocado a história: "Vá e faça o mesmo" (v. 37).

John Darley e Daniel Batson decidiram replicar a história do bom samaritano com os estudantes do seminário teológico em Princeton. Algumas variáveis foram acrescentadas ao relato. Os seminaristas foram entrevistados e indagados sobre por que queriam entrar no ministério. Havia uma variedade de razões, mas a imensa maioria declarou que queria entrar no ministério para ajudar os outros. Então eles foram solicitados a preparar um pequeno discurso — metade deles falaria sobre a história do bom samaritano e a outra metade sobre outros tópicos.

Por fim, foram orientados a ir a um prédio do *campus* para apresentar seu discurso. Ao longo do caminho, os pesquisadores posicionaram estrategicamente um ator em um beco para desempenhar o papel do homem que fora assaltado e espancado na história de Jesus. Ele estava caído no chão e gemia alto o bastante para que os passantes o ouvissem.

Os pesquisadores levantaram a hipótese de que aqueles que declararam ir para o ministério para ajudar as pessoas e aqueles que tinham acabado de preparar o discurso sobre o bom samaritano teriam maior probabilidade de parar e ajudar. Não foi o que aconteceu, contudo. Havia mais uma variável introduzida pelos pesquisadores.

Um pouco antes de os seminaristas saírem para fazer seu discurso, o pesquisador olhava para o relógio e dizia uma de três frases. A alguns seminaristas, ele disse: "Você está atrasado. Eles estão esperando por você há alguns minutos. Você deve apressar-se" (muita pressa). A outros, o pesquisador anunciou: "Eles estão prontos para você; então, por favor, siga rápido" (pressa intermediária). E ao outro grupo disse: "Você está adiantado. Eles não o estão esperando ainda, mas por que você não vai agora mesmo e apresenta seu discurso?" (pouca pressa).

Os resultados? Apenas 10% dos seminaristas do grupo com muita pressa pararam para ajudar (90% não ajudaram um rapaz caído e gemendo de dor porque *estavam com muita pressa*), enquanto 63% daqueles que estavam no grupo com pouca pressa pararam para ajudar. Em vários casos, um seminarista que estava indo falar sobre a parábola do bom samaritano passou literalmente por cima da vítima porque ela estava atrapalhando o caminho!

Darley e Batson concluíram que não fazia a menor diferença se alguém queria ajudar os outros ou se estava preparado para ensinar a parábola do bom samaritano. A única coisa que importava é se eles estavam ou não com pressa. Os pesquisadores chegaram à seguinte conclusão: "As palavras 'Você está atrasado' tiveram o efeito de transformar alguém que era compassivo em alguém indiferente ao sofrimento ou às necessidades dos outros".[8]

Simplesmente disponíveis

Se queremos ser mais parecidos com Jesus do que com os fariseus, precisamos estar disponíveis ao Espírito de Deus para ver e valorizar os necessitados mais do que valorizamos a nossa agenda. E se nós simplesmente nos tornássemos disponíveis a responder com misericórdia e compaixão quando Deus falar conosco? O que o Senhor poderia fazer para começar a restaurar os outros por meio de nós se simplesmente estivermos disponíveis?

Enquanto eu estava tratando desse tópico, tive uma das semanas mais atribuladas e ocupadas dos últimos tempos. Recebi uma mensagem de texto de um amigo com quem eu jogava futebol perguntando se eu queria almoçar com ele, e respondi: "Talvez na próxima semana", sem pensar muito a respeito. Na semana seguinte, percebi que aquele era um teste enviado por Deus. Tenho orado para que o meu amigo busque Deus, e aí estava ele me contatando — mas eu não estava disponível! Em vez de me penitenciar, eu me apoiei na graça de Deus e pedi ao Senhor que me desse outra chance de estar disponível.

Costumo ler alguns capítulos da Bíblia toda noite. Naquela semana, li algo que eu sabia que havia lido antes, mas daquela vez a passagem me tocou de um modo novo, revigorante, e sublinhei o texto. No dia seguinte, eu estava voando para Los Angeles a fim de falar num ministério em uma cidade do interior, e me sentei ao lado de uma mulher muito amigável da Tailândia. Eu não queria conversar porque só tinha aquele momento do voo para preparar a palestra que estava prestes a fazer.

---

8 DARLEY, John M.; BATSON, C. Daniel. From Jerusalem to Jericho, **Journal of Personality and Social Psychology**, v. 27(1), jul. 1973. p. 100-108.

A mulher continuou tagarelando sobre seu filho em Austin e comentando sobre quanto ela se preocupava com ele. Eu recebi um aviso silencioso de que Deus queria que eu me envolvesse na conversa. Orei: "Senhor, se é isso o que o Senhor quer, deixe bem claro para mim, porque tenho de preparar a palestra, mas também quero estar disponível". Então continuei trabalhando no meu discurso, quando a mulher perguntou: — Isso está na Bíblia?

Mais claro, impossível!

Eu pus de lado as minhas prioridades e disse: — Sim, você já leu esse texto?

Ela explicou que crescera budista, mas fora apresentada a Cristo e depois batizada. Logo em seguida, perdeu seu primeiro bebê e se sentia tão magoada e abandonada por Deus que parou de buscá-lo.

Eu compartilhei com a mulher a minha história de desapontamento com Deus quando o meu pai morreu e ressaltei que entendia muito bem como ela se sentia. Expliquei que as coisas deste mundo não acontecem de acordo com a vontade de Deus — porque o mundo está corrompido. E então o texto que eu havia sublinhado antes atingiu diretamente a minha mente. Isaías 65!

Eu disse à minha companheira de voo: — Na noite passada li algo na Bíblia que chamou demais a minha atenção, e sublinhei o texto — mas acho que sublinhei para você!

Aproximei a Bíblia para que ela pudesse ler silenciosamente o que eu havia sublinhado: "Por Jerusalém me regozijarei e em meu povo terei prazer; nunca mais se ouvirão nela voz de pranto e choro de tristeza. Nunca mais haverá nela uma criança que viva poucos dias" (Isaías 65.19,20).

A mulher olhou para mim, e seus olhos cheios de lágrimas disseram tudo o que era preciso ser dito. Então me voltei para ela e aconselhei: — Não desista de Jesus, pois ele não desistiu de você. Ele quer que você saiba quanto se importa com você.

Ela me contou que seu filho estava enfrentando problemas e que havia dito a ele: "Ore a Deus, a algum deus, a qualquer deus — talvez Deus possa ajudar você". Ela concordou que Jesus queria que ela orasse pelo filho novamente, e durante todo o voo a mulher seguiu dizendo: "Que coincidência fantástica!".

Não, não foi coincidência. É a obra de Deus, que quer, por meio de nós, mostrar sua misericórdia e seu amor a um mundo ferido e perdido. Você está disponível para colaborar com ele? Se está, precisamos aprender a trazer à luz a obra-prima que existe em cada pessoa. É isso o que vamos explorar a seguir.

QUESTÕES E AÇÕES

1. Reflita a respeito da seguinte questão: Em que ocasiões você se vê olhando alguém com desprezo, julgando-se "melhor do que" essa pessoa, talvez com um ar condescendente que diz: "Você precisa da ajuda de Deus mais do que eu preciso"? Peça a Deus que lhe mostre qual é a realidade que ele enxerga nessa situação. Como você pode restaurar o valor dessas pessoas nesta semana?
2. Experimente realizar a seguinte ação: Com frequência estamos ocupados demais para nos tornarmos disponíveis para a obra de restauração de Deus. Amanhã e depois de amanhã, acorde declarando: "Senhor, mostre-me sua tarefa para mim hoje. Estou disponível". A cada pessoa que você encontrar, pergunte: "Senhor, o que o Senhor quer que eu veja nesta situação? Como posso encorajar ou restaurar valor a essa pessoa?". E prepare-se para ver e agir!

Capítulo 4

Trazendo à luz a obra-prima

Estátua de Davi, Michelangelo (1501-1504)
Foto: Ying Feng Johansson, Dreamsite.com

Uma das obras de arte mais conhecidas da história é a estátua de Davi, esculpida por Michelangelo em 1504. A cada ano, mais de 1 milhão de turistas se deslocam para observar com admiração esse impressionante bloco de mármore branco de cerca de 5 metros de altura, primorosamente moldado em Davi com uma funda sobre seu ombro, preparando-se para a batalha com Golias. A estátua tornou-se um símbolo da força e da beleza humana.

Michelangelo considerava a escultura a mais elevada forma de arte porque ela imitava a criação divina. O artista trabalhava com a premissa de que a imagem de Davi já estava presente no bloco de pedra, e sua tarefa era simplesmente revelar a obra-prima debaixo das extremidades brutas e irregulares. O artista explicou:

> Em cada bloco de mármore eu vejo uma estátua tão claramente como se ela estivesse paralisada diante de mim, perfeitamente moldada em atitude e ação. Eu só preciso gentilmente talhar as duras paredes que aprisionam a aparição para revelá-la a outros olhos da mesma forma que os meus olhos a veem.

É exatamente isso o que eu espero que você veja. Deus, o Artista Mestre, criou cada pessoa, incluindo você e eu, à sua imagem. Essa imagem tem estado oculta sob camadas de identidades falsas, encapsulada em paredes de insegurança e medo, desfigurada e corrompida pelos pecados de outras pessoas e por pecados que nós mesmos temos cometido. O que com frequência vemos em nós mesmos e nos outros à nossa volta é apenas um impressionante bloco de mármore com protuberantes extremidades brutas e irregulares.

Deus vê a obra-prima esperando para ser revelada em Cristo. Ele vê seu Espírito escavando a ansiedade a fim de revelar a paz, esculpindo para fora a impaciência e a tempestade a fim de revelar uma amabilidade tranquila, retirando o orgulho vazio e corroendo a autopromoção a fim de revelar um poderoso amor centrado no outro, cortando para fora as cadeias do vício a fim de libertar e liberar o autocontrole, polindo a feiura de modos autocentrados a fim de revelar o brilho da misericórdia e do amor autodoados.

Jesus não apenas descreveu sua obra-prima em cada encontro; ele trouxe à luz a obra-prima. Ele destacou a verdadeira identidade das pessoas que Deus queria revelar esculpindo para fora tudo o que não era a imagem por ele projetada. Nós precisamos aprender a fazer o mesmo.

A mudança começa com a identidade

A lei moral não muda as pessoas. Quem fuma sabe que o cigarro mata, mas esse conhecimento não muda seu comportamento. A combinação de bebida e direção pode ser fatal, mas esse conhecimento não parece acabar com os motoristas bêbados. O conhecimento do certo e do errado não cria uma mudança duradoura nas pessoas. Então, o que muda o comportamento das pessoas?

Identidade! A maneira com que elas encaram a si mesmas.

E isso vem pela fé no Espírito de Deus. "Será que vocês são tão insensatos que, tendo começado pelo Espírito, querem agora se aperfeiçoar pelo esforço próprio? [...] É evidente que diante de Deus ninguém é justificado pela Lei, pois 'o justo viverá pela fé'. A Lei não é baseada na fé; ao contrário, 'quem praticar estas coisas, por elas viverá' " (Gálatas 3.3,11,12).

O estudioso do Novo Testamento Klyne Snodgrass observa: "O ensino inteiro de Jesus é adequado para confrontar e reorganizar a maneira de uma pessoa considerar a própria identidade. [...] A premissa do ensinamento de Jesus é que a identidade que ele descreveu é a identidade que as pessoas devem ter; o que Deus planejou desde o início é que, se as pessoas reconhecerem essa identidade, desejarão e *poderão* escolher essa identidade e, pela graça de Deus, crescer".[1]

....

....

[1] SNODRASS, Klyne. Jesus and a Hermeneutics of Identity, **Bibliotheca Sacra 168**, n. 670 (April-June 2011): 136.

James March, professor de ciência política na Universidade de Stanford, diz que, quando as pessoas fazem escolhas, elas se baseiam em um de dois modelos de tomada de decisão: o *modelo das consequências*, que avalia os custos e os benefícios para maximizar a satisfação imediata; ou o *modelo de identidade*, que pergunta: "Que tipo de pessoa eu sou? O que alguém como eu faria nesta situação?".

O modelo das consequências pode influenciar a tomada de decisão no curto prazo; contudo, uma vez que a identidade é central para a tomada de decisões duradoras, qualquer tentativa de mudança que não se fundamente na identidade de uma pessoa está fadada ao fracasso.[2]

March também observa que a identidade das pessoas muda, cresce e influencia fortemente suas decisões. Você se lembra, no capítulo 2 deste livro, do que convenceu os habitantes de St. Lucia a salvar seu papagaio da extinção? Eles começaram a se ver como o tipo de pessoas protetoras. Não havia razões de custo-benefício para proteger o papagaio St. Lucia, mas a mudança de identidade forneceu a motivação. Essa mesma estratégia de formação da identidade tem funcionado em esforços de conservação em 50 diferentes países! Existem muitos exemplos que apontam para a mudança de identidade como a chave para a mudança comportamental duradoura.

A empresa Brasilata produz latas para conserva no Brasil. Atua em um segmento de crescimento lento, difícil de mudar e pouco excitante. Mas a Brasilata decidiu mudar de identidade. Eles começaram a chamar seus empregados de linha de frente de "inventores" e fizeram cada novo empregado assinar um "contrato de inovação", que os desafiava a ser vigilantes em relação a potenciais melhorias. Vinte anos depois, um empregado médio da Brasilata propunha 145 ideias por ano, abastecendo a empresa com uma grande redução de custos e um incrível crescimento. E isso apenas

2 MARCH, James. **A Primer on Decision Making:** How Decisions Happen. New York: Free Press, 1994. cap 2.

porque os gerentes "trouxeram à luz" uma nova identidade para os trabalhadores: a de "inventores".[3]

Se quisermos nos tornar pessoas doadoras de vida como Jesus, pessoas que ajudam os outros a encontrar a fé, o crescimento e a mudança, a questão à qual precisamos responder é: Como podemos fazer da mudança uma questão de identidades em vez de uma questão de consequências? Como podemos ajudar as pessoas a se identificar com o que Deus planejou para elas quando as criou? Neste capítulo e no seguinte, vamos considerar algumas imagens que você pode cultivar na mente para ajudá-lo a trazer à luz a obra-prima de Deus em cada pessoa que você encontrar.

Uma obra de arte única

Somos criaturas físicas e temporais aqui na terra, mas o nosso corpo temporário será transformado na eternidade, e o nosso corpo físico perdurará! Jesus disse: "E quanto à ressurreição dos mortos, vocês não leram o que Deus lhes disse: 'Eu sou o Deus de Abraão, o Deus de Isaque e o Deus de Jacó'? Ele não é Deus de mortos, mas de vivos!" (Mateus 22.31,32). Deus vê uma identidade imortal, uma obra de arte única que ele criou para durar por toda a eternidade. C. S. Lewis reflete sobre como a nossa visão de outros mortais pode ser míope quando a comparamos com o que as Escrituras dizem:

> É muito sério viver numa sociedade de possíveis deuses e deusas, lembrar-se de que a pessoa mais enfadonha e mais desinteressante com quem se pode conversar talvez um dia seja uma criatura que, se alguém soubesse disso agora, seria tentado a adorar ou, de outro modo, talvez seja o horror ou a corrupção tal como se conhecem agora somente em pesadelo, se tanto. De alguma forma, passamos o dia

....

3 Heath, Chip; Heath, Dan. **Switch:** How to Change Things When Change Is Hard. New York: Broadway Books, 2010. p. 156-157.

> inteiro ajudando uns aos outros a alcançar um ou outro desses destinos. É à luz dessas esmagadoras possibilidades, é com assombro e a cautela dignas delas, que devemos pautar todos os nossos negócios uns com os outros, todas as amizades, todos os amores, todos os divertimentos e todas as políticas. Não existem pessoas *comuns*. Vocês jamais conversaram com alguém que fosse um simples mortal.[4]

Deus vê o que poderíamos ser um dia... o que deveríamos ser! Algo que é impressionante agora, da perspectiva artística, mas ainda mais se considerarmos a possibilidade de que o nosso corpo "é semeado em desonra e ressuscita em glória"; "Com ele seremos glorificados" e "reluzirão como o fulgor dos céus" se confiarmos em Cristo (v. 1Coríntios 15.43; Romanos 8.17, *Almeida Revista e Atualizada*; Daniel 12.3).

Pense por um único segundo na arte de Deus exibida em cada corpo humano. Bibliotecas inteiras de livros têm sido organizadas sobre biologia, anatomia e fisiologia humana. Você poderia estudar pelo restante da sua vida e ainda assim não entenderia todos os mistérios criativos do corpo humano.

O que isso reflete sobre a mente do Artista e o valor de sua arte? Considere a menor célula humana, quase uma mente e uma vida em si mesmas, misteriosamente capaz de reproduzir e diferenciar-se em todas as partes do nosso corpo. Cada célula microscópica contém uma *valiosa biblioteca* de informações. Cem trilhões dessas células compõem uma orquestra sinfônica gigante desempenhando a melodia única criada pelo compositor em cada corpo humano.

Pense nos sistemas intrincados e interdependentes que mantêm o nosso corpo funcionando. A força da vida continua ritmicamente a batida a cada segundo da nossa existência, orquestrando lindamente a batida do nosso coração com a melodia respiratória dos nossos pulmões para transportar o oxigênio e os nutrientes que alimentam cada célula.

4 LEWIS, C. S. **O peso de glória**. São Paulo: Vida, 2011. p. 48

O sistema linfático trava uma guerra diária contra os germes e as doenças que poderiam nos ferir. Os 200 bilhões de neurônios do sistema nervoso coordenam mensagens de e para cada parte do nosso corpo, de uma forma ao mesmo tempo tão complexa e tão elegantemente simples que nós nem paramos para pensar nesse concerto de comunicação. Você vê a glória do Artista na glória da obra que ele criou?

E então há a mente. Mais mistérios envolvem a mente e o cérebro que o conhecimento disponível neste momento, mas reflita sobre o poder de raciocínio da mente que pode imaginar e construir as sete maravilhas do mundo, enormes arranha-céus, aviões e naves espaciais capazes de nos levar até a Lua, e nós reverenciamos o Artista, conscientes de que nem mesmo conseguimos entender plenamente as nossas capacidades mentais.

Agora pense no dedo mindinho de um bebê recém-nascido — a assinatura impressa do Criador, atestando que esse pequeno ser é outra obra-prima única. Não há nenhuma outra obra de arte idêntica a seu precioso filho. Se o Criador entrelaça tal maravilha artística no nosso corpo físico, imagine quanto mais arte ele investiu na alma humana!

Considere como é trágico quando nos desconectamos do Artista e perdemos de vista a obra-prima única que ele nos criou para ser. Nós não queremos ser nós mesmos; queremos ser outra pessoa. Pense em todas as pessoas que estão desconectadas de sua singularidade! Pense em todas as cirurgias de nariz, nas plásticas faciais, nos implantes mamários, nas lipoaspirações, nas ingestões de esteroides, nas aplicações de botox. Esses são apenas sintomas de que perdemos de vista a nossa verdadeira identidade.

Eu estava conversando outro dia com um rapaz cuja aparência era difícil de encarar. O uso da heroína havia esburacado seus olhos e apodrecido seus dentes. Ele estava me contando como simplesmente não sabia quem ele era agora. E continuava tentando encontrar a si mesmo em algum relacionamento humano ou no que os outros pensavam dele, mas isso apenas continuava deixando-o descontente e vazio.

Ao longo de sua vida, essa crise de identidade levou-o a todo tipo de problemas com as drogas, a lei e algumas práticas nada saudáveis que destruíram seu corpo. Expliquei a ele que o plano de restauração divino é em primeiro lugar restaurar a nossa identidade, enraizada no nosso Criador, de modo que nos sintamos seguros na nossa singularidade e confortáveis com o nosso corpo, que é único. Aí então podemos parar de tentar ser outra pessoa e aprender a ser plenamente nós mesmos.

O problema não é a nossa singularidade; o problema é a humanidade caída e corrompida que não valoriza a obra do Mestre debaixo da superfície. Mas nós podemos fazer parte da obra de restauração divina!

Deus quer que seus seguidores tragam à luz a valiosa singularidade que ele próprio criou, a fim de que as pessoas se identifiquem com seu Criador.

Corpos destruídos

Um homem cujo corpo estava "coberto de lepra" implorou a Jesus: "Se quiseres, podes purificar-me". O ato de tocar uma pessoa leprosa representava uma violação da Lei de Moisés e tornaria Jesus impuro. Jesus tinha curado muitos a distância, daí a razão de o texto dizer: "Jesus estendeu a mão e tocou nele, dizendo: 'Quero. Seja purificado!' E imediatamente a lepra o deixou!' " (Lucas 5.12,13). Jesus restaurou não apenas o corpo físico do leproso, mas também sua identidade como alguém que merecia ser tocado.

Será que podemos ser como Jesus, que repetia o tempo todo para as pessoas que elas eram uma criação única, reconhecida e valiosa de Deus?

> "Observem as aves do céu: não semeiam nem colhem nem armazenam em celeiros; contudo, o Pai celestial as alimenta. Não têm vocês *muito mais valor* do que elas? Quem de vocês, por mais que se preocupe, pode acrescentar uma hora que seja à sua vida?

> Por que vocês se preocupam com roupas? Vejam como crescem os lírios do campo. Eles não trabalham nem tecem. Contudo, eu lhes digo que nem Salomão, em todo o seu esplendor, vestiu-se como um deles. Se Deus veste assim a erva do campo, que hoje existe e amanhã é lançada ao fogo, não vestirá muito mais a vocês, homens de pequena fé?"
>
> Mateus 6.26-30

Jesus lembrou a seus discípulos: "Não se vendem dois pardais por uma moedinha? Contudo, nenhum deles cai no chão sem o consentimento do Pai de vocês. Até os cabelos da cabeça de vocês estão todos contados. Portanto, não tenham medo; vocês valem mais do que muitos pardais!" (Mateus 10.29-31). Uma vez que "Deus não trata as pessoas com parcialidade, mas de todas as nações aceita todo aquele que o teme e faz o que é justo" (Atos 10.34,35), ele deve ver a mesma criação valiosa e única em cada pessoa.

Quando Jesus encontrou um homem que era cego desde o nascimento, seus discípulos perguntaram se a cegueira havia sido causada por seu pecado ou pelo pecado de seus pais (João 9.2). Jesus esclareceu essa noção equivocada (falaremos mais a respeito no capítulo 7), e fez seus discípulos saberem que, quando o Reino de Deus por fim vier, todos os corpos destruídos serão restaurados plenamente. No entanto, Deus havia permitido que isso tivesse acontecido por uma razão. A glória de Deus pode vir por meio do quebrantamento à medida que seus seguidores aprendem a restaurar os outros.

O Time de Scottie

Scottie♦ nasceu com espinha bífida.[5] Os médicos disseram a Sarah,♦ sua mãe, que ela deveria desligar os aparelhos que garantiam a sobrevivência do filho. O bebê não viveria um ano. Sarah recusou-se a fazer isso,

5 Anormalidade congênita do sistema nervoso, que se desenvolve nos primeiros meses de gestação e se caracteriza pelo fechamento incompleto da coluna vertebral. [N. do T.]

e Scottie sobreviveu ao primeiro ano, então ao segundo... então ao décimo... e ao vigésimo! Mas a vida não foi fácil para Sarah. Ela teve sete filhos (dois deles morreram tragicamente). Aos 20 anos de idade, Scottie teve as pernas amputadas e passou a usar cadeiras de rodas. O pai abandonou a família, deixando-os financeiramente à míngua e obrigando Sarah a mudar-se para uma residência mais barata. Sem uma rampa para a cadeira de rodas, Scottie passou quinze anos confinado em seu apartamento enquanto Sarah trabalhava fora.

A nova administradora do prédio de Scottie notou as dificuldades do rapaz. Ela havia acabado de começar a seguir Cristo e estava aprendendo sobre como o Espírito de Deus nos alerta para valorizar aqueles que o mundo despreza. Sensibilizada, a administradora assumiu o risco de convidar Sarah e Scottie para ir à igreja certo domingo. Sarah recusou, alegando que eles não tinham as roupas adequadas para ir à igreja. A administradora convenceu-a de que a nossa igreja era do tipo "Venha como você está". Eles acabaram indo, e Sarah e Scottie continuaram frequentando a Gateway.

Num desses domingos, Bill Aguayo♦ passou por Scottie e teve uma reação desagradável. Ao pensar: *Oh, ele é apenas um toco de homem, com o rosto desfigurado e curvado para o lado e sem pernas,* procurou manter-se distante para evitar os sentimentos estranhos que emergiam. Bill recorda: "O dia todo, Deus não me deixou sozinho. Eu continuei pensando sobre o valor que Deus atribuía àquele homem deformado que me causava repulsa, e sabia que Deus queria que eu me encontrasse com ele".

Bill localizou Scottie, buscando ajudá-lo. "Mas foi Scottie quem me ajudou", Bill admite. "Deus usou o corpo destruído e 'sem valor' de Scottie para restaurar a minha visão corrompida a respeito do valor de uma pessoa para Deus". Bill fez Scottie envolver-se no serviço na equipe de jardinagem, e uma forte amizade se desenvolveu entre eles. Scottie nunca havia feito parte de uma equipe. Ele nunca havia tido um emprego em que sentira que tinha algo a contribuir. Bill o tornou parte integral e valorizada do corpo da nossa igreja. A primeira coisa que eu via logo cedo nas manhãs de domingo era Bill soprando as folhas do jardim com Scottie motorizado em sua cadeira de rodas recolhendo o lixo a fim de embelezar o pátio para aqueles que compareceriam ao culto da manhã.

Quando Bill soube que Scottie nunca tinha ido ao cinema, assistido a um jogo ou praticado um esporte porque não podia sair de casa, Bill mobilizou a igreja, e começou o processo de inclusão de Scottie. Homens com dons de carpintaria ajudaram Bill a construir uma rampa no complexo de apartamentos onde Scottie vivia. Sarah juntou-se à equipe de hospitalidade e começou a sentir-se uma parte valiosa de cada domingo. Não demorou para que tanto Sarah quanto Scottie começassem a seguir Cristo, e eu jamais me esquecerei da cena em que Bill ergueu Scottie na piscina para batizá-lo — dois homens purificados e em plena restauração!

Kate Raidt♦ continuou observando Sarah e Scottie e sentindo que Deus queria que ela os encontrasse, mas permanecia resistente. "Certo domingo, senti como se Deus praticamente tivesse me empurrado do meu assento na igreja para falar com eles", Kate recorda. Kate visitou a casa deles, percebeu a intensidade da situação e soube que Deus queria que ela mobilizasse a igreja para fazer mais por eles. Kate e Bill se conectaram, e aí iniciou o Time de Scottie.

Desde então, 20 pessoas com diferentes dons, recursos e capacidades têm ajudado Sarah a conectar-se a um grupo de apoio. Eles ajudaram Scottie a conseguir uma entrevista na organização não governamental Easter Seals para seu primeiro emprego, um advogado ofereceu atendimento jurídico gratuitamente, e outros deram lições de computação ao rapaz. O Time de Scottie organizou a primeira festa de aniversário da vida de Scottie — quando ele completou 42 anos de idade!

Três anos depois de seu batismo, o corpo terreno de Scottie por fim se despediu de nós, mas não antes de dar glória a Deus. Quando fiz seu funeral, todos os membros do Time de Scottie pararam para falar sobre como Deus os levou a servir Scottie, e também sobre as mudanças que Deus fez na vida deles através daquele homem.

Você é capaz de ser como Jesus, percebendo a obra-prima nas pessoas mais leprosas e intocáveis, e reconhecendo seu valor para Deus? Parte da obra divina de restauração em você tem por objetivo ajudar você a trazer à luz essa obra-prima nos outros. Deus não apenas nos usará para restaurar os outros; ele usará os outros para restaurar o que está quebrado em nós também! Isso nos remete ao que significa ser criado à imagem de Deus — amar os outros, usar a nossa imaginação criativa para ver o que Deus vê neles, e trazer à luz a verdadeira identidade de cada ser criado.

Imago Dei

O fato de que Deus nos criou à sua imagem tornou a encarnação possível. Nós somos tão parecidos com Deus que Jesus se tornou plenamente humano para sempre.[6] Uma vez que a imagem de Deus reside em cada ser humano, podemos aprender a ver e trazer à luz essa imagem brilhante através das fendas no barro de pecado e fragilidade. Os teólogos têm debatido há séculos sobre o que constitui exatamente a imagem de Deus, ou a *Imago Dei*, residindo na humanidade, mas, para os propósitos deste livro, várias características que nos diferenciam dos animais podem ser identificadas nas outras pessoas: a nossa capacidade de criar, gerenciar e amar. Quando você vir traços da imagem divina, destaque-os. Ajude as pessoas a se identificar com o Criador, buscando-o de todo o coração, por causa das promessas de Deus de que, quando o buscarmos, nós o encontraremos (Deuteronômio 4.29).

Criando à sua imagem

"Criou Deus o homem à sua imagem, à imagem de Deus o criou; homem e mulher os criou" (Gênesis 1.27). A imagem de Deus brilha através

6 Meu editor e amigo Jack Kuhatschek destacou isso para mim.

da nossa capacidade de criar! Do mesmo modo que Deus nos criou, nós também temos a habilidade de criar, algo que os animais não podem fazer. Pense na insondável fonte de criatividade humana.

Pense nos milhões de canções únicas que criamos — desde as centenas de salmos compostos por Davi e entoados em 1000 a.C. até os hinos que Jesus e os discípulos entoavam em 32 d.C., de Beethoven e Bach a todo o caminho até o *rock*, o *country*, o *rap* e o *pop*. Você pode ver a imagem de Deus na criatividade e na imaginação dos outros?

Você possui a imaginação e a capacidade de *ver algo que não existe* e depois de *sonhar em concretizar isso*. Cada um de nós tem esse potencial criativo por causa da imagem de Deus escondida sob o barro. Isso pode vir à luz na pintura, na música, na dança, nos trabalhos manuais, no *design* de interfaces ou na decoração de interiores. Alguns de nós, à medida que permitirmos que o Artista realize seu projeto de restauração, encontraremos liberdade para sonhar, imaginar e criar novamente. A imagem corrompeu-se, mas Deus quer restaurá-la. Você pode trazer à luz a imagem de Deus em pessoas afastadas do Senhor valorizando sua criatividade, seus sonhos e sua imaginação? Fazê-las saber que esses dons vêm do Senhor as levará de volta ao Criador.

James♦ cresceu como muitos garotos de hoje — sem pai. Ele tinha cinco irmãos e irmãs, e a mãe, uma mãe solteira, não tinha muito tempo livre. Para completar a dor, ele sabia que o pai vivia bem perto, mas nunca permitira que o filho o visse. O pai de James era casado, mas não com a mãe dele. James sentia-se como uma lembrança indesejada e dolorosa do caso entre os dois. Durante anos, James fugiu do Senhor e buscou o álcool, as drogas e as conquistas sexuais para entorpecer a dor de tanta decepção relacional. Mas James não pôde fugir de seu dom.

Deus concedeu a James uma imaginação criativa e poética. A poesia sempre lhe serviu de remédio quando seu coração doía; era um amigo que lhe retribuía frequentemente com conforto. Sempre que sua verve criativa fluía, James se sentia vivo, livre, em contato com alguma coisa maior, melhor, transcendente. Mas ele manteve seu dom enterrado durante muitos anos, com medo da rejeição. Então, um amigo convenceu-o a participar de um concurso de poesia. James encontrou ali a validação e o encorajamento para declamar poemas noturnos em bares locais. Logo ele tinha um grupo de amigos que valorizavam seu dom. Aos 20 anos de idade, James decidiu tentar a vida de poeta — mudou-se para a cidade de Nova York com o propósito de ganhar a vida no movimento emergente da poesia crítica.

Um ano depois, abatido e ferido com os altos e baixos da luta pela sobrevivência e devastado por uma dolorosa briga com seu mentor, James mudou-se para Austin para começar uma nova vida.

"Justin continuou me convidando para conhecer esta igreja", James recorda. "Ele contou que a igreja era incrivelmente artística. Creio que sua persistência por fim me convenceu. Eu era um cético espiritual, mas a arte experimentada ali me intrigou, de modo que continuei indo aos encontros".

Matt♦ conheceu James depois de um dos nossos cultos, descobriu que era um poeta crítico e começou a encorajá-lo. Naquele ponto, James tinha quase desistido da poesia. Depois do terrível conflito com seu mentor e a subsequente briga com seus amigos poetas, a porta para a poesia crítica se fechou; então James parou de usar seu dom.

Matt apresentou James a Tony.♦ "Matt e Tony tornaram-se verdadeiros amigos para mim", James disse, recordando sua jornada para a fé. "Tony era bastante radical — assim como eu. Ele era um músico que ganhava a vida em bares e clubes noturnos no passado, e apesar disso sua fé era bastante sólida. Matt e Tony demonstraram interesse por mim não apenas como artista, mas como pessoa. Matt continuou me dizendo que eu tinha um dom, e que esse dom vinha do Senhor. Comecei a abrir a minha mente para a possibilidade de que Deus realmente existia e tinha me concedido esse dom com um propósito.

"Eu ainda sentia muita raiva e cultivava um ressentimento por causa do meu pesadelo em Nova York, e agora eu associava toda essa dor à poesia. Tony reiterou que eu escrevia bem, mas também me ajudou a ver que o problema não estava em mim. Quando os nossos dons criativos se tornam focados exclusivamente em servir a nós mesmos, eles podem terminar nos queimando em vez de nos gerar vida. A amizade e o encorajamento de Matt e Tony me fizeram confiar em sua orientação. Eu me engajei em um pequeno grupo para aprender mais sobre Deus.

"Comecei a focar meu dom de uma nova maneira. Matt e Tony me ensinaram que não se tratava apenas do que eu queria dizer, mas também do que precisava ser dito. Comecei a oferecer a minha poesia ao Deus em que eu estava começando a acreditar — para servir a ele e às outras pessoas. Conforme eu usava a minha poesia mais e mais, descobri uma nova validação — a conclusão de que Deus poderia usar o meu dom para um propósito muito mais significativo — levar a luz às outras pessoas. Comecei a orar enquanto escrevia: *Deus, fale através de mim para levar sua luz ao coração das outras pessoas.* Descobri uma nova liberdade que eu nunca tinha experimentado — não somente uma liberdade doadora de vida que tornou a minha poesia mais fecunda, mas liberdade em cada área da minha vida enquanto continuo seguindo Cristo."[7]

Governando à sua imagem

Outro aspecto da imagem de Deus que nós podemos salientar nos outros é a nossa capacidade de governar ou administrar. "Homem e mulher [Deus] os criou [...] [e lhes disse]: 'Encham e *subjuguem* a terra'" (Gênesis 1.27,28). A nossa capacidade de administrar, ou governar projetos ou pessoas, ou gerenciar com justiça e retidão, reflete a imagem de Deus em nós. Novamente, isso se torna corrompido e manchado quando vivemos desconectados do Senhor. Com frequência usamos e abusamos da administração que nos foi conferida por Deus sobre sua terra e suas criaturas

7 Para saber mais sobre a poesia de James Wilson, consulte o material disponível [em inglês] em: <www. poetjames.com>. Acesso em: 08 jan. 2014.

quando lidamos com os outros. No entanto, quando sua imagem brilha através de nós, as pessoas percebem.

Betsy♦ não conhecia Cristo nem queria conhecê-lo; ela queria provar seu valor ao mundo como poderosa consultora de negócios. Mas Betsy contava com uma funcionária que construía "planilhas maravilhosas". Em suas palavras: "Ela sempre ia além do que era esperado ao preparar as mais incríveis planilhas que eu havia solicitado. Eu sabia que isso ia muito além do que era necessário; então certa vez eu lhe disse: 'Preciso disso para amanhã, e não se incomode em fazer uma planilha muito caprichada; isso custará ao cliente muito dinheiro — apenas me dê os dados'. A resposta da funcionária me pegou desprevenida. Ela disse: 'Oh, eu não vou cobrar do cliente. Sou sempre cuidadosa sobre quantas horas cobrar. Mas preciso fazer isso direito porque faço todas as minhas planilhas e todo o meu trabalho de um modo que honre a Deus' ".

Esse testemunho desconcertou Betsy. Ela nunca se esqueceu do que sua colega de trabalho disse e passou a observar seu comportamento ainda mais de perto. Na manhã seguinte, lá estava mais uma linda planilha! "Algo naquela jovem fazendo seu trabalho com excelência para agradar a Deus me tocou e não me abandonaria tão facilmente. Isso realmente me despertou para investigar mais a respeito do Deus que produzia esse tipo de responsabilidade e respeito para que alguém fizesse sempre o melhor". Hoje, Betsy está na equipe de liderança da nossa igreja para servir a outras pessoas com excelência, por causa das "lindas planilhas" que revelaram a imagem de Deus!

Deus quer restaurar a nossa capacidade de sermos bons administradores de tudo o que nos foi dado para governar e de usarmos a responsabilidade e a autoridade que nos foram concedidas de maneira alinhada com a vontade dele. A imagem de Deus pode brilhar por meio do modo pelo qual tratamos os nossos colegas de trabalho, os nossos filhos e os bens que nos foram confiados. A maneira com que administramos a realidade é um reflexo da imagem de Deus ou uma distorção dessa imagem.

Quando você vê pessoas resistentes a Deus, ainda que elas cuidem das coisas terrenas como Deus planejou originalmente, ou liderem e administrem as outras pessoas com integridade, ou usem seu poder ou sua influência a favor da justiça e da prática do bem, você consegue ver e destacar a imagem de Deus brilhando por baixo do barro? Conforme você aprender a trazer à luz o que vem do Senhor até mesmo nas coisas mais profanas, você servirá melhor ao Criador restaurando sua obra-prima em si mesmo e nas outras pessoas.

....

Marcos cresceu acompanhando seu pai ao templo para oferecer sacrifícios aos deuses romanos. "Júpiter precisa ser honrado", seu pai dizia. "Sacrifique a Diana se você quer ter uma descendência." Como soldado, Marcos adorava Marte, o deus da guerra que precisava se apaziguado para assegurar o sucesso no campo de batalha. Honrar aos deuses era importante para Marcos porque ele sabia que precisava de ajuda para ser aquilo que pretendia ser. Quando Marcos foi promovido a centurião, ele não estava muito estimulado a ocupar essa posição — o posto avançado judeu de rebelião e revolta — em Cafarnaum, no território da Galileia. Apesar disso, Marcos realizou seu trabalho para honrar os deuses. Ele era um bom homem que se preocupava em respeitar a autoridade e se importava com aqueles que estavam sob sua autoridade. Ele levava seu trabalho muito a sério.

Ciente de que manter a paz (*Pax Romana*) agradaria aqueles que tinham autoridade sobre ele, Marcos demonstrou amabilidade para com os administradores judeus ao construir para eles uma nova sinagoga em Cafarnaum. Não muito tempo depois, um movimento de paz chamou a atenção de Marcos. Um homem chamado Jesus criou certo alvoroço, supostamente fazendo curas milagrosas exatamente na sinagoga que Marcos havia construído. Alguns dos líderes judeus consideravam Jesus um feiticeiro, mas outros o intitulavam Filho do Deus Javé.

Ao longo do ano seguinte, Marcos continuou ouvindo cada vez mais histórias miraculosas sobre Jesus vindas de seus soldados romanos. "Esse homem poderia ser um filho dos deuses?", seus homens continuavam a indagar. Marcos não sabia a resposta, mas manteve-se atento para assegurar que nenhum problema irrompesse sob sua vista.

Então a tragédia estourou! Diocleciano foi atingido por uma doença terminal. Diocleciano era apenas um escravo grego, mas Marcos cuidava daqueles que estavam sob sua autoridade e tinha aprendido a amar o jovem Diocleciano como se fosse um filho. Na visita dos médicos, nenhuma oração aos deuses romanos o havia curado. Ele morreria logo. Desesperado, Marcos pensou em Jesus: *Se ele é um filho dos deuses e essas histórias são verdadeiras, poderia curar meu servo. Talvez um dos líderes da sinagoga que acabei de construir possa persuadi-lo a vir.* Jesus atendeu ao pedido dos líderes, mas, no caminho para a casa do centurião, os soldados romanos interromperam Jesus com uma mensagem de Marcos:

> "Senhor, não te incomodes, pois não mereço receber-te debaixo do meu teto. Por isso, nem me considerei digno de ir ao teu encontro. Mas dize uma palavra, e o meu servo será curado. Pois eu também sou homem sujeito a autoridade, e com soldados sob o meu comando. Digo a um: Vá, e ele vai; e a outro: Venha, e ele vem. Digo a meu servo: Faça isto, e ele faz".
>
> Ao ouvir isso, Jesus admirou-se dele e, voltando-se para a multidão que o seguia, disse: "Eu lhes digo que nem em Israel encontrei tamanha fé". Então os homens que haviam sido enviados voltaram para casa e encontraram o servo restabelecido.
>
> Lucas 7.6-10

O que Jesus viu naquele centurião romano pagão? Grande fé! Mas nem mesmo sabemos se Marcos acreditava em "Jesus como o Messias" ou em "Jesus como o Filho de Deus" ou mesmo no "Único Deus verdadeiro".

Seria difícil fazer essa suposição, dado o local em que Marcos cresceu. Mas talvez Jesus tenha visto a imagem de Deus brilhando através das fendas no barro. Aquele era um homem que usava sua autoridade e seu poder para fazer o bem aos judeus, um homem que se importava com aqueles que estavam sob sua autoridade, que se preocupava até mesmo com seu escravo a quem ele "estimava muito" (Lucas 7.2). E aquele homem demonstrou fé no que sabia sobre Jesus — e Jesus o elogiou por isso!

Isso deve ter chocado os judeus que pensavam: *Deus só dá valor a nós, judeus*, porque, no relato de Mateus, Jesus destaca que muitos entrarão no Reino de Deus vindos do oriente e do ocidente, enquanto aqueles que acreditavam estar no Reino de Deus serão lançados fora (Mateus 8.11,12).[8]

....

Um executivo da indústria farmacêutica me procurou para falar sobre um dilema ético que estava enfrentando. Ele me disse honestamente:
— Eu não sei o que pensar sobre Deus ainda, mas tenho um problema e preciso de um conselho. Sei que a maior parte dos remédios que nós vendemos causa dependência, e continuo sendo pressionado a promovê-los porque eles constituem a maior porcentagem da nossa receita, mas sei que isso é errado. Se eu declarar isso, perderei o meu emprego, mas a minha consciência não me permite mais trabalhar lá.

Eu disse ao executivo: — Acredito que essa convicção que você tem é do Senhor. Deus já está trabalhando em você, e você está respondendo

....

8 Essa história, registrada em Lucas 7 e Mateus 8, não nos diz se o centurião, a quem chamei de Marcos, era ou não politeísta. Tomei a liberdade de retratar o pano de fundo no qual a maioria dos centuriões romanos teria sido criada. Desde que não há indicação em contrário, acredito ser uma boa pressuposição que ele tenha tido uma educação similar. Sabemos que ele era benevolente para com os judeus porque construiu uma sinagoga para eles, mas isso não significa que ele fosse um judeu ou um adorador de Javé. Talvez indique que ele respeitasse os "deuses" em geral, como deixei implícito. Todos os líderes romanos queriam manter a *Pax Romana*, a paz romana, e erigir uma sinagoga certamente deve ter construído uma ponte com os líderes judeus.

com uma disposição de fazer a coisa certa. Ele honrará isso. (E por que não honraria, uma vez que "as exigências da Lei estão gravadas em seu coração" — Romanos 2.15,16?) Eu podia ver uma luz surgindo dentro desse executivo à medida que ele se sentia fortalecido a fazer a coisa certa, mas ele também se identificou com Deus naquele dia, e Deus o conduziu a Cristo.

Pense em maneiras de trazer à luz a imagem de Deus naqueles que não conhecem Cristo elogiando quem sabe administrar bem, ou reconhecendo quem faz seu trabalho com excelência, ou encorajando quem leva a sério a justiça e a integridade que Deus criou, ou dizendo a quem se preocupa com a terra que seu desejo é honrar a Deus. Esse simples *despertar* de uma obra-prima pode restaurar o processo de identificação de alguém com o Deus de Jesus. Nós temos visto muitos se converterem à fé quando os seguidores de Cristo simplesmente destacam a imagem divina brilhando através das fendas no barro.

Amando à sua imagem

Uma mulher cristã interessada em ajudar os vizinhos a encontrar a fé disse algo muito revelador. Ela comentou: — Quando me dispus a conhecer os meus vizinhos, percebi que eles não queriam nada com Deus, mas, falando honestamente, eram pessoas realmente boas. Eles amam seus filhos e são grandes pais — sinto que não tenho nada mais para oferecer a eles além da fé cristã que eles ainda não têm. Eu me sinto perdida sobre como demonstrar que eles precisam de Deus.

Eu a desafiei: — Por que você simplesmente não os elogia por serem pais tão amorosos e então lhes diz que Deus deve estar sorrindo ao ver quão gentis e amáveis eles são para com seus filhos, porque 'o amor vem do Senhor'. Eles provavelmente nunca imaginaram que Deus se agradasse desse comportamento como pais, mas eles estão refletindo a imagem divina ao amarem tanto seus filhos. Talvez isso os abra para ouvir mais sobre Deus, caso eles reconheçam que Deus é fonte de tudo o que eles amam.

A mulher retrucou: — Eu nunca tinha pensado nisso dessa maneira. Na verdade, eu nunca achei que Deus estaria envolvido com os meus vizinhos de algum modo, uma vez que eles não acreditam no Senhor.

Conforme veremos nos capítulos seguintes, essa falsa ideia de que Deus não aparece ou não se envolve até que nós o apresentemos às pessoas acaba criando barreiras desnecessárias à fé. Em vez disso, devemos lançar luz sobre o aspecto mais importante da imagem de Deus encontrada em cada ser humano — a nossa capacidade de amar!

O amor é o aspecto mais importante da imagem de Deus em nós. Deus nos criou para ele mesmo — não apenas como um Artista, mas como um Ser amoroso, como um Pai, uma Mãe, um Amigo (ele usa cada analogia humana para descrever o que deseja de nós)! Tenho levado muitos casais a Cristo destacando que o amor que os une vem do Senhor. Muitos têm manchado a imagem do amor ao se relacionar sexualmente antes do casamento, ao viver juntos ou ao controlar e dominar o outro em vez de se submeter a Deus e ao outro em amor.

Isso tudo representa uma oportunidade excelente de conectá-los a uma nova visão — uma nova identidade arraigada em seu Criador amoroso, que quer ajudá-los a se amar mais. Em cada ato e em cada experiência de amor, as pessoas revelam a imagem do Artista. Sim, nós maculamos a expressão de seu amor de inúmeras formas, mas ainda assim o amor vem do Senhor: "Amemos uns aos outros, pois o amor procede de Deus" (1João 4.7).

Sim, os seres humanos são totalmente depravados em cada mínimo aspecto do nosso ser, mas isso não significa que a boa imagem de Deus se foi. Ela ainda está lá, algumas vezes brilhando através das fendas no barro e esperando para ser revelada em Cristo!

Deus pode precisar cortar algumas de suas extremidades ásperas para capacitar você a ver e a trazer à luz a imagem dele nos outros — e eu oro para que você permita que ele assim o faça. Imagine se os cristãos se tornarem conhecidos como as "as pessoas mais encorajadoras, mais criativas, mais amorosas e mais inspiradoras que o mundo já conheceu"?! E se pessoas afastadas do Senhor disserem a seu respeito: "Quero estar perto dessa pessoa porque ela desperta o melhor em mim"? Por que não nos enxergamos com essa identidade? Acima de tudo, o termo "cristão" significa simplesmente "pequeno Cristo". Jesus despertou uma obra-prima, e ele faz isso em graça e em verdade. É esse ponto que vamos explorar a seguir.

QUESTÕES E AÇÕES

1. Reflita a respeito da seguinte questão: Quão segura é a sua identidade? Você presta mais atenção no que Deus diz sobre você ou no que os outros pensam a seu respeito? Quais são algumas maneiras específicas pelas quais você pode trazer à luz a obra-prima de Deus nos outros à sua volta?
2. Experimente realizar a seguinte ação: Procure ver e despertar a imagem de Deus nas outras pessoas — diga a elas algo positivo ou encorajador. Encare isso como um jogo. Veja se você consegue fazer isso durante toda a semana, afirmando e confirmando pelo menos uma pessoa por dia.

Capítulo 5

Falando a verdade em amor

Pietà, Michelangelo (1498-1499)
Foto: Bryan Busovicki, Dreamstime.com

LASZLO TOTH LANÇOU-SE sobre os guardas, correndo furiosamente com uma marreta nas mãos em direção à famosa *Pietà*, de Michelangelo. A multidão na Basílica de São Pedro em Roma, que aguardava pacientemente o pronunciamento do papa às massas, soltou um suspiro coletivo conforme assistia ao ataque do louco à famosa estátua retratando o Jesus crucificado, deitado sobre os braços de Maria.

Arqueado sobre a balaustrada enquanto berrava "Eu sou Jesus Cristo", Toth atacou a estátua de mármore branco com sua marreta. Com 15 golpes, ele arrancou o braço de Maria, removeu parte do nariz e quebrou uma das pálpebras antes que os guardas conseguissem deter o terrorista cultural.

Historiadores de arte ao redor do mundo lamentaram o prejuízo aparentemente irreparável causado. Toth foi declarado insano e sentenciado a permanecer num asilo italiano. Quaisquer que fossem seus motivos para danificar a obra-prima de Michelangelo, contra todas as probabilidades, sua obra de destruição não perdurou. Sob a cuidadosa orientação do restaurador de arte Deoclecio Redig de Campos, uma equipe de profissionais usou pó de mármore e cola especial para reconectar delicadamente os pedaços do braço, recompor cuidadosamente o nariz e remendar com todo o requinte a pálpebra despedaçada. Vários meses depois, a obra-prima estava completamente restaurada a seu esplendor original.[1]

....

Nenhuma obra-prima de Deus está fora da esperança de restauração. Mas quais ferramentas o Artista Mestre usa para restaurar sua imagem original em nós? Deus usa uma abordagem de equipe através de seu Corpo, a igreja (como veremos nos capítulos subsequentes), e as duas principais ferramentas que ele nos quer ensinar a usar são a graça e a verdade — mas não devemos fazê-lo por nós mesmos, ou podemos causar ainda mais prejuízo!

1 EVERS, Chia. Laszlo Toth, "Jesus Christ", Attacks the Pieta (May 21, 1972), in: *News of the Odd*, article 1024, disponível em: <http://archive.is/5Gnv6>. Acesso em: 08 jan. 2014.

Jesus veio "do Pai, cheio de graça e de verdade. [...] Pois a Lei foi dada por intermédio de Moisés; a graça e a verdade vieram por intermédio de Jesus Cristo" (João 1.14,17). A Lei traz a verdade sem a graça — ela nos condena (Romanos 3.19,20). Se formos apenas obras de arte manchadas e danificadas, sem nenhuma esperança de restauração, o nosso único destino é a lata de lixo; no entanto, se existe um Artista Mestre com as habilidades para nos restaurar e nos renovar (e, pela graça, ele está disposto a fazer isso), então há esperança!

Quando você era criança, alguma vez brincou com ímãs? Você se lembra de como os polos positivos de dois ímãs se repeliam mutuamente? Se você tiver dois ímãs realmente fortes, precisará de muita força para juntar os dois ímãs e mantê-los assim grudados. A graça e a verdade parecem os polos positivos de dois ímãs. Por alguma razão, os cristãos têm dificuldade em mantê-las juntas em tensão. Elas tendem a se repelir uma à outra. Como resultado, as pessoas se apropriam de uma ou de outra, ou de toda a graça sem nenhuma verdade, ou de toda a verdade sem nenhuma graça. Jesus mantinha a graça e a verdade juntas em tensão por intermédio de uma força muito mais poderosa...

O amor!

A graça, a verdade e o amor

Se quisermos ser como Jesus para o mundo à nossa volta, precisamos aprender a manter a graça e a verdade juntas em tensão. Isso só acontece quando o amor é a força que motiva o nosso relacionamento com as pessoas. Precisamos aprender a manter a graça e a verdade juntas em tensão porque Deus usa essas ferramentas em conjunto para restaurar os seres humanos.

Toda a graça do mundo sem nenhuma verdade resulta em desamor. Alguns cristãos que desejam oferecer graça ignoram completamente a gravidade dos nossos erros contra Deus, contra os outros e contra nós mesmos. Minimizamos as sérias consequências do pecado sob o pretexto da graça. Mas isso não é algo amoroso a fazer.

Se eu amo a minha filha e o meu filho, darei a eles certas "leis" porque quero protegê-los do mal. "Não brincarás em ruas movimentadas" seria uma lei que eu daria para mantê-los afastados do perigo. "Vocês precisam estudar matemática mesmo que não gostem" poderia ser uma lei que eu daria porque sei que isso proporcionará um futuro melhor para eles. Quando eles são jovens e imaturos, não entendem todas as razões para obedecer, mas eu lhes dou leis porque os amo profundamente.

A vontade de Deus terá sido revelada por um propósito — para *proteger* a nós mesmos e aos outros do perigo, ou para nos *prover* algo melhor no futuro. Quando pessoas assumem uma posição contra a vontade de Deus, isso causa dano à obra-prima — em nós ou nos outros. Então o amor de Deus motivou a lei de Deus dada por meio de Moisés. Jesus não negou a Lei de Moisés — ele cumpriu o propósito da Lei (Mateus 5.17). O propósito da Lei é nos ajudar a saber o que o amor faz e o que ele não faz! Quando *não* agimos como pessoas amorosas, a Lei mostra que as nossas ações são desafeiçoadas de acordo com a definição divina de amor.

Mas a Lei não consegue tornar as pessoas melhores! A Lei (que é verdade, mas não a verdade inteira) sem a graça apenas faz que as pessoas se sintam condenadas. A graça oferece um meio de uma pessoa se tornar verdadeiramente cheia de amor. A graça nos faz recordar que a presença e o poder de Deus estarão conosco pela fé durante o processo de restauração da nossa vida, mesmo quando falharmos em cumprir as expectativas da Lei. Nós precisamos buscar pessoas que vivem "cheias de graça e de verdade" unidas por amor. Essas são as ferramentas que Deus usa para restaurar a obra-prima em nós e nas outras pessoas. Vamos analisar alguns dos exemplos de Jesus que trazem à luz a obra-prima por meio das ferramentas da graça e da verdade unidas em amor.

Deus tem grandes planos para você

Jesus podia ver os grandes planos de Deus para as pessoas corrompidas e com frequência os salientava. Marcos 10.17-21 relata um encontro no qual um homem corre até Jesus, põe-se de joelhos diante dele e, em uma dramática exibição de piedade, lhe pergunta: "Bom mestre, que farei para herdar a vida eterna?". Vejo que Jesus conduzia com graça praticamente todo encontro que tinha com as pessoas (a mensagem do favor e da bondade de Deus disponíveis a todos os que se mostram dispostos a recebê-la). Aqui, Jesus subitamente conduz o encontro em verdade, mas observe como ele a combinou com a graça ao levantar algumas questões!

"Por que você me chama bom?", Jesus perguntou ao homem. "Ninguém é bom, a não ser um, que é Deus." Mais tarde descobrimos que esse rapaz adorava suas riquezas — ele extraía seu valor do dinheiro. Jesus conhecia a verdade sobre ele; o homem não tinha realmente Deus como o prioritário em sua vida, e estava tentando provar que era bom pelos próprios méritos. Por isso Jesus perguntou: "Você sabe que ninguém é bom — e que, ao me chamar de 'bom', você está reconhecendo quem eu sou?".

Jesus continuou: "Você conhece os mandamentos...". No entanto, antes que Jesus pudesse terminar a frase, o jovem bem-sucedido e arrogante o interrompeu com sua alegação: "Mestre, a tudo isso tenho obedecido desde a minha adolescência".

O que vem a seguir é o clássico "Jesus olhou para ele e o amou".

Pare por um momento e reflita sobre esse revelador comentário. Marcos deve ter observado o amor jorrando do coração de Jesus, algo que se refletia em seu semblante. Todos puderam perceber que Jesus amava aquele rapaz simplesmente pelo modo com que ele olhava para o homem! Mas por que Jesus sentiu amor por ele? O rapaz estava totalmente equivocado — estava tentando provar seu valor, pensando que ele era bom e tinha cumprido todos os mandamentos, embora não tivesse obedecido ao *primeiro* dos Dez Mandamentos: Amar a Deus acima de tudo e não ter outros deuses além dele (v. Êxodo 20.3). Essa é a verdade que Jesus conhecia desde o princípio. Na verdade, Jesus propositadamente deixou de fora os primeiros quatro mandamentos (tudo sobre amar a Deus acima de todas as coisas) e o último deles (sobre a cobiça) para provar seu ponto de vista ao homem. Mesmo assim, o rapaz não captou a ideia de maneira alguma!

Apesar disso, Jesus não ergueu o martelo da verdade e disse: "Você está equivocado — seu pecador egoísta, mesquinho e arrogante. O dinheiro é o seu deus. Arrependa-se, e você será salvo". Jesus poderia ter feito isso, e seria completamente verdade (no capítulo 9 veremos ocasiões em que Jesus realmente ergueu o martelo da verdade para pessoas com o coração endurecido), mas nesse caso "Jesus olhou para ele e o amou".

O amor motivou Jesus a trazer a graça aliada à verdade. Ele podia ver o plano maior que Deus tinha para a vida daquele homem, e assim, motivado pelo amor, Jesus o chamou para dentro desse grande plano: "Falta-lhe uma coisa [...]. Vá, venda tudo o que você possui e dê o dinheiro aos pobres, e você terá um tesouro no céu. Depois, venha e siga-me".

Jesus ofereceu a ele algo ainda melhor! Jesus não deixou nada de fora; ele disse: "Falta-lhe uma coisa (você ainda não sabe qual é)". Ofereceu ao jovem bens e propósito eternos. Ele o chamou para algo maior que Deus criou para ele fazer. Nós podemos chamar as pessoas para dentro dos grandes planos que imaginamos que Deus tem para elas?

Nesse caso, o homem se afastou com tristeza. Jesus saiu em perseguição atrás dele. Algumas vezes nós traremos à luz o propósito maior da obra-prima de Deus com graça e verdade, falando o que imaginamos que Deus poderia fazer se aquela pessoa apenas o seguisse plenamente, e eles podem afastar-se como o jovem da história de Jesus. No tempo apropriado, porém, elas podem ver o plano maior de Deus e retornar!

Lidando com a verdade em amor

Eu estava apreciando a bela vista de Austin Hill Country em uma recepção de casamento ao ar livre certo sábado quando localizei Chad falando com Maria próximo ao bar. Maria tinha entregado sua vida a Cristo fazia pouco tempo e havia convidado Chad para conhecer a Gateway.

Eu sabia que Chad vinha visitando a igreja havia cerca de seis meses, e sabia que ele se considerava um agnóstico. Chad ocupava-se com esportes radicais sempre que não estava trabalhando. Era o auge da revolução tecnológica em Austin, e ele era extremamente inteligente, saindo-se muito bem ainda jovem, em uma *startup* de tecnologia.

Perguntei a Kenny, um dos quatro diáconos em pé, próximos a mim:
— Em que ponto Chad está espiritualmente? Ele ainda está buscando o Senhor ou simplesmente parou de procurar?

— Acho que eles estão muito próximos — Kenny replicou. — Na verdade, a minha impressão em relação ao Chad é que, para ele, a Gateway tem servido mais para procurar mulheres do que para procurar Deus. De toda forma, acho que perdemos a nossa oportunidade com ele. Ele recebeu uma promoção e logo se mudará para Nova York.

Quando Kenny disse isso, algo parece ter cravado fundo no meu íntimo. Eu tinha um forte sentimento de compaixão por Chad. Aqui estava um jovem que arrasava no mundo dos negócios, vivendo para os extremos até onde sua adrenalina conseguia levá-lo e acreditando que ele já tinha sucesso certo. E, aos olhos do mundo, ele tinha mesmo. No entanto, enquanto eu estava ali parado observando seu comportamento, lembrei-me do jovem rico a quem Jesus amou, e tive essa sensação de que eu precisava falar a verdade em amor a Chad antes que a oportunidade evaporasse.

Esperando receber a mesma resposta que Jesus teve do jovem rico, abordei Chad. — Hey, Chad, meus parabéns! Ouvi você dizer que recebeu uma oferta de trabalho em Nova York. Soa como uma grande promoção.

— Obrigado! Vou sentir falta do ar puro de Austin, mas é difícil resistir à remuneração e à oportunidade profissional que estou tendo agora.

Chad me inteirou dos detalhes dessa nova aventura *high-tech* e da opção de compra de ações que ele teria como bônus logo na entrada. Há menos de uma década, ele não passava de um garoto cheio de espinhas buscando diversão no mundo emergente do ciberespaço. Agora ele era um jovem e rico executivo.

— Chad, você tem frequentado a Gateway nos últimos tempos. Em que ponto você está com Deus? Você está perto de crer? — optei por uma abordagem mais direta.

Chad respondeu de forma despreocupada: — Respeito o que você faz, mas isso não é para mim.

Essa não era a minha primeira conversa espiritual com Chad; então decidi apostar todas as fichas em despertar o propósito maior que imaginei que Deus concedera para Chad cumprir. — Chad, você é uma pessoa incrivelmente inteligente. Eu sei que você adora aprender e que isto aqui está valendo a pena para você. Mas pense no seguinte: Você alcança um sucesso incrível, ganha toneladas de dinheiro e prova ao mundo como é inteligente. Então morre e descobre que existe realmente um Deus que o amava e tinha um propósito maior para sua vida além de apenas sustentar o próprio Chad. Imagine como você se sentirá se deixar de usar todos esses dons maravilhosos que Deus lhe deu porque você estava ocupado fazendo o que acreditava ser o melhor para sua vida. Isso não seria tão inteligente, você concorda?

Para minha surpresa absoluta, ele concordou. Então eu o desafiei a separar os dois meses seguintes antes que ele se mudasse, a fim de buscar verdadeiramente Deus — de coração, mente e alma. Assim, ele poderia dar a si mesmo uma chance de estar aberto como nunca esteve, pedindo para Deus se revelar. Sugeri vários livros que eu poderia emprestar ou dar e me ofereci para discutir com ele suas dúvidas e questões após as leituras.

A mudança de Chad para Nova York foi adiada, mas ao longo dos quatro meses seguintes ele realmente se empenhou em dirimir suas dúvidas, lendo, conversando com outras pessoas e se encontrando comigo. Ele abriu seu coração para Cristo, juntou-se a um pequeno grupo e experimentou um crescimento espiritual significativo. No dezembro seguinte, ele me escreveu um cartão de Natal da Costa Leste: "Obrigado por gastar tanto tempo comigo para que eu pudesse conhecer Jesus! Ele está mudando a minha vida para melhor. Feliz Natal".

Eu vejo a natureza divina em você

Jesus conduziu com graça praticamente todo encontro registrado nos Evangelhos, mas sempre a combinava com a verdade. A verdade é simplesmente a *realidade,* da perspectiva privilegiada do Senhor. A verdade não apenas aponta a realidade a respeito do pecado; ela também aponta a realidade a respeito da imagem de Deus brilhando através dos traços de caráter dados por Deus. Com frequência, Jesus dizia palavras de encorajamento sobre traços de caráter divino que ele percebia emergindo em uma pessoa. Nós também precisamos aprender a ver esses traços de caráter divino e despertá-los nos outros, mesmo sob o barro.

Quando Jesus encontrou Pedro pela primeira vez, o nome dele ainda era Simão. Jesus olhou para Simão e viu em que ele se tornara — um homem com fé zelosa. "Eu vejo algo em você, Simão. Eu vejo uma Rocha de fé — e chamarei você 'Pedro' " (que em grego significa "A rocha"). (V. João 1.42.) Mas ainda havia muito barro a ser eliminado antes que Simão correspondesse à visão de Jesus: "Sobre esta pedra edificarei a minha igreja" (Mateus 16.18).

Apesar disso, Jesus certamente conhecia o lado escuro do zelo de Simão e de seu jeito de agradar às pessoas. Jesus sabia que Pedro cometeria algumas tolices: querendo atacar as pessoas, cortar a orelha de alguém em zelosa violência, negando covardemente Jesus por três vezes. Mesmo depois que Pedro tinha conduzido a igreja por anos, Paulo repreendeu Pedro pelo pecado de tentar agradar às pessoas (Gálatas 2.11-13). Ainda assim, porém, Jesus destacou esse traço positivo de caráter de fé zelosa.

Jesus destacou traços de caráter divino em Natanael quando eles se encontraram pela primeira vez: "Aí está um verdadeiro israelita, em quem não há falsidade" (v. João 1.47). Jesus procurava aqueles traços de caráter que ele poderia encorajar e os ressaltava nas pessoas — dando a elas uma chance de responder à obra de restauração de Deus, algumas vezes de modos estapafúrdios.

Considere como Jesus confiou em Judas — que nunca acreditou realmente no Senhor! Talvez Jesus tenha visto em Judas um dom para lidar com as finanças. Assim como algumas pessoas parecem programadas para ser bons administradores, talvez esse fosse um traço de caráter dado por Deus a Judas. Jesus indicou Judas como o tesoureiro de seu ministério (João 13.29). Pense em acreditar em alguém contra as probabilidades!

Quando as pessoas afastadas do Senhor demonstram traços de caráter divino que o Senhor certamente gostaria de polir e usar neste mundo para o bem, podemos assumir o risco de falar a verdade, encorajar esse traço e até mesmo assumir o risco de permitir que esses dons sejam usados embora elas possam ser como Judas?

Um fariseu não faria isso, mas Jesus certamente faria.

Perdão sobrenatural

Jessica♦ procurou-me certo domingo com seu namorado, em busca de oração. Ela tinha se mudado para Austin havia algum tempo, vários anos antes de vir de uma pequena cidade do norte do estado de Nova York. Nas entrelinhas, deduzi que ela provavelmente não era seguidora de Cristo. Ela me contou que havia pouco começara a frequentar a nossa igreja junto com o namorado. Vários meses antes, sua mãe tinha sido assassinada em Nova York. O assassino ainda não havia sido capturado, e eles não tinham encontrado nenhum motivo ou razão para esse homicídio aleatório ocorrido na casa de sua mãe. Jessica precisava de oração.

— Jessica, eu sinto muito. Não posso nem mesmo imaginar o que você deve estar enfrentando — eu disse, tentando descrever como estaria devastado em uma situação como essa. Conversamos um pouco mais sobre como ela estava lidando com isso, pois eu queria dar a ela liberdade para sofrer seu luto. Percebendo que ela não era uma seguidora de Cristo ainda, eu queria que ela soubesse que essa violência abominável também enlutava Deus. Então Jessica disse algo que me surpreendeu.

— Decidi perdoar o assassino da minha mãe.

— Você decidiu! Como? — fui pego completamente desprevenido.

— Apenas comecei a pensar em quão atormentado e perturbado ele deveria estar para cometer um ato tão maligno, e sei que cultivar o ressentimento apenas me magoará ainda mais.

Aqui estava — essa era a oportunidade de trazer à luz o trabalho óbvio de Deus em sua vida, a despeito do fato de ela não acreditar em Cristo. Eu lhe disse: — Jessica, isso vem do Senhor. Você percebe isso? As pessoas não perdoam naturalmente esse tipo de injustiça terrível. Deus está realmente fazendo algo em seu coração para você ser capaz de oferecer perdão a um crime desse tipo.

Ela disse: — Acho que você está certo, porque não sei por que sinto uma paz em relação a isso. Eu ainda estou terrivelmente triste, e quero que ele seja preso para não ferir outras pessoas, mas isso é realmente estranho.

Encorajei Jessica a continuar buscando Deus porque ele estava claramente a seu lado nisso. Encorajar esse traço de perdão divino colocou-a em um caminho no qual ela se envolveu com um pequeno grupo, e mais tarde, naquele ano, foi batizada pela fé em Cristo. Ela concluiu que precisava dar um tempo no namoro para que ambos crescessem espiritualmente, e o Senhor começou a mostrar a ela que alguns pecados sexuais de seu passado continuavam a manchar sua vida. Nove meses depois, o Senhor os conduziu a voltar a namorar, com o compromisso de honrarem Deus com sua sexualidade, e eles agora estão recebendo aconselhamento pré-marital. Ela fez mudanças tremendas porque começou a identificar-se como sua obra-prima.

Três anos depois, Jessica faz parte de um ministério em prisões no qual ela conta sua história e ajuda prisioneiros a encontrar liberdade por meio do arrependimento dos crimes que cometeram. Deus pegou esse traço de caráter de perdão sobrenatural e agora o utiliza para restaurar outras pessoas por meio de Jessica!

Você vale a pena

Algumas vezes Jesus via além do barro para simplesmente dizer: “Você tem valor — você vale a pena, a despeito do barro. Você não precisa provar seu valor para mim”. Pense em Zaqueu — um notório gângster com complexo de Napoleão, tentando superar sua pequena estatura acumulando grandes quantidades de riqueza e poder a qualquer custo.

Lucas relata no capítulo 19 de seu Evangelho que Zaqueu era o cobrador-chefe de impostos — o líder da máfia —, o chefe de todos os traidores deformados que poderiam vender a alma para trabalhar a favor dos desprezíveis opressores romanos, enquanto roubavam seus amigos judeus a fim de adquirir riqueza e poder. A cidade inteira de Jericó o odiava.

Jesus, porém, viu algo brilhando através de todo aquele barro! Ele viu Deus usando a própria fraqueza de Zaqueu para atraí-lo. Jesus localizou Zaqueu em cima de uma árvore tentando dar uma olhada naquele rumoroso “Messias”. Jesus disse: “Zaqueu, desça depressa. Quero ficar em sua casa hoje” (Lucas 19.5). O que a maioria não repara ao ler sobre esse episódio é que Jesus “atravessava a cidade” (v. 1) quando notou Zaqueu. Jesus reorganizou seus planos para estar com Zaqueu! Ele saiu de seu caminho para gastar tempo com Zaqueu e simplesmente transmitir: “Você é valioso — e não precisa provar seu valor”.

Lucas ressalta que a cidade inteira começou a murmurar quando Jesus decidiu passar a noite na casa de Zaqueu porque aqueles habitantes não eram capazes de ver a obra-prima através do barro! Jesus valorizava-o simplesmente por estar com ele. E isso mudou a vida de Zaqueu! Nós não sabemos tudo o que Jesus disse, mas Zaqueu decidiu dar metade de suas riquezas aos pobres e restituir quatro vezes o valor àqueles a quem ele tinha roubado! Nada, a não ser uma nova identidade, poderia motivar tal mudança. Tudo porque Jesus viu algo de grande valor que precisava ser restaurado e reorganizou seus planos para simplesmente *estar com ele*.

A restauração de Zaqueu motivou Jesus a reafirmar sua missão: "Pois o Filho do homem veio buscar e salvar o que estava perdido" (Lucas 19.10).

O valor das violas turcas

Dervish estava de coração partido. Ele tinha seguido o amor de sua vida pelo mundo, da Turquia até Austin. Mas agora ela havia partido seu coração, e seus dois anos em Austin pareceriam ter sido desperdiçados. Por que ele abandonou uma viagem pela Europa com uma orquestra mundialmente renomada por causa de uma mulher? Ele sentia vontade de atirar sua caríssima viola turca pela janela do quarto, mas o instrumento era valioso demais para ser desperdiçado em um acesso de fúria.

O amor o havia seduzido até Austin. Ele apenas não entendia o amor de quem. Perturbado, sem saber o que fazer da sua vida, Dervish foi até a Dominican Joe, sua cafeteria preferida em Austin. Sentado do lado de fora, perto de um grupo de pessoas que riam e conversavam, Dervish notou Phillip, que parecia estar conduzindo aquele grupo em algum tipo de discussão. De carona, ele escutou a conversa sobre a vida e seu significado.

Dervish sentiu-se atraído pelo grupo. Perguntou o que eles estavam discutindo. Phillip encorajou Dervish a juntar-se a eles em um estudo de citações. De maneira alguma Dervish imaginava, mas ele tinha acabado de ser conduzido a uma rede da Gateway formada por músicos, diretores de cinema e artistas (vamos analisar as redes na Parte 2). O estudo de citações, baseado na sabedoria do livro de Tiago e em outras frases de autores ou artistas, era uma forma de envolver as pessoas em uma conversa espiritual depois que eles tocavam música em encontros locais. Naquela noite, Phillip convidou Dervish para um bolinho de aniversário em sua casa.

Mais tarde, naquela semana, na festa de Phillip, Dervish conheceu Ramy (o nosso pastor egípcio para os artistas). Dervish nunca tinha experimentado essa autêntica combinação de alegria e honestidade sobre as dificuldades da vida real. Sentado em torno do fogo escavado no chão naquela noite com Ramy e outros, Dervish abriu seu coração ferido. Daquele grupo de estranhos, ele sentiu genuíno cuidado e preocupação. Havia um amor que não era verbalizado, mas era palpável para Dervish.

— Cara, você precisa estar conosco mais vezes! — Ramy disse antes que eles se despedissem. — Você sabe, algumas vezes as coisas erradas levam você ao lugar certo! Venha até a minha casa na semana que vem. Esse grupo se reúne regularmente para se ajudar a crescer como artistas, músicos e também espiritualmente. Será ótimo ter você conosco! E você amará os encontros.

Apenas se sentir amado e valorizado pelos colegas artistas fazia Dervish se sentir confortável. Ele continuou a frequentar os eventos da rede e, embora fosse muçulmano, captou claramente a mensagem "Você tem valor — apenas esteja e cresça conosco!". À medida que Dervish aprendia mais e mais sobre aquelas "pessoas de Jesus" e sobre aquilo em que eles acreditavam, tornava-se mais aberto. Eles demonstravam atenção e respeito em relação a suas crenças, focando em Deus em vez de na religião, e ele se sentia amado, valorizado e querido independentemente delas.

Dervish juntou-se a um dos pequenos grupos de Ramy que estava lendo e estudando a Bíblia. Ele também decidiu ler o *Alcorão* inteiro, algo que ainda não tinha feito. Ramy convidou Dervish para tocar viola com a banda, algumas vezes em concertos, algumas vezes para adorar na igreja. O amor e o valor que seu coração experimentou nesse grupo manteve-o aberto para compreender o Deus da Bíblia.

Dois anos depois, eu me senti movido a fazer-lhe uma pergunta certa noite. — Dervish, você tem estado conosco há alguns anos; onde você está com Jesus?

A resposta dele foi um *insight* maravilhoso para mim.

— Você sabe, eu li a Bíblia inteira e também todo o *Alcorão*, e eles dizem praticamente as mesmas coisas sobre o certo e o errado. Só há uma diferença: a graça!

— Uau, Dervish, que percepção incrível! — reagi. Então decidi salientar seu valor para esse Deus da graça. — Dervish, você percebe quanto o Deus da graça o ama? Pense nisso: ele guiou você ao redor do mundo para que pudesse conhecer e experimentar seu grande amor. Você percebe isso?

— Sim, eu percebo. É fantástico. — Dervish balançou a cabeça como se estivesse impressionado com a gravidade dessa declaração.

— Quer dizer, qual a probabilidade de encontrar Ramy e um grupo de músicos que o iriam receber e dar a você o tempo e o espaço de que precisava para investigar a fé?

— Eu sei, eu sei — foi tudo o que Dervish conseguiu dizer em meio a um sorriso forçado e olhos cintilantes.

Dois meses depois, Dervish foi batizado na fé em Jesus, e estou certo de que Deus o usará como ferramenta de restauração para muitos outros ao redor do mundo nos anos por vir! Mas isso tudo começou porque Phillip, Ramy e outros seguidores de Cristo anunciaram a mensagem "Você tem valor bastante para estar conosco. Tem dons que Deus concedeu a você para servir a ele — junte-se a nós".

Você é capaz de fazer o mesmo? Você é capaz de demonstrar amor e valor pelas pessoas muito diferentes de você incluindo simplesmente *estar* com elas? Você é capaz de assumir riscos para que elas se sintam valorizadas em usar seus dons para servir com você? Se isso parece ilegal em sua igreja, lembre-se apenas de que o Senhor assumiu o risco de indicar Judas para servir como tesoureiro!

Você tem uma percepção imensa

Jesus destacou a sabedoria do Senhor mesmo nas pessoas que ainda não acreditavam em Jesus. Um dos líderes religiosos, ao ouvir seus colegas tentando fazer Jesus cair em uma armadilha, deu uma resposta criteriosa sobre como o nosso amor importará mais para Deus do que todos os nossos sacrifícios e ofertas. Marcos relata: "Vendo que ele tinha respondido sabiamente, Jesus lhe disse: 'Você não está longe do Reino de Deus' " (Marcos 12.34).

Você é capaz de destacar a sabedoria divina em outras pessoas que não acreditam em Jesus? "Você não está longe do Reino de Deus." Você seria capaz de encorajar os seus detratores se eles dissessem algo que fosse sábio de acordo com as Escrituras? Muitos cristãos acham que provar que os não cristãos estão errados é o principal objetivo, mas Jesus procurava as provas de que eles estavam certos sempre que falavam a verdade.

....

— "Por que vocês, rapazes, não fazem alguma coisa para ajudar as mulheres que estão sofrendo abuso sexual ou violência doméstica? — Carrie♦ disparou essa acusação a Gary, um dos pastores da nossa comunidade. — Você sabe que esse drama afeta uma em cada quatro mulheres — e a igreja não está imune. Você percebe isso?

Gary sabia que Carrie tinha vindo para a Gateway por insistência de seu marido. Ela se considerava uma feminista liberal e, em suas palavras, não ia à igreja para "seguir a manada". Os cristãos lhe causavam verdadeiro asco por causa do ódio demonstrado em relação a seus amigos *gays*. Mesmo no tom amargo de Carrie, Gary podia ver um traço da sabedoria do Senhor brilhando através do barro. Ele decidiu destacar essa sabedoria.

— Você sabe, eu acho que você está certa. Provavelmente existem mulheres aqui na Gateway sofrendo de abuso sexual ou violência doméstica, e creio que Deus gostaria que fizéssemos alguma coisa em relação a isso — Gary respondeu com humildade.

Foi um choque total para Carrie; ela não esperava por essa validação. Ela tinha chegado pronta para brigar. — Bem, por que vocês não têm algum tipo de ministério para ajudá-las então? — Carrie retrucou com sarcasmo.

— Parece algo que Deus gostaria que fizéssemos. Vou dizer a você uma coisa: Por que você não nos ajuda a pensar em como esse ministério seria — Gary sugeriu.

Agora Carrie realmente subiu nas tamancas. — Eu, ajudar a começar um ministério?

— Bem, você ainda não é uma seguidora de Jesus, certo?

— Não, de jeito nenhum! — Carrie rebateu.

— Por isso você não poderia liderar, mas poderia ajudar-nos a pensar a respeito. E deixe-me desafiar você: Enquanto você estiver nos ajudando a pensar em como ministrar às mulheres, que tal eu ajudar você a investigar aquilo em que acredita a respeito de Jesus? Talvez possamos aprender um com o outro.

Carrie concordou, e, durante todo aquele ano, não apenas Carrie passou a acreditar em Jesus, mas um novo ministério nasceu: Conforto e Esperança! Três anos depois, Carrie passou a liderar esse ministério, o qual ajudou milhares de mulheres a encontrar cura e esperança. Muitas outras encontraram a fé em Cristo por meio de Carrie. Mas isso começou pelo reconhecimento: "Sua ideia não está longe do Reino de Deus — eu acredito que isso é do Senhor!".

Você percebe como Jesus trazia à luz a obra-prima nos outros, usando a graça e a verdade unidas em amor pelas pessoas? À medida que aprendemos a ser como Jesus, ele nos ensinará a usar as mesmas ferramentas em seu processo de restauração com outras pessoas. No entanto, para fazer isso, precisamos parar de brincar de Deus, tentando consertar as pessoas por nós mesmos. Precisamos aprender a respeitar a liberdade das pessoas.

QUESTÕES E AÇÕES

1. Reflita a respeito da seguinte questão: Você tende a preferir "falar a verdade" ou a "dar graça"? Como você poderia permitir que o amor

de Deus traga graça e verdade sobre a sua vida? E na interação com as outras pessoas?

2. Experimente realizar a seguinte ação: Assuma o risco nesta semana de amar alguém o bastante para anunciar a graça e a verdade juntas de algumas maneiras que discutimos aqui (com a esperança de ver a obra-prima de Deus moldando nessa pessoa).

Capítulo 6

Respeitando a liberdade

Príncipe da Paz, Akiane Kramarik
www.akiane.com

Akiane♦ é um prodígio binário. Ela se tornou uma artista e poetisa mundialmente conhecida aos 10 anos de idade! Aos 4 anos, esboçou imagens de anjos que a maioria dos adultos nunca poderia desenhar. Por volta dos 6 anos de idade, suas pinturas sobre óleo retratando pessoas e a natureza se equiparavam à de artistas completos. Mas tão misteriosa e linda quanto suas conquistas artísticas era sua autoproclamada fonte de criatividade artística.

Akiane cresceu na parte rural do país com dois irmãos mais velhos, todos ensinados em casa por uma mãe ateia da Lituânia e um pai agnóstico. A família nunca assistira à TV, nunca falara sobre Deus ou religião, nunca orara em conjunto e nunca fora à igreja. Então os pais de Akiane ficaram chocados quando sua pequena de 4 anos se lembrava de encontros com Deus e de visões extraordinárias dos céus. Imediatamente depois disso, ela começou a desenhar, a pintar e a criar poesias descrevendo Deus, seu propósito amoroso e redentor para a humanidade, e as visões que ela havia tido.

Akiane acredita que Deus a comissionou para usar sua arte a fim de levar pessoas a amarem o Pai, o Filho e o Espírito. Os pais de Akiane se converteram à fé em Jesus por intermédio de suas visões e arte. Aos 8 anos de idade, Akiane sentiu-se conduzida a pintar um retrato de Jesus, a quem ela tinha visto em suas visões. Ela procurou encontrar um modelo no qual pudesse basear seu retrato, mas nunca achou o rosto certo. Depois de um longo ano de pesquisa, certa manhã ela orou com lágrimas de angústia: "Eu não posso mais fazer isso, Deus. Não consigo encontrar ninguém por mim mesma. Preciso que o Senhor me envie o modelo certo e me dê a ideia certa".

No dia seguinte, um conhecido trouxe um amigo até sua casa. Era um carpinteiro! Akiane deu uma olhada no homem e proclamou: "É ele!". A pintura a óleo do Jesus ressurreto e suas telas de Jesus orando "Pai, perdoa-lhes porque eles não sabem o que fazem", feitas por aquela garota de 8 anos de idade e 1 metro e pouco de altura, já foram vistas por milhões de pessoas por todo o mundo, e sua história inspirou muitos a acreditarem em Jesus.[1]

Recentemente li um livro de um pastor que alega que seu filho de 4 anos, enquanto sofria uma cirurgia na qual quase morreu, também teve visões do céu e de Jesus.[2] Depois de múltiplos fatos convincentes dos quais o garoto não poderia ter conhecimento de outra maneira, os pais passaram a acreditar que essas visões de quase morte eram reais. Pelos anos seguintes, sempre que os pais viam um "retrato de Jesus", eles perguntavam ao filho: "Ele se parece com o retrato?". O menino respondia não e mostrava o que havia de errado em cada figura...

Até que ele viu a pintura de Akiane!

Deus, o Artista

Deus é um Artista. Quando li a história de Akiane, esse fato, que deveria parecer autoevidente, uma vez que ele criou todas as coisas, tocou-me de uma nova maneira! Deus trabalha como um Artista! Os artistas amam provocar admiração e espanto por meio do mistério e fascínio de sua arte. Basta considerar o amor que Jesus tinha por ensinar usando parábolas. Se falharmos em ver o Artista Mestre por trás de toda a beleza, de todo o mistério e mesmo de toda a confusão da humanidade, falhamos em entender como Deus age para criar sua obra-prima em nós e nas outras pessoas.

Deus é um pintor — a origem de cada cor e de cada traço de beleza que você já testemunhou.

Deus é um compositor — o gênio matemático por trás das notas da melodia, o toque constante de cada ritmo, o grande autor lírico por trás de cada rima.

1 Kramarik, Akiane; Kramarik, Foreli. **Akiane:** Her Life, Her Art, Her Poetry. Nashville: W Publishing Group, 2006.

2 Burpo, Todd. **Heaven Is for Real:** A Little Boy's Astounding Story His Trip to Heaven and Back. Nashville: Thomas Nelson Publishers, 2010 [**O céu é de verdade**; publicado por Thomas Nelson Brasil].

Deus é um escultor — a mente criativa que formou galáxias brilhantes, moldou montanhas majestáticas com sua palavra falada, pôs em movimento o *big bang*, esculpiu beleza na natureza por intermédio do tempo e do espaço.

E ainda mais — Deus é um Deus de amor! "Deus é amor", conforme as Escrituras revelam, e ele é a fonte de todo amor (1João 4.7-11). Conforme sua coroada criação, ele designou criaturas com livre-arbítrio que *poderiam* amar a Deus e uns aos outros. Somente os seres humanos, em toda a criação, foram moldados à imagem de Deus com essa capacidade de amar. Jesus reiterou que o amor é o princípio organizador de toda a criação de Deus (Mateus 22.37-40). Mas como alguém cria o amor?

Escolha o seu meio

Não importa quando Akiane decide criar, ela precisa escolher um meio pelo qual possa fazê-lo. Se ela se decidir pela escultura, estará livre para escolher o bronze ou o cobre, a madeira ou o mármore como o meio pelo qual se expressará. Contudo, uma vez tenha escolhido, estará limitada por sua escolha. Se ela escolher óleo sobre tela, terá opções de cores que o mármore branco não suporta, mas estará limitada a expressar em apenas duas dimensões em vez de três. Cada criador escolhe um meio pelo qual criará e então precisa trabalhar com as potencialidades e limitações que o meio apresenta.[3]

Quando Deus moldou pessoas à sua imagem para amá-lo, escolheu o meio do livre-arbítrio por meio do qual nos criaria. O amor explica por que Deus nos criou na textura complicada do livre-arbítrio, e o amor explica por que Jesus respeitava o livre-arbítrio daqueles com quem se encontrava. O amor exige que aprendamos a trabalhar com a disposição das pessoas igualmente.

3 YANCEY, Philip. **Disappointment With God**. Grand Rapids: Zondervan, 1988. p. 58-61 [**Decepcionado com Deus**; publicado por Mundo Cristão].

Digamos que você esteja solteiro e ame alguém, mas esse amor não seja recíproco. Você poderia tentar obrigar a outra pessoa a amar você, eu penso. Você poderia tornar aquela pessoa refém sob uma arma de fogo e tentar forçá-la a dizer e fazer coisas que transmitem amor, mas todos nós sabemos que isso não seria amor de verdade. Isso é obediência forçada, escravidão, que empalidece em comparação ao amor. O amor não pode ser forçado. Precisa ser livre.

Uma vez que Deus escolheu criar criaturas como nós que poderiam amar, ele se limitou ao criar um mundo que poderia escolher rejeitar ou ignorar o Criador e ir contra sua vontade, até mesmo rejeitando seu amor. Ao longo das Escrituras, vemos Deus usando cada metáfora relacional humana, mostrando de modo vulnerável uma real reciprocidade entre seu coração e as nossas escolhas de livre-arbítrio.

> A palavra do SENHOR veio a mim: "Vá proclamar aos ouvidos de Jerusalém: 'Eu me lembro de sua fidelidade quando você era jovem: como noiva, você me amava [...]', [Mas] o meu povo cometeu dois crimes: eles me abandonaram, a mim, a fonte de água viva; e cavaram as suas próprias cisternas, cisternas rachadas que não retêm água [...]. Eu mesmo disse: 'Com que alegria eu a trataria como se tratam filhos e lhe daria uma terra aprazível, a mais bela herança entre as nações! Pensei que você me chamaria de 'Pai' e que não deixaria de seguir-me. Mas, como a mulher que trai o marido, assim você tem sido infiel comigo, ó comunidade de Israel', declara o SENHOR".
>
> Jeremias 2.2,13; 3.19,20

Deus criou as pessoas para um relacionamento mais íntimo do que aquele que existe entre uma noiva e seu marido. E, quando as pessoas que ele ama o rejeitam, ele se sente traído — como se fosse um adultério — por causa do amor apaixonado que ele nutre por nós. Deus quer o seu coração. É isso o que ele quer dos outros. Não porque ele precise disso, mas porque nós precisamos, e porque ele nos ama!

Ele deseja dar vida que flui do nosso ser interior como água viva. Mas ele força sobre nós esse amor. Deus trabalha com base na nossa disposição. Para cooperar com seu projeto de restauração, nós também não podemos forçar as outras pessoas; precisamos trabalhar com base em sua disposição. Precisamos adotar a mesma abordagem de Jesus.

Engenharia da condenação

A maioria de nós cresceu debaixo do que Dallas Willard chama de "engenharia da condenação" — esse é o modo de agir do mundo.[4] Se alguém não se comporta da maneira que você gostaria, você sutilmente culpa, constrange, manipula ou condena esse ser até que ele se esforce para conformar-se ao padrão esperado. É bastante familiar ao coração do fariseu o sistema de trabalhar em troca de algo — fazer por merecer, vivendo de acordo com o padrão em que você controla punições e recompensas, excluindo ou julgando aqueles que não correspondem. É isso o que caracteriza a vida de um fariseu — mas é também o sistema sob o qual funciona a maior parte do mundo. Isso pode produzir conformidade por um pequeno espaço de tempo, mas definitivamente não muda o coração de uma pessoa.

A engenharia da condenação facilmente seduz os cristãos. O fariseu moderno diz a si mesmo: "Eu não faço essas coisas erradas, eu faço as coisas certas, portanto sou bom aos olhos de Deus". Quando o fariseu olha para aqueles que não vivem de acordo com seus padrões, sutilmente comunica: "A menos que você mude e se comporte como eu me comporto para se aproximar moralmente desses padrões, Deus não terá o menor interesse em você".

Isso contraria totalmente a mensagem de Jesus. Jesus nos dá misericórdia e nos liberta do esforço inútil de tentar cada vez com mais esforço. Ele oferece a liberdade e um convite à Vida, em vez de condenação.

4 WILLARD, Dallas. **The Divine Conspiracy**. New York: HarperCollins, 1998. p. 228-230 [**A conspiração divina**; publicado por Mundo Cristão].

Você sabe que o farisaísmo ataca quando o caminho da liberdade não parece certo ou justo para você.

Em um encontro que Jesus teve com os fariseus, ele disse: "Pois o Reino dos céus é como um proprietário que saiu de manhã cedo para contratar trabalhadores para a sua vinha. Ele combinou pagar-lhes um denário pelo dia e mandou-os para a sua vinha" (Mateus 20.1,2). Jesus prosseguiu dizendo que o proprietário contratou mais trabalhadores ao longo do dia, até mesmo tão tarde quanto às 5 da tarde, concordando em pagar a eles o que era justo.

> "Vieram os trabalhadores contratados por volta das cinco horas da tarde, e cada um recebeu um denário. Quando vieram os que tinham sido contratados primeiro, esperavam receber mais. Mas cada um deles também recebeu um denário. Quando o receberam, começaram a se queixar do proprietário da vinha, dizendo-lhe: 'Estes homens contratados por último trabalharam apenas uma hora, e o senhor os *igualou a nós*, que suportamos o peso do trabalho e o calor do dia'. Mas ele respondeu a um deles: 'Amigo, não estou sendo injusto com você. Você não concordou em trabalhar por um denário? [...] Ou você está com inveja porque sou generoso?' " (Mateus 20.12-15).

Jesus destacou que o sistema dos fariseus se firma sobre a superioridade baseada no que você fez ou deixou de fazer. Eles se ressentiram com o fato de que aqueles que não tinham trabalhado tão duro fossem tratados da mesma forma que eles! Você pode encontrar esse sistema na maioria das famílias, clubes, práticas de gestão e até mesmo em instituições religiosas — a engenharia da condenação, a comparação, o sentimento de superioridade baseado no que você acredita ter alcançado pelos próprios méritos.[5]

[5] Um livro excelente que investiga profundamente esta questão é FISCHER, John. **Twelve Steps for the Recovering Pharisee (Like Me):** Finding Grace to Live Unmasked. Minneapolis: Bethany House, 2000.

Um executivo da área de tecnologia, supostamente comparando a indústria de computadores com a indústria de automóveis, declarou: "Se a GM se mantivesse atualizada tecnologicamente como a indústria de computadores tem feito, estaríamos dirigindo carros de 25 dólares que rodariam 2.500 quilômetros por litro de gasolina". Não gostando nada da comparação, a General Motors respondeu com o seguinte desafio: "Sim, mas você gostaria que seu carro entrasse em colapso duas vezes por dia?".[6]

Se o seu sistema inteiro é construído sobre sentir-se bem porque você é melhor, é mais inteligente e trabalha mais duro, então realmente parecerá injusto o anseio do Deus gracioso de fazer abundantemente pelas pessoas dispostas o que elas não são capazes de fazer por si mesmas. Nós queremos que as pessoas façam por merecer e se esforcem bastante para isso, como nós fizemos! O problema é que a engenharia da condenação não muda corações — ou produz conformidade externo, ou faz que as pessoas fujam do Senhor, sentindo que ele também condena aqueles que não estão à altura.

Eu não a suporto!

"Ela não merece uma promoção!", Christina pensou enquanto sua colega de trabalho se gabava de um aumento de salário. "Por que, Senhor? Por que eu tenho de trabalhar com essa pagã imoral que age como uma perfeccionista quando se trata de trabalho, e depois se vangloria de seus baixos padrões morais? Eu não quero ouvir o tempo todo sobre suas festas selvagens e seu comportamento sexual impróprio, e depois assistir à sua ascensão profissional enquanto estou aqui no mesmo passo. Eu não a suporto!".

Christina havia sido criada no Cinturão Bíblico — a Cristolândia — onde as pessoas colocam a melhor roupa para o almoço de domingo mesmo se não tiverem ido à igreja, de modo que, aos olhos dos amigos

6 Isso se transformou em uma lenda urbana sobre Bill Gates e a GM, mas na verdade foi apenas uma piada que circulou no final dos anos 1990.

igrejeiros, *pareça* que tenham ido. Austin era muito diferente. As pessoas não fingiam ir à igreja. Na verdade, elas nem mesmo fingiam ter um bom comportamento moral! Sempre que Stacy, a colega de trabalho de Christina, amaldiçoava ou se gabava de suas escapadas no final de semana, Christina procurava certificar-se de que Stacy soubesse que ela não aprovava esse comportamento. Ela fazia isso de forma sutil, mas sua desaprovação podia ser claramente percebida por Stacy.

Quanto mais tempo trabalharam juntas, mais alto cresceu a barreira de silêncio de diferenças entre elas. "Eu podia sentir que a antipatia de Stacy por mim aumentava", Christina recorda, "mas eu também achava que eu estava certa e ela estava errada. Eu me sentia justificada, até mesmo virtuosa. Mas eu não mudava o comportamento dela. Na verdade, a única coisa que eu conseguia era provocá-la a me chocar com mais detalhes sobre suas estripulias". Então Christina ouviu uma série de mensagens sobre como Jesus tratava seus inimigos e aqueles que não mereciam nada de bom dele.

"Comecei a orar por minha atitude no trabalho", Christina recorda, "mas eu precisava lutar contra pensamentos preconceituosos e críticos que pareciam justificar o meu comportamento. A fim de espantar esses pensamentos, comecei a orar por Stacy. Deus usou aquelas orações para derreter a minha atitude farisaica. Mesmo assim, eu nunca sonhei que um dia chamaria uma colega de trabalho que eu desprezava de minha amiga.

Deus é impotente?

Jesus não veio para impor obediência ou mesmo moralidade — o que é um tanto desconcertante se você considerar quanto comportamento aético e imoral existe por aí. Quando você reflete sobre a extensão na qual nos ferimos uns aos outros por causa da nossa desobediência a Deus, uma questão problemática emerge: "Por que Deus *iria* permitir tão horrenda liberdade?".

Você sabe, muitas pessoas acreditam equivocadamente que o objetivo de Deus é obrigar as pessoas a fazerem as coisas certas e deixar de fazer as coisas erradas (como se isso de alguma maneira estivesse fora de seu controle!). Os fariseus tentaram ajudar Deus obrigando, persuadindo ou culpando pessoas para que lhe obedecessem. Mas você já chegou a considerar que, se o principal objetivo de Deus é fazer que as pessoas lhe obedeçam, então Deus é bastante impotente?

As pessoas desobedecem regularmente a Deus, e ele parece não fazer nada a respeito. Na verdade, Deus concede uma liberdade incrível para as pessoas agirem de modo completamente contrário à sua vontade. Por quê? Por que Deus *de fato* permite essa horrenda liberdade? Nós seríamos muito melhores em termos morais se Deus restringisse a liberdade — pense em todos os adultérios, assassinatos, estupros, roubos, abusos infantis, fofocas maldosas, práticas luxuriosas ofensivas e indiferenças mesquinhas que poderiam ser evitados. Pense em como o mundo poderia ser melhor se Deus simplesmente nos obrigasse a obedecer! Então por que não faz isso?

Se nós não refletirmos profundamente sobre essa perturbadora verdade de que Deus não obriga ninguém à conformidade moral, podemos facilmente nos tornar mais farisaicos e menos parecidos com Jesus. Se não virmos a bela e criativa obra que ele molda em corações dispostos, com frequência através do mais terrível e doloroso pecado, cairemos vítimas do modo rigoroso dos fariseus — ele vem naturalmente!

Deus quer o nosso coração mais que a nossa obediência. Se Deus quisesse a nossa obediência em primeiro lugar, ele simplesmente nos faria obedecer. (Ele não precisa da nossa permissão nem da nossa disposição para isso!) A razão de ele não nos obrigar a obedecer é o amor. Ele está criando eternamente criaturas amorosas na textura complicada do livre-arbítrio. Deus certamente quer a nossa obediência, mas uma obediência que flua do coração que ama livremente e de bom grado confia nele. Para *todos* os que concluíram que a vida está perdida, que eles são pecadores e que precisam da ajuda de Deus, o Senhor dá *não* o que eles mereciam, mas água viva que produz um jardim fértil de frutos que crescem de dentro para fora.

Um convite à vida

O capítulo 8 de João registra um encontro que Jesus teve com uma mulher pega em adultério pelos fariseus.[7] (Você deve estar perguntando como eles a pegaram "em ato do adultério". Você poderia pensar em um "fariseu espião"?) O texto nos diz que eles queriam provar que Jesus amava tanto os pecadores a ponto de deixar de lado a Lei de Moisés (e note que estavam confiantes de que isso funcionaria por causa do modo com que Jesus tratava regularmente pessoas como essa mulher!).

"A Lei de Moisés nos ordena a apedrejar tais mulheres. E o senhor, que diz?" A multidão raivosa gritava, com pedras na mão. Jesus não negava o que ela merecia, mas em vez disso destacou o que todos nós merecemos:

"Certo, apedrejem-na até a morte e, se algum de vocês estiver sem pecado [se alguém não merecer o mesmo de acordo com a Lei], seja o primeiro a atirar pedra nela". Todos os ouvintes deixaram cair suas pedras de condenação e foram saindo, um de cada vez.

Por quê?

Porque Jesus os pegou em seu pequeno jogo de engenharia de condenação, tentando forçar a conformidade moral por meio de um sistema de recompensas e punições. Jesus revela poeticamente as fraquezas fatais do sistema — se quisermos que todos recebam as recompensas e as punições que merecem, *pelos padrões de Deus,* nós estaremos em sérios apuros de

7 João 8.1-11. A edição inglesa da Nova Versão Internacional traz a seguinte nota: "Os manuscritos mais recentes e muitos outros testemunhos antigos não contêm João 7.53—8.11". O Comentário IVP [InterVarsity Press] do Novo Testamento explica: "Parece tratar-se de uma história bem conhecida, uma das muitas que circularam oralmente desde o início, embora não tenha sido incluída em nenhum dos escritos do Evangelho. Mais tarde, porém, alguns da igreja posterior pensaram que seria bom omiti-la [...]. Grande parte da cristandade, contudo, considera esta história confiável, e os estudiosos modernos, mesmo concluindo firmemente que ela não fazia originalmente parte do evangelho de João, em geral reconhecem que o relato descreve um evento da vida de Cristo". (Jesus Forgives a Woman Taken in Adultery, **The IVP New Testament Commentary series**, disponível em: <http://www.biblegateway.com/resources/commentaries/IVP-NT/John/Jesus-Forgives-Woman-Taken>. Acesso em: 08 jan. 2014.)

acordo com Jesus! (Estou parafraseando — para o caso de você ter sido tentado a me condenar por citar erroneamente Jesus!)

Deus oferece um modo diferente de mudar o nosso coração — o caminho da liberdade. O caminho da liberdade respeita, dignifica, valoriza, faz perguntas, ouve e encoraja a aceitação.

Jesus fez uma pergunta à mulher flagrada em adultério: — Ninguém a condenou?

— Não — ela respondeu.

— Eu também não a condeno. Agora vá e abandone sua vida de pecado.

Observe duas coisas: Jesus não fez a mulher flagrada em adultério lembrar-se de que ela havia quebrado os Dez Mandamentos — ele não precisou fazer isso. Ao contrário, ele ofereceu um convite à vida — uma vida livre de condenação com a liberdade de escolher um novo caminho. Mas note também que esse é um negócio arriscado. E se não funcionasse? E se ela fosse embora e pecasse novamente? Ele nem mesmo lhe explicou como ela deveria abandonar a vida de pecado. Essa ausência de comentário não a deixou ir embora fácil demais? Jesus nem mesmo mencionou quão errado, quão doloroso, quão desrespeitoso era seu comportamento imoral para com a esposa daquele homem — e para Deus. Essa não é também uma abordagem arriscada?

Uma conclusão falsa seria pensar que Jesus não se importa com o pecado ou com o comportamento pecaminoso. Ele se importou tanto a ponto de dar sua vida para nos libertar dos efeitos do pecado (Romanos 8.1,2). Jesus não impôs a obediência porque sabia que esse não é o verdadeiro caminho para a mudança de coração duradoura!

Jesus respeitava o livre-arbítrio daqueles com quem se encontrava, embora os convidasse para a Vida, que sacia a nossa sede mais profunda de uma forma que torna a água turva sem o menor atrativo. Se nós queremos ser seguidores de Jesus que têm a influência que Jesus teve sobre o mundo à nossa volta, precisamos acabar com a engenharia da condenação e aprender a respeitar o livre-arbítrio e convidar as pessoas à Vida como Jesus fez. Mas primeiro temos de entender a diferença entre os dois.

Condenação *versus* liberdade

Paulo contrasta o ministério da condenação (o que a Lei sem graça traz) e o ministério do Espírito (que traz liberdade e vida):

> O ministério que trouxe a morte foi gravado com letras em pedras; mas esse ministério veio com tal glória [...]. Não será o ministério do Espírito ainda muito mais glorioso? [...] Ora, o Senhor é o Espírito e, onde está o Espírito do Senhor, ali há liberdade. [...] E [...] segundo a sua imagem estamos sendo transformados com glória cada vez maior, a qual vem do Senhor.
>
> 2Coríntios 3.7,8,17,18

O modo antigo tem que ver com mudar a nós mesmos com base no nosso poder (e isso apenas nos condena e nos conduz à morte). O novo caminho de liberdade tem que ver com a nossa disposição em permitir que o Espírito de Deus restaure sua obra-prima (mais e mais de sua imagem gloriosa brilhando através de nós).

Dallas Willard usa uma analogia bastante útil: O ministério da condenação tenta fazer que cresçam pêssegos em uma macieira amarrando pêssegos em seus ramos. O ministério do Espírito cria o coração interior de um pessegueiro que começa naturalmente a produzir pêssegos — porque esse é o tipo de pessoa em que você está se tornando.[8] Ter isso bem claro é o principal para liderar as pessoas em seguir o Espírito de Deus. Nós encaramos o nosso papel como o de levar as pessoas a pararem de fazer coisas erradas, tentando consertá-las para que pareçam do jeito que achamos que

[8] WILLARD, Dallas, **The Divine Conspiracy**, p. 133.

elas devem parecer? Ou vemos nosso papel como o de valorizar, respeitar e destacar as boas intenções de Deus, encorajando a disposição de amar a Deus e confiar nele plenamente? O que realmente muda as pessoas?

Movido por convites

Cheryl havia crescido na igreja, mas, quando ela deixou a faculdade, abandonou tudo e se apaixonou por um rapaz que a engravidou aos 19 anos de idade. Eles se casaram achando que isso resolveria a situação, e ela teve um filho no ano seguinte. Preste atenção no *e-mail* que ela me escreveu:

> O nosso relacionamento de namoro era completamente doentio e nos levou a um casamento doentio. Eu me sentia desesperada e perdida. No ano seguinte, tive um *affair* com um colega de trabalho e pedi o divórcio não muito depois. Eu estava emocionalmente despedaçada. Destruída mesmo. Busquei ajuda na minha igreja local, mas senti que eles viraram as costas para mim. Eu não tinha condições de enfrentar ninguém. As pessoas que eu considerava amigos íntimos me descartaram como se eu fosse uma causa perdida. Eu me sinto totalmente condenada e sozinha.
>
> Eu estava dirigindo pela Brodie Lane para visitar meus pais [três anos depois] e vi um sinal que dizia "Igreja do Sul de Gateway". Senti como se Deus estivesse tocando no meu coração e dizendo que era ali onde eu precisava estar na manhã de domingo. Eu não sabia nada sobre a nossa igreja naquela época e cheguei cética de que pudesse aprender alguma coisa ali. Então abri o boletim informativo e notei que o tópico de discussão programado era sobre sexo.
>
> Prestei toda atenção no que você disse a respeito da vontade de Deus para a nossa sexualidade, e fui tomada por uma grande emoção. Então você citou as Escrituras sobre a mulher adúltera, e eu me senti como ela: humilhada e perdida. Mas a segunda parte do versículo na qual Jesus se postou diante dela, cheio de compaixão e graça, e lhe disse

para viver uma vida nova — naquele momento, concluí que fui perdoada e que agora era a minha vez de seguir adiante.

No caminho de volta para casa chorei o tempo todo. Pela primeira vez em anos, senti o amor de Deus. Eu me sinto perdoada. Senti ter encontrado pessoas que me aceitaram como sou e me ajudaram a crescer para me tornar a mulher e a mãe que Deus quer que eu seja.

Se nós queremos seguidores de Jesus que tenham a influência que Jesus teve no mundo à nossa volta, precisamos acabar com a engenharia da condenação. Precisamos aprender a respeitar o livre-arbítrio e convidar pessoas à Vida — como Jesus fez e ainda faz!

> No último e mais importante dia da festa, Jesus levantou-se e disse em alta voz: "Se *alguém* tem sede, venha a mim e beba. Quem crer em mim, como diz a Escritura, do seu interior fluirão rios de água viva". Ele estava se referindo ao Espírito, que mais tarde receberiam os que nele cressem. Até então o Espírito ainda não tinha sido dado, pois Jesus ainda não fora glorificado.
>
> João 7.37-39

Jesus ofereceu um convite à Vida — um chamado para entrar em uma Vida que brota de dentro e torna as águas repugnantes do pecado em comparação. Mas observe que o convite é para *qualquer um* que tiver sede. Sede e disposição para beber são os únicos requisitos. Em geral, as pessoas mais sedentas têm passado a maior parte do tempo no deserto, vagando à procura de água. O que nós oferecemos a essas pessoas?

O espírito de liberdade: pergunte antes de falar

Muitos cristãos hoje acreditam que sua tarefa é "falar" em vez de "perguntar". Nós queremos contar às pessoas "a verdade"; queremos anunciar "o evangelho"; queremos falar mesmo que elas não queiram ouvir. Jesus não fez isso. A Jesus foram feitas 183 questões nos Evangelhos. Ele respondeu diretamente a apenas 3 delas, embora tenha proposto 307 questões em retorno.[9] Jesus provocou curiosidade e disposição para ouvir ao fazer perguntas primeiro. No capítulo 4 de João, o apóstolo diz que Jesus e seus discípulos estavam atravessando Samaria e parou para descansar por volta do meio-dia.

> Nisso veio uma mulher samaritana tirar água. Disse-lhe Jesus: "Dê-me um pouco de água". (Os seus discípulos tinham ido à cidade comprar comida.)
>
> A mulher samaritana lhe perguntou: "Como o senhor, sendo judeu, pede a mim, uma samaritana, água para beber?" (Pois os judeus não se dão bem com os samaritanos.)
>
> João 4.7-9

Os fariseus desprezavam os samaritanos — seu comportamento imoral, seus casamentos inter-raciais, sua teologia falha — tudo os tornava absolutamente separados. Os fariseus não comiam, não falavam nem se relacionavam com os samaritanos. A mulher samaritana tinha um valor ainda mais baixo para os fariseus.

Na época de Jesus, havia rabinos que oravam todos os dias: "Agradeço a ti, ó Deus, por eu não ter nascido um gentio, uma mulher ou um escravo".[10] Apesar disso, Jesus cruzou os limites raciais, culturais e religiosos para ir até os samaritanos. Então ele encontrou essa mulher.

Jesus sabia mais do que nós neste ponto. Ele sabia tudo sobre sua história de vida marital e seu passado sexual — ela tinha se divorciado cinco vezes e nesse momento vivia com um homem. Mesmo assim, Jesus honrou-a pedindo-lhe um pouco de água e entabulando uma conversa

9 Everts, Don; Schaupp, Doug. **I Once Was Lost. Downer's Grove**. InterVarsity Press, 2008. p. 54.

10 *Talmud Menahoth*. p. 43b-44a.

com ela. A mulher sentiu-se valorizada: "Ele está falando comigo, uma mulher samaritana? Ele está me tratando com dignidade em vez de desprezo?".

Devemos perguntar a nós mesmos: cruzamos as linhas divisórias da sociedade para dignificar as pessoas? Cruzamos as barreiras raciais, socioeconômicas e de gênero para envolver-nos em uma conversa? E quanto a atravessar as divisões relativas a estilo de vida e comportamento? Nós podemos ser como Jesus, propondo questões, ouvindo e dialogando, em vez de falar, ordenar e mudar. Confie no Espírito de liberdade para orientar você.

Prestando atenção na necessidade

> Jesus lhe respondeu: "Se você conhecesse o dom de Deus e quem lhe está pedindo água, você lhe teria pedido e ele lhe teria dado água viva".
>
> Disse a mulher: "O senhor não tem com que tirar água, e o poço é fundo. Onde pode conseguir essa água viva? Acaso o senhor é maior do que o nosso pai Jacó, que nos deu o poço, do qual ele mesmo bebeu, bem como seus filhos e seu gado?"
>
> Jesus respondeu: "Quem beber desta água terá sede outra vez, mas quem beber da água que eu lhe der nunca mais terá sede. Ao contrário, a água que eu lhe der se tornará nele uma fonte de água a jorrar para a vida eterna".
>
> A mulher lhe disse: "Senhor, dê-me dessa água, para que eu não tenha mais sede, nem precise voltar aqui para tirar água".
>
> João 4.10-15

Jesus envolveu-a em um diálogo sobre o que era mais importante para ela — ele a tocou em seu ponto de necessidade. Ela precisava de água física, por isso estava no poço, mas Jesus sabia que ela precisava de água espiritual que poderia extinguir sua profunda sede de ser amada, aceita e estimada. Então Jesus falou sobre o que se passava em sua mente — obter água, mas também obter amor!

Se queremos tratar as pessoas como Jesus tratava, precisamos não apenas cruzar as linhas divisórias para honrar as pessoas propondo questões e dialogando; precisamos ouvir com muita atenção para tentar entender suas necessidades, seus pontos de dor, suas preocupações. Os fariseus apenas falam *às* pessoas. Jesus não pregou à mulher, não proferiu uma palestra, nem mesmo lhe disse o que era necessário mudar. Ele ouviu e cuidou de suas necessidades, e, dessa forma, despertava sua curiosidade espiritual.

....

Conforme Christina continuava orando por sua colega de trabalho egoísta imoral, ela começou a desenvolver um novo pensamento: "Mais do que apenas orar por ela, eu preciso *cuidar* dela". Christina recorda:

> Comecei a procurar maneiras de servir à minha colega de trabalho, o que significava que eu tinha de me interessar por sua vida e descobrir do que ela precisava. Eu fazia perguntas e ouvia bastante. Descobri que ela tinha gatos, e quando me contou que ficaria uns dias fora da cidade, eu me ofereci para cuidar dos bichanos. Quando ela caiu de cama com febre, levei refeições até sua casa. Quando ela recebeu uma promoção, organizei uma festa de comemoração com os nossos colegas de trabalho — ela ficou praticamente sem fôlego. Eu poderia dizer que a minha nova atitude foi suavizando a atitude dela em relação a mim. Mas o que eu não esperava é que, no processo de servir-lhe, Deus abriu os meus olhos para todas as coisas realmente boas na vida dela que os meus óculos farisaicos não me deixavam enxergar.
>
> Enquanto eu fazia o *Morph* [Metamorfose], o caminho da formação espiritual da Gateway, uma das tarefas era prestar atenção nos mais profundos desejos de pessoas não cristãs. Eu perguntei a Stacy se ela me permitiria fazer algumas perguntas sobre suas esperanças e seus sonhos.

Na tarefa, você basicamente propõe duas questões: "O que você espera da vida?" e "Quais são os maiores desejos do seu coração?". Você não pode falar, pregar, compartilhar seu testemunho ou fazer qualquer outra coisa, a não ser esclarecer as perguntar, fazer anotações, resumir e dar *feedback* sobre o que ouvir, encorajando aqueles desejos que estão alinhados à vontade de Deus. Eu ouvi com atenção e fiz perguntas por mais de uma hora, e, quando terminamos o bate-papo, Stacy disse: "Eu nunca havia tido uma conversa como essa durante toda a minha vida". Ela estava radiante.

No ano seguinte, Stacy perdeu o namorado e estava devastada. Ela me procurou para falar a respeito e me perguntou por que eu tinha sido tão legal com ela. Isso nos levou a uma conversa mais profunda sobre vida, a fé e a obra que Jesus estava fazendo no meu coração. Como resultado, ela passou a ir à igreja comigo, começou a buscar a Deus e descobriu a fé nele. Essa mulher que eu mal conseguia suportar hoje é não somente uma irmã em Cristo, mas também uma boa amiga. Nada da minha desaprovação a mudou, mas aprender a valorizá-la e tocá-la em seu ponto de necessidade — foi isso o que Jesus usou para convidá-la à nova vida!

....

Então Jesus envolveu a mulher junto ao poço em seu ponto de necessidade, que era não apenas de água física, mas de água espiritual — ela tinha sede de ser amada. Mas ela estava tentando matar essa sede do modo errado. Jesus sabia disso, e, uma vez que ela mostrou disposição ("Senhor, dê-me dessa água"), o Mestre trouxe a verdade com graça de uma maneira que fez brilhar a luz sobre o que estava perdido, mas com esperança em vez de com condenação:

Ele lhe disse: "Vá, chame o seu marido e volte".

"Não tenho marido", respondeu ela.

> Disse-lhe Jesus: "Você falou corretamente, dizendo que não tem marido. O fato é que você já teve cinco; e o homem com quem agora vive não é seu marido. O que você acabou de dizer é verdade".
>
> Disse a mulher: "Senhor, vejo que é profeta".
>
> João 4.16-19

A mulher mudou de assunto, iniciando um debate teológico esotérico sobre o local adequado para a adoração. Jesus seguiu graciosamente com o fluxo da conversa, conduzindo-a gentilmente de volta à sua necessidade real. Ele não fez isso para mudar seu comportamento, mas para conectá-la a seu Espírito doador de vida.

Jesus nunca disse à mulher para deixar o rapaz com quem ela vivia maritalmente, embora essa claramente não fosse a vontade dele para sua vida. Ele mostrava os lugares inadequados e prejudiciais onde Deus queria oferecer alguma coisa melhor, basicamente dizendo: "Não está funcionando muito bem para você, não é mesmo? Você quer algo melhor?". Embora ele destacasse a verdade sobre os cinco divórcios e o relacionamento atual da mulher, ela não se sentiu condenada. Na verdade, ela correu em direção à cidade, contando a todos: "Ele me disse tudo o que tenho feito", mas com tamanha esperança na vida que muitos encontraram a fé por causa de seu testemunho.

A chave é disposição

Jesus trabalhou com a disposição daquela mulher para ajudá-la a conectar-se com o Único que poderia mudá-la de dentro para fora — o Único que poderia conectá-la com a Fonte de água viva. Veja, quando tentamos mudar as pessoas fazendo-as conformar-se exteriormente aos nossos padrões, isso não resolve o verdadeiro problema que todos nós temos — uma profunda sede espiritual que, à parte do Senhor, conduz todos a bebermos água turvada. Jesus sabe que, a menos que sejamos satisfeitos espiritualmente com a água que vem do Espírito de Deus, esforçar-nos mais por nossa conta apenas nos desidrata espiritualmente. Paulo nos diz para simplesmente estarmos dispostos a andar com o Espírito, sabendo que é ele que nos modifica:

> Foi para a liberdade que Cristo nos libertou. [...] Por isso digo: Vivam pelo Espírito, e de modo nenhum satisfarão os desejos da carne. [...] Se vocês são guiados pelo Espírito, não estão debaixo da Lei. [...] Mas o fruto do Espírito é amor, alegria, paz, paciência, amabilidade, bondade, fidelidade, mansidão e domínio próprio.
>
> Gálatas 5.1,16,18,22,23

As pessoas mudam quando seguem de boa vontade o Espírito de Deus a cada momento.[11] Deus não passa por cima do nosso livre-arbítrio; seu Espírito trabalha com a nossa disposição. Se é assim que as pessoas mudam, e não por tentarem se amoldar e seguir a Lei, mas por seguir o Espírito de Deus, então precisamos ser pessoas que ajudam os outros a de boa vontade confiar no Espírito de Deus e seguir sua orientação. Essa é a nossa única tarefa, não consertar ou mudar as pessoas, mas encorajá-las a reconhecer por que Deus é bom e por que elas podem confiar em seu Espírito para produzir grandes coisas na vida. Você confia no Espírito de Deus para fazer a parte dele em produzir fruto nos outros, se fizer a sua parte — cruzando linhas divisórias para honrar, perguntar e ouvir, encorajando os outros a livremente amar e sinceramente confiar em um Deus que é bom?

Marcos Buchanan fala sobre um parque à beira de um rio em Guelph, Ontário, no Canadá, conhecido por enormes e intrincadas

11 *Revolução da alma* é um livro que escrevi para ajudar as pessoas a aprender a caminhar cada momento com o Espírito de Deus. Ele se concentra nos ensinamentos de Jesus em sua última noite na terra e em um experimento de 60 dias para mostrar que Jesus realmente cumpre o que prometeu quando nós de verdade permanecemos nele.

esculturas de dinossauros, um homem dirigindo uma bicicleta, uma mulher e uma criança. Todos os anos, a cidade esvazia o rio e convida a comunidade a limpar a calha para tirar o lixo do fundo do rio. Do pegajoso barro aparecem coisas inimagináveis: pneus velhos, carrinhos de compra enferrujados, latas de cerveja, para-choques de veículos e vasos sanitários. Tudo isso é empilhado em montanhas de lixo ao longo das margens do rio. Mais tarde, a cidade convoca escultores para construir obras-primas do ferro-velho. O que alguns veem como lixo, os artistas transformam em sofisticadas esculturas que embelezam as margens do rio.[12]

Jesus usa a textura complicada do livre-arbítrio, do pecado, da dor e até mesmo do ferro-velho da nossa vida para esculpir algo novo e belo. Preste atenção neste *e-mail* que recebi de um rapaz que muitos cristãos desprezariam ou riscariam de sua agenda em vez de cruzar a barreira para honrar, questionar, ouvir ou encorajar. Dezesseis anos antes, recém-convertido à fé, ele confessou a um seminarista que lutava com pensamentos homossexuais. A resposta do seminarista foi bem-intencionada, mas Satanás usou-o para condenar Sam e afastá-lo de sua fé recente, atraindo-o para a vida que ele tinha lutado para evitar. Mas Deus é um Artista que esculpe beleza utilizando coisas feias:

> É 1h24 de 1º de janeiro de 2010, e não posso ajudar, mas acho que todos os sinais anunciam o fim do mundo. "Por quê?", você perguntaria. Porque, pela primeira vez em dezesseis anos, eu não sou um bêbado em um bar procurando outro homem para me ajudar a comemorar o Ano-novo. Eu iniciei 2010, logo depois da meia-noite, sóbrio e de joelhos diante da minha cama, agradecendo a Deus as bênçãos do ano passado, pedindo sua orientação para o ano seguinte e oferecendo cada parte do meu ser a ele em retribuição ao dom que me fora

---

12 BUCHANAN, Mark. **The Rest of God**. Nashville: Thomas Nelson, 2006. p. 68.

concedido na cruz por seu Filho. Essa é uma insanidade maravilhosa, e eu apenas queria compartilhar isso com você. Dentro de uma semana, celebrarei seis meses de sobriedade. E na verdade espero ansiosamente para ir à igreja a cada domingo. Substituí a minha atração por pessoas do mesmo sexo pela vontade de Deus. Estou conectado a um pequeno grupo de homens que conhecem o meu passado e mesmo assim CELEBRAM a perspectiva que somente pode ser trazida por alguém que já experimentou os lados mais escuros da vida. Tenho pessoas que confiam em receber orientações de MIM. Eu me sinto útil tanto a Deus quanto aos meus colegas, e eu quero ser mais útil. Eu sinto liberdade!!

Em nome de Cristo, Sam

O Espírito de liberdade liberta todas as pessoas que estão dispostas a isso, mas com frequência usa a dor e o lixo para fazer tal coisa. Você está disposto a envolver-se com a dor e o lixo na vida das pessoas como Jesus fez? Se realmente está, passará por essa experiência com Jesus ao seu lado, algumas vezes de maneiras surpreendentes.

QUESTÕES E AÇÕES

1. Reflita a respeito da seguinte questão: Quando você se surpreende tentando consertar, manipulando ou obrigando as pessoas a mudarem? Como isso poderia estar relacionado ao modo pelo qual você se vê de maneira menos valorizada do que Deus o considera? Como você respeita mais a liberdade que Deus deu às outras pessoas?
2. Experimente realizar a seguinte ação: Se você estiver seguindo os exercícios propostos neste livro, provavelmente estará envolvido em alguma conversa com uma ou duas pessoas. Fazer perguntas respeita a liberdade; então nesta semana tente propor questões espirituais sem dar a sua opinião ou fazer pregação (mesmo que seja solicitado

a fazê-lo). Apenas continue fazendo perguntas e ouvindo para descobrir o que Deus pode estar fazendo na vida dessas pessoas. Uma pergunta tão simples quanto "Conte-me sobre como foi sua educação religiosa" pode dar origem a grandes conversas. Seja curioso sem julgamento e espere para ver o que Deus faz.

Capítulo 7

Compartilhando sua dor

O servo sofredor

Foto: Curaphotography, Dreamsite.com

TODOS FEREM; E ninguém se importa.

No primeiro ano no início da Gateway, recebi um *e-mail* alarmante. Fiquei ali sentado olhando as palavras na tela, orando por sabedoria à medida que a gravidade da situação se tornava mais clara. Lindi escreveu:

> Venho frequentando a Gateway por um período, tentando encontrar algum tipo de propósito ou esperança. As pessoas dizem que Deus está aqui, mas eu não sinto isso, nem isso faz diminuir em nada a minha dor. O meu trabalho como assistente social a pacientes terminais é confortar os doentes. Mas aonde devo ir quando eu é que estou doente? A igreja nunca esteve lá no passado, pelo menos não para mim, e apesar disso eu ainda tenho esperança. Eu gostaria de poder lhe dizer quão aterrador é escrever. O medo de ser reconhecida me persegue. Durante os últimos meses, tenho pensado sobre a minha morte e como ela poderia ser apressada. Sou treinada para reconhecer sinais de risco de suicídio, e percebo que estou muito perto de cometê-lo.

Conforme essas palavras rasgavam a minha mente, senti-me caído sobre a cadeira, abalado. *Senhor, o que eu faço? Ela está na encruzilhada entre a vida e a morte. Mostre a ela que ainda há esperança. Eu não tenho a menor ideia do que dizer; o Senhor precisa me mostrar.* Li novamente as palavras do *e-mail*. Cinco anos antes, Lindi tinha casado com seu marido, confiando nele de todo o coração. Três anos depois, ela descobriu que ele tinha um caso extraconjugal, o que partiu seu coração em dois. Após nove meses de separação e muitas promessas feitas pelo marido de que seria fiel, ela confiou novamente, e eles se reconciliaram. Em um ano, o marido cometeu adultério com outra mulher. Lindi continuou:

> Sou capaz de reconhecer sinais de abuso em meus pacientes, mas eu estava cega para o fato de que isso estava acontecendo comigo. Sou perseguida pelas lembranças de coisas que o meu marido disse e fez, e não

consigo fazer nada para que isso acabe. Se a única pessoa que alegou me amar foi capaz de me trair dessa forma terrível, como eu poderia achar que qualquer outra pessoa me aceitaria ou cuidaria de mim? Eu assinei o divórcio no mês passado, e agora me sinto culpada. O que Deus realmente pensa sobre o divórcio? Nunca me senti tão sozinha. Basta. Já me arrependi de mandar este *e-mail,* mas eu vou...

Lindi

Um pânico tomou conta de mim quando terminei de ler. Novamente orei por Lindi e, conforme orava, sentia mais empatia por essa mulher que eu mal conhecia. Eu sabia que ela tinha vindo à Gateway alegando ser agnóstica e atacando as crenças dos outros, mas agora eu podia ver pelo *e-mail* a dor penetrando através de seu muro protetor. Ela era atraente e inteligente, mas parecia ter o coração de pedra, eu me lembrei, com um toque sarcástico que mantinha as pessoas à distância.

Senhor, o que desejas dizer a ela? Assim que comecei a escrever um *e-mail* de resposta, uma passagem das Escrituras estalou na minha cabeça — Hebreus 11 — que fala sobre os heróis da fé. Esse é um dos meus capítulos favoritos da Bíblia, mas não tem nada que ver com desesperança suicida! Afastei o pensamento e continuei escrevendo. Contudo, quanto mais escrevia, mais me sentia compelido a ler Hebreus 11. Parei de escrever o *e-mail* e fui ler o texto bíblico. Quando cheguei à última parte do capítulo, sobre tantos seguidores que enfrentaram terrível sofrimento na fé, o pensamento continuou pulsando na minha mente: *Isso foi considerado.*

"Mas, Senhor, não é isso o que ela precisa ouvir!", orei. "Ela nem mesmo tem fé — ela nem mesmo acredita no Senhor. Por que me lembrei de Hebreus 11?" Decidi dar um passo de fé e incluí o texto bíblico na minha resposta. Escrevi dizendo a ela por que ainda há esperança, como Deus a conduziu à nossa igreja por uma razão e que ele a ama mais do que ela pode imaginar. Compartilhei sobre a graça que Deus ofereceu em Cristo. Então, ao final, pela fé, parafraseei a história de todas as pessoas de fé que sofreram e como Deus viu tudo isso, testemunhou todos os horrores que elas passaram e como isso tinha sido considerado a seus olhos. Eu a encorajei a buscar Deus e deixar Deus transformar isso em algo bom.

Ela respondeu ao meu *e-mail* cinco dias depois:

> De todas as coisas que você escreveu, a única frase que realmente me reconfortou foi a que Deus estava dizendo: "Mas eu vi o que eles passaram, e isso foi considerado". Eu não sei por que isso significa tanto para mim, mas o fato é que me tocou. Eu me lembro de haver perguntado ao meu ex-marido qual era a minha recompensa por ter perdoado sua primeira traição. Parece que não há honra em "fazer a coisa certa", mas, talvez, se esse Deus de quem você fala existe, isso queira dizer algo para ele. É reconfortante contemplar a possibilidade de que ele vê a confusão que ninguém mais é capaz de perceber e que realmente se importa e cuida de nós. A esse Deus valeria a pena dar uma chance. Obrigada por ter incluído isso no seu *e-mail.*
>
> Lindi

Eu ainda estou chocado ao perceber a maravilhosa compaixão de Deus, e o mistério de como ele pode usar pessoas comuns, falhas como eu, e, por meio das nossas palavras e dos nossos pensamentos, anunciar sua mensagem de esperança. Lindi continuou a frequentar a igreja e até começou a participar de um pequeno grupo. Orei para que aquelas pessoas demonstrassem seu amor deixando para trás o cinismo afiado que protegia seu coração ferido. Ela tinha compartilhado comigo em outros *e-mails* uma razão original ainda mais profunda para todo o seu desespero.

Por crescer acreditando que realmente não merecia amor, ela se culpava e se sobrecarregava por qualquer coisa. Seu passado a assombrava com uma vingança. Ela refletia o tempo todo sobre o suicídio de seu irmão, ruminando o que ela havia feito de errado para mantê-lo afastado de procurá-la em busca de ajuda. Embora tivesse sido vítima de estupro, ela pôs a culpa em si mesma, dizendo: "Eu devia ter lutado mais para escapar. Eu devia ter gritado mais alto". Ela havia perdido um bebê e se achava responsável por não ter mantido o peso adequado durante a gestação. Sentia raiva de si mesma, amedrontada e impura. Apesar disso, você nunca suspeitaria da corrente de dor que fluía debaixo da superfície morta de seu exterior duro e cínico.

Depois da mensagem em um culto de domingo, Lindi decidiu aprender mais sobre Jesus. Ela foi até a livraria Barnes e Noble e dirigiu-se à seção de títulos cristãos. Conforme encarava com perplexidade todos aqueles livros, tentando descobrir qual seria o livro certo para ajudar a responder a suas perguntas, um homem aproximou-se e parou bem a seu lado. Ela achou estranho aquele homem chegar tão perto, mas presumiu que ele estivesse procurando um livro específico de que precisava.

Para o choque de Lindi, o homem estendeu a mão e pegou um livro da prateleira bem em frente, virou-se para ela e disse: "Você deve ler este livro", e o ofereceu a ela. Lindi olhou para o homem, imaginando por que um completo estranho faria isso por nenhuma razão aparente, e então mirou o livro em suas mãos. Curiosa, abriu o livro e deu uma olhada no sumário. Quando ergueu os olhos segundos depois, o homem já tinha partido!

Ela me escreveu um *e-mail* na semana seguinte. "Seu Deus está continuamente me mostrando coisas. Eu aposto que são coisas importantes para a minha cura. Os sinais são inegáveis." Ela me contou sobre o "anjo" na livraria Barnes e Noble e depois confessou: "O livro que ele me deu me ajudou de tantas maneiras que eu não imaginava ser possíveis. Então o seu Deus enviou outra mensagem", Lindi confidenciou, "por meio de uma viúva em luto, torturada pela culpa e pela raiva. Quando tentei aconselhá-la, ela contou que o marido havia tido um caso extraconjugal dezoito anos antes. Agora, depois de sua morte, ela ainda está lutando com o remorso e a culpa relativos a toda a raiva que ela carregou por tanto tempo. Depois que ela se foi, eu me senti paralisada pelo impacto de suas palavras. A partir daí, começou a parecer necessário e até mesmo confortável considerar o perdão".

Uma semana depois, Lindi escreveu:

> Estou surpresa em quão longe cheguei nos últimos dois meses — das profundezas da "noite escura da alma" para ver a luz que agora está simplesmente invadindo tudo. Deus pôs isso no coração daquele homem para salvar a minha vida. Foi o que você escreveu em uma das suas primeiras mensagens que grudou na minha mente — o fato de que algumas vezes o maior ato de fé é simplesmente esperar até que as coisas melhorem. Deus sabe o que estamos passando, e isso importa para ele. Você não tem ideia de como o simples ato de você escrever estas coisas para mim me ajudou a olhar mais de perto para o seu Deus. Você tem me ajudado a ver um Deus que eu nunca tinha visto — um Deus que é compassivo em vez de condenatório. Hoje comprei uma Bíblia que eu pudesse entender e finalmente orei ao seu Deus, e ele se tornou o meu Deus.
>
> Lindi

Todos ferem; e Jesus se importa

Todos ferem; e ninguém se importa. Mas Jesus se importa — disso você pode ter certeza. Pessoas como Lindi estão todas à sua volta. Deus toca o coração delas, e muitas anseiam por acreditar que Deus se importa, que elas são amadas e que a vida delas têm um propósito, mas Satanás usa sua dor e seus erros do passado para continuar condenando-as e mentindo para elas a respeito das intenções de Deus. Mas nós nos importamos com isso? Essas situações de quebrantamento e dor com frequência se tornam o catalisador para a fé quando o coração de Deus se revela através de nós.

Jesus se envolveu com a dor, a mágoa e as situações de profunda necessidade das pessoas e mostrou a elas quanto Deus se importa.

Imagine o que Jesus fez na verdade em relação à maioria das pessoas com quem se encontrou: durante três anos, ele passava de manhã até a noite atendendo pessoas em seus pontos de maior dor e necessidade! Não importava para Jesus se as pessoas acreditavam ou não nele; ele começava por onde elas sentiam maior necessidade. Se nós queremos tratar as pessoas do mesmo modo que Jesus tratava, precisamos fazer o mesmo.

....

No capítulo 4 de João, Jesus encontrou um "oficial do rei" enquanto estava em Caná da Galileia (onde ele realizou seu primeiro milagre ao transformar água em vinho). Esse nobre pode ter sido um membro da corte de Herodes, ou mais provavelmente um oficial gentio e pagão. Ele não acreditava em Jesus, mas tinha uma necessidade desesperada. Seu pequeno garoto estava mortalmente ferido, e a situação agora tinha chegado a seu ponto crítico.

O oficial do rei viajou de Cafarnaum a Caná porque tinha ouvido falar que Jesus era capaz de curar, e então implorou que Jesus fizesse algo antes que fosse tarde demais. Jesus disse: "Pode ir. O seu filho continuará vivo". Agora note que esse homem ainda não acreditava. Isso não aconteceu até que Jesus se importasse o bastante para atender à sua necessidade desesperada a ponto de que "creram ele e todos os de sua casa" (João 4.43-53).

Com que frequência não fazemos justamente o contrário? Não nos importamos com a dor das pessoas ou com suas necessidades mais profundas até que elas acreditem. No entanto, os encontros de Jesus nos mostram uma ordem inversa. Enquanto viajavam pelas fronteiras de Samaria e da Galileia, dez leprosos pararam a certa distância pedindo que Jesus tivesse piedade deles. E Jesus teve. Sem nenhuma precondição. Jesus disse que deveriam se mostrar ao sacerdote como era exigido pela Lei de Moisés, e que eles seriam curados. Quando eles foram, as feridas inflamadas e gotejantes que os amaldiçoavam como párias intocáveis simplesmente desapareceram!

> Um deles, quando viu que estava curado, voltou, louvando a Deus em alta voz. Prostrou-se aos pés de Jesus e lhe agradeceu. Este era samaritano.
>
> Jesus perguntou: "Não foram purificados todos os dez? Onde estão os outros nove? Não se achou nenhum que voltasse e desse louvor a Deus, a não ser este estrangeiro?"
>
> Lucas 17.15-18

Nós temos consciência de que Jesus ainda encontra as pessoas em seu maior ponto de dor e necessidade, mesmo que elas não acreditem?

Quantos viciados superam seu vício por causa de um "Poder Superior" que lhes dá graça e força para superar as cadeias da dependência química quando eles simplesmente admitem que precisam dele e submetem sua vontade à vontade dele? Só existe um Deus como esse! Nós acreditamos que ele ainda cura até as pessoas ingratas e incrédulas? Se acreditamos, podemos encontrar as pessoas em suas necessidades e dor e mostrar a elas que Jesus se importa, de modo que vejam a bondade e a misericórdia divina e se voltem de seus caminhos errados, louvando a Deus.

Jesus me odeia, tenho certeza disso

Kevin me procurou depois de um culto de domingo e disse: — Estou um tanto envergonhado de dizer isso na igreja, mas cada vez que ouço a palavra "Jesus" na pregação ou nas canções, eu penso numa pessoa odiosa.

— É mesmo? — retruquei, espantado. — Talvez você esteja pensando em seres humanos que não representam perfeitamente quem Jesus é. Você alguma vez leu os relatos das testemunhas sobre a vida de Jesus? — perguntei.

— Não, nunca — Kevin respondeu com honestidade. Semanas depois ele voltou, dizendo: — Eu entendi o que você disse. Jesus é muito diferente de cristãos que conheci no passado.

Como é trágico que pessoas afastadas do Senhor tenham a impressão de que Jesus não sentia compaixão pelos incontáveis sofrimentos dos seres humanos. Quantos de nós temos inadvertidamente transmitido a ideia de que Jesus não se importa com a dor e o sofrimento das pessoas, porque elas provavelmente merecem passar por tudo isso? Jesus não agia dessa forma; os fariseus, sim. Mateus relata:

> Jesus ia passando por todas as cidades e povoados, ensinando nas sinagogas, pregando as boas-novas do Reino e curando todas as enfermidades e doenças. Ao ver as multidões, teve compaixão delas, porque estavam aflitas e desamparadas, como ovelhas sem pastor.
>
> Mateus 9.35,36

Quando Jesus encontrava as pessoas, ele tinha uma visão espiritual para identificar o rio de mágoa e dor que flui por baixo da superfície daqueles que bebem e se drogam para entorpecer a raiva ou esconder a solidão. Ele via por baixo da superfície de pessoas que se envolvem em relacionamentos degradantes por temerem ficar sozinhas. Ele podia enxergar através do escudo daqueles que se afastam de todos, temerosos de serem novamente feridos. Ele entendia por que as pessoas se esforçam até a morte tentando provar que têm algum valor. Jesus podia ver que, sob toda a nossa pretensão adulta, debaixo das areias do tempo, somos apenas pequenos garotos e garotas, desapontados e confusos, feridos e tristes, magoados e temerosos, em rebelião e fuga do Único que pode em última instância tornar as coisas melhores.

O termo "compaixão" na linguagem original grega do Novo Testamento vem da palavra *splagna*. Significa literalmente "estômago". Você se lembra de ter aprendido nas aulas de português sobre o termo "onomatopeia" — a palavra que soa como seu significado? *Splagna* soa como seu estômago, não soa? Alguma vez você já sentiu algo tão profundamente que parece ter atingido o seu estômago? Talvez você tenha ouvido notícias trágicas, ou alguém o tenha ferido profundamente, algo que aconteceu a um filho seu ou a alguém querido, e você sentiu como se isso o ferisse fundo...

Você percebe o que Mateus 9.36 está dizendo? Jesus podia *sentir* a ferida, a dor e a aflição, a doença e o desânimo, o conflito e a perdição da humanidade. Ele sentia a nossa dor como a de um soco no estômago, e sua compaixão motivava sua ação. Ele fazia algo a respeito! Ele dava às pessoas um vislumbre do Reino de Deus — uma prévia do que Deus quer fazer em cada vida humana por toda a eternidade — trazendo cura, esperança e restauração. É essa a mensagem que nós transmitimos a um mundo de dor: "Deus se importa, e ele quer fazer algo bom de tudo isso, portanto volte-se para ele e siga-o; isso pode reverter-se em bem"?

Quando Jesus se sentia tocado em seu íntimo por causa do sofrimento de todas as pessoas carentes e angustiadas, você sabe qual era a solução? Enviar você! Jesus disse em Mateus 9: "A colheita é grande, mas os trabalhadores são poucos. Peçam, pois, ao Senhor da colheita que envie trabalhadores para a sua colheita" (Mateus 9.37,38). Então ele enviou os discípulos em resposta à sua oração! "Assim como o Pai me enviou, eu os envio" (João 20.21). E se nós realmente sairmos pelo mundo como "enviados" fazendo o que Jesus fez?

Jesus algumas vezes parecia ter a vantagem divina de saber o que estava acontecendo na vida das pessoas. No entanto, se você observar cuidadosamente sua vida e seus ensinamentos, perceberá que esses *insights* vinham do mesmo Espírito que habita em nós. Jesus era plenamente Deus, mas também era plenamente homem. Como ser humano finito, ele tinha de fazer as mesmas coisas que nós temos de fazer: Ele tinha de prestar atenção — em Deus e nas pessoas!

Eu presto atenção nas feridas e nas necessidades das pessoas?

Enquanto estava em Jerusalém, Jesus foi ao tanque de Betesda. João nos conta que "um grande número de pessoas doentes e inválidas" fica sentada perto do tanque, acreditando que um anjo descesse e movimentasse a água, e que a primeira pessoa a entrar no tanque fosse curada (João 5.3).

Jesus recebeu um aviso do Pai para observar uma pessoa em particular. Durante trinta e oito anos, aquele rapaz tinha sido confinado a uma maca. Durante anos, ele se arrastava com as mãos para ser o primeiro a entrar na água, somente até ter suas esperanças destruídas por alguém mais rápido e mais capaz; ele não tinha ninguém para ajudá-lo. Curiosamente, *esse* é o rapaz que Jesus "vê" entre todos os enfermos.

O texto diz: "Quando o viu deitado e soube que ele vivia naquele estado durante tanto tempo, Jesus lhe perguntou: 'Você quer ser curado?'" (João 5.6). Uma pergunta bem estranha, você não acha? Por que o rapaz não desejaria ser curado? No entanto, como vimos no último capítulo, Jesus sempre trabalha com a nossa disposição, e ele sabe a verdade: algumas vezes nós não queremos ser curados! Algumas vezes as nossas enfermidades, os nossos vícios, as nossas lágrimas de ódio se tornam na verdade desculpas confortáveis sem as quais tememos viver. Então ele pergunta.

Observe também, contudo, que Jesus teve de ouvir e aprender primeiro! "[Jesus] o viu deitado e *soube*". Como o ser humano perfeito, ele se manteve perfeitamente conectado ao Espírito de Deus e fez o que o Pai estava fazendo; no entanto, como pessoa finita, ele tinha de ouvir e aprender. "O Filho não pode fazer nada de si mesmo; só pode fazer o que vê o Pai fazer, porque o que o Pai faz o Filho também faz" (João 5.19). Jesus tinha de prestar atenção no Espírito de Deus e nos relatos das pessoas a fim de fazer as obras do Pai.

Se aprendermos a escutar as pessoas e o Espírito Santo, também saberemos o que o Pai quer que façamos. Jesus nos exorta: "Portanto, considerem atentamente *como vocês estao ouvindo*. A quem tiver, mais lhe será dado; de quem não tiver, até o que pensa que tem lhe será tirado" (Lucas 8.18). Nós precisamos cultivar a capacidade de ouvir e de nos juntar a Deus em sua obra. Quanto mais nós ouvirmos e respondermos, mais oportunidade teremos de ouvir, ver e fazer sua obra. Quanto menos respondermos quando avisados, menos oportunidades eles nos dará.

Vejo que muitos cristãos não são realmente bons na arte de ouvir (e eu me incluo nesse grupo). Algumas vezes podemos ser mais parecidos com os fariseus, que amavam ser ouvidos por suas muitas palavras, mas não prestavam atenção em Deus ou nas pessoas. Então, se você está tentando ser mais parecido com Jesus do que com os fariseus, pergunte a si mesmo: O que significa ouvir com compaixão as mágoas e necessidades das pessoas? Como sei que estou fazendo isso?

Explosão aérea

Alguns meses atrás, eu estava voando até San Francisco para um seminário sobre liderança. O voo que saía de Dallas estava atrasado; então comecei a ficar nervoso ao perceber que o seminário teria de começar sem mim. E eu era o orador principal! Fiz um exame de coração e concluí que estava nervoso, mas não havia consultado Deus a respeito de tudo o que estava acontecendo. Então eu disse: "Tudo bem, Senhor, eu não posso mudar esta situação; então me mostre o que o Senhor está fazendo. Eu estou disponível". Eu fui reagendado para o voo seguinte disponível.

Ocupei o meu assento no corredor perto de uma mulher com seus 60 anos de idade, espremida entre mim e uma jovem mãe com um bebê. Ótimo! *Nada como se preparar para uma palestra com um bebê berrando em seu ouvido.* Eu ainda continuava com uma atitude ruim. Travando os meus pensamentos, disse: "Deus, estou sendo egoísta. Ajude-me". É a oração errada se você precisa de algum tempo sozinho para preparar-se para falar em um seminário! Assim que decolamos, ouvimos um *Boom*! Ocorreu uma explosão.

Não foi no avião; era o bebê! A jovem mãe começou a mudar sua fralda ali mesmo. Oh, o odor escapava! A senhora de 60 anos de idade se virou para mim com um olhar que dizia: "Oh, não — ela realmente fará isso aqui?". E então ela se ofereceu para ajudar. Sentindo-me culpado, também me dispus a ajudar. Então nós todos começamos a trabalhar e conversar, e descobri que aquela jovem era mãe solteira, aquele era seu primeiro bebê, e trocar fraldas era um novo desafio para ela. Sem brincadeira! Depois que demos um jeito na explosão, eu disse à senhora mais velha próxima a mim: — Você parece uma profissional na troca de fraldas. — Foi o suficiente.

Enquanto eu apenas fazia perguntas, demonstrava interesse e ouvia, ela me contou que havia criado três filhos como mãe solteira trabalhando para o Sam's Club. Descobri que sua filha solteira havia acabado de ter um bebê, de modo que ela realmente estava afiada em trocar fraldas. Eu a parabenizei por ser avó, e ela revelou que sua filha tinha sido aceita pela Universidade Brown, mas ficou grávida e voltou para casa. Eu dei uma dica e a encorajei: — Uau, você fez um bom trabalho se ela conseguiu entrar na universidade. Foi muito difícil criá-los sozinha?

Sempre me surpreendo como basta um pouco de encorajamento e algumas perguntas gentis para que as pessoas contem toda a sua história de vida. Então você precisa prestar atenção na necessidade ou ponto de dor para ver onde o Pai quer agir. Aquela senhora abriu o coração sobre como sua vida tinha sido difícil.

— Sim, foi realmente difícil. E por fim tive de deixar o meu marido, que era abusivo e viciado em drogas, quando ele quebrou o meu nariz em frente do meu filho de 8 anos de idade. Os três estavam na escola fundamental nessa época; portanto, eu praticamente os criei sozinha. Infelizmente, o meu filho seguiu a mesma estrada do pai até que começou a me roubar para comprar *crack*. Foi a decisão mais difícil da minha vida, mas por fim chamei a polícia para prendê-lo. Na terceira vez, ele levou tudo — o que mais eu podia fazer?

Ela balançou a cabeça, desviando o olhar, lutando para encontrar a dura máscara exterior que havia acidentalmente tirado e revelando toda a dor que ela havia ocultado.

Então era isso! Esse era o lugar de dor que Deus queria curar. Recebi um aviso do Espírito de Deus para ouvir com mais atenção. E então perguntei: — Como está o relacionamento entre vocês agora?

— Eu não o vejo há quatro anos. Ele foi preso. Fugiu e desapareceu quatro anos atrás. Ele não quer me ver!

Eu assumi o risco e disse: — Você sabe, tenho visto Deus trazer maravilhosa restauração a muitas famílias que se despedaçaram por causa do abuso ou das drogas.

— Não, isso é impossível — ela respondeu rapidamente.

— É verdade — continuei —, mas para Deus nada é impossível.

— Não, isso é realmente impossível — a mulher insistiu. Ela ainda não sabia que eu era pastor, mas isso iniciou um diálogo profundo a respeito de Deus, de suas intenções para conosco, de que ele nos dá o livre-arbítrio e, quando abusamos uns dos outros contra sua vontade, Deus lamenta demais a situação. Mas eu a fiz ter certeza de um ponto: — Deus se importa com você e com seu filho, e ele quer trazer cura e restauração se vocês permitirem. Mas ele não impõe sua vontade a nós. É por isso que você tem sentido tanta dor. Ele não a obriga ou a seu ex-marido e filho a cumprir sua vontade.

Nós falamos sobre tudo. Sua raiva e amargura em relação ao ex-marido por ele ter posto o filho contra ela, sua culpa por ter mandado o filho para a prisão, o vício em cigarro que odiava, mas não conseguia largar, e por que ela fugia do Senhor havia décadas. Falamos sobre a graça de Deus que ele ofereceu em Cristo, e sobre como podemos nos acertar com ele se estivermos dispostos, e sobre como ele trabalha com a nossa disposição para restaurar o que está perdido. E, depois de falar sobre tudo isso, ela perguntou: — Você acha que foi mera coincidência você ter sentado ao meu lado hoje?

Eu respondi: — Não, definitivamente não foi uma coincidência.

— Você não é um anjo, é? — ela continuou.

— Não sou; pode estar certa. E nunca fui acusado de ser um anjo até hoje! Mas eu orei para que Deus me mostrasse onde ele estava trabalhando hoje e para que permitisse que eu me juntasse a ele nessa obra, e ele respondeu! Deus se importa com você, e ele se importa com o seu filho e com tudo o que vocês estão passando. Permita que ele ajude vocês.

Eu dei a ela um livro para animar sua fé e também lhe mostrei o nosso *campus* na internet. Com lágrimas nos olhos, ela me agradeceu e me abraçou quando nos separamos.

....

As pessoas estão por toda parte angustiadas e desesperadas, lutando ao longo da vida, inseguras sem saber se Deus se importa com elas. Jesus sentiu compaixão no íntimo e ele se importava com as pessoas, ele atendia a suas necessidades, ele trazia esperança e cura. Se você ouvir com atenção suficiente a história dos outros para perceber a suas necessidades, lutas e preocupações, e pedir ao Pai que mostre onde ele está trabalhando, você pode ser como Jesus.

E aqui está a segunda pergunta que precisamos fazer se quisermos ser como Jesus para um mundo perdido e necessitado: Eu demonstro o coração de Deus?

Eu demonstro o coração de Deus?

Noto que a maioria das pessoas tem uma visão muito distorcida de Deus. Aceitamos a ideia de que Deus é grande, poderoso e distante; e de alguma forma menos amoroso, menos amável, menos pessoal, menos cuidadoso ou empático do que somos. Isso é loucura! Você percebe como é absurdo enxergar Deus dessa maneira? Deus nos criou; nós somos menores; ele é maior. Não podemos ser mais compassivos e mais cuidadosos do que Deus, não importa quanto tentemos ser. Apesar disso, as pessoas feridas com frequência não acreditam que Deus sente a nossa dor até que alguém, transformado pelo amor compassivo de Deus, demonstre o coração do Pai.

Por meio dos profetas do Antigo Testamento dos judeus, Deus revelou sua personalidade e seus sentimentos:

> "Sem dúvida eles são o meu povo",
> disse ele;

"são filhos que não me vão trair";
e assim ele se tornou o Salvador deles.
Em toda a aflição do seu povo
 ele também se afligiu,
e o anjo da sua presença os salvou.
Em seu amor e em sua misericórdia
 ele os resgatou;
foi ele que sempre os levantou
 e os conduziu nos dias passados.
Apesar disso, eles se revoltaram
 e *entristeceram* o seu Espírito Santo.

Isaías 63.8-10

Deus *sofre* quando nós sofremos. Deus *sente*. Seu Espírito *se entristece* quando voltamos as costas para ele e nos ferimos uns aos outros. Apesar disso, em seu amor e em sua misericórdia, ele nos restaura se estivermos dispostos. Embora ele nos livre de todo o sofrimento, ele verdadeiramente nos carrega através deles se assim permitirmos. Foi isso o que Jesus demonstrou quando esteve na terra, e não apenas em palavras, mas também na carne. Deus sente a nossa dor.

Quando encontramos as pessoas e prestamos atenção naqueles pontos de dor nos quais Deus quer atuar, precisamos ser cuidadosos para comunicar e demonstrar primeiro como Deus se sente sobre esse sofrimento ou essa necessidade. Se tentarmos rapidamente corrigir, resolver ou explicar a dor, causaremos mais prejuízo do que benefício e inadvertidamente anunciaremos que Deus não se importa realmente.

Há outro encontro que Jesus teve quando seu bom amigo Lázaro morreu. Maria, Marta e seu irmão Lázaro eram seguidores de Jesus. A Bíblia diz que Jesus amava Maria, Marta e Lázaro, mas ele permaneceu longe de propósito (João 11.5,6). Então eles ficaram feridos, perdidos e tristes quando Jesus não chegou a tempo para curar Lázaro.

Deus não age da maneira que gostaríamos porque ele vê um quadro maior e eterno do que ele está tentando fazer em toda a fragilidade da vida. Mas ele permanece insensível diante do nosso sofrimento. Quando Jesus por fim foi ver Maria e Marta, Lázaro havia morrido quatro dias antes, e todos estavam de luto. Marta e Maria correram ao encontro dele, mas a dor das irmãs gritou mais alto: "O Senhor poderia tê-lo curado. Por quê? Por quê?" Maria prostrou-se a seus pés chorando (v. João 11.21,32).

Agora, aqui está a verdade — Jesus logo demonstraria o poder restaurador de Deus. Ele estava prestes a trazer Lázaro de volta à vida. Tudo ficaria bem. No entanto, imagine a cena: "Ao ver chorando Maria e os judeus que a acompanhavam, Jesus agitou-se no espírito e *perturbou-se.* [...] *Jesus chorou.* Então os judeus disseram: 'Vejam como ele o amava!'" (João 11.33-36).

Por que Jesus chorou? Ele não chorou por Lázaro. Ele sabia que Lázaro viveria. Jesus foi profundamente tocado em seu íntimo pela dor e lamentação *das irmãs Maria e Marta.* Jesus sentiu o que elas estavam sentindo!

Você não está só

"Deus, por que devo seguir o Senhor se é assim que o Senhor me trata?", eu coloquei para fora a minha dor com um rio de lágrimas, batendo os punhos no carpete, até que por fim fiquei sozinho em meu quarto e tive espaço para chorar após o funeral do meu pai. Ele tinha sido a minha rocha, o meu melhor amigo, o meu encorajador, e eu tinha acabado de entregar a minha vida a Jesus — e agora ele deixa o meu pai morrer! Por quê?

Eu sabia que estava diante de uma perigosa encruzilhada na estrada da vida — a interseção de dor e fé obrigava a uma difícil escolha — seguir Deus em meio a dor que eu não planejara experimentar, ou culpar Deus por ela. Confiar em Deus e não me inclinar sobre o próprio entendimento, ou na minha dor fugir do Senhor e seguir o próprio caminho. Essa encruzilhada crítica ocorre em algum ponto na vida de toda pessoa, e faz uma grande diferença como nós orientamos aqueles com quem nos encontramos e que estão enfrentando o dilema!

Alguns dos meus bons amigos não poderiam nem mesmo estar comigo na minha dor. Eles tinham boas intenções, mas pobre execução. Não queriam dizer nada "errado" que me deixasse ainda pior, e eles se sentiam mal e com culpa pelo fato de eu estar passando por tamanha dor. Então se afastaram. Não cometa o erro de fugir das pessoas que estão sofrendo apenas porque você não é capaz de ajudá-las!

No entanto, Randy e Karen apareceram. Eles se sentaram comigo na minha sala e não disseram nada, a não ser: "Sinto muito. Eu simplesmente não queria que você ficasse sozinho". E choraram!

Randy e Karen choraram comigo. De alguma forma, sentiram o que eu estava sentindo. Randy conhecia Cristo e me conduziu à fé. Se ele tivesse tentado dizer para mim: "Deus fará que todas as coisas cooperem para o bem nesta situação", eu teria desistido. Contudo, da mesma maneira que Jesus fez no passado, Randy apenas chorou.

Randy e Karen simplesmente se importaram com a dor e a mágoa que eu sentia em relação a um mundo perdido. Eles não explicaram: "você colhe o que você planta", e o meu pai fumava; então ele colheu câncer. É verdadeiro — mas não compassivo. Eles não tentaram resolver o mistério de por que Deus não respondeu às minhas orações de fé para curar o meu pai, ou como isso tudo fazia parte de um quadro maior (e realmente faz), mas, se tivessem agido assim, eu não teria dado a mínima!

Eles choraram. Eles nem conheciam o meu pai, mas algo do que conheciam sobre Deus os moveu a sentirem a fragilidade e a dor da vida comigo — e suas lágrimas me mostraram que Deus realmente se importava. Eu não estava sozinho. Jesus chorou.

Depois da visita deles, eu disse a Deus: "Se eu voltar para a vida sem o Senhor, não há esperança que nada de bom aconteça a partir de agora. Mas estou sofrendo tanto que, por favor, se eu seguir o Senhor, o Senhor será o meu Pai?". Naquele momento, a dor não foi embora, mas eu senti uma presença reconfortante — alguma coisa mais, eu não estava sozinho em minha dor. Anos depois, deparei com o seguinte versículo: "Pai para os órfãos e defensor das viúvas é Deus em sua santa habitação" (Salmos 68.5) e concluí que Deus me deu esse pensamento, o de *ser o meu Pai*, para me consolar e me fazer voltar para ele em meio a toda a minha dor.

Quando as pessoas estão sofrendo — feridas, tristes, lutando —, não seja um fariseu! Os fariseus tentam rapidamente corrigir a situação ou defender a soberania de Deus, mas só conseguem fazer que as pessoas se sintam ainda mais sozinhas. Eles oferecem respostas superficiais porque querem ter as coisas sob seu controle, e as emoções complexas são incontroláveis. Jesus não fez isso.

Como Jesus demonstrou, Deus permite a dor e o sofrimento como um chamado para despertar um mundo adormecido — um mundo mergulhado em um aterrorizante sonho ateu e que precisa ser algumas vezes despertado. A fragilidade da vida nos faz lembrar da nossa necessidade de Deus — nós precisamos que seu Reino venha plenamente.

Jesus nos mostrou um retrato parcial de como será seu Reino vindouro — a transformação da morte, da doença, da fome e do ódio em vida e amor — mas, até que esse Reino venha plenamente, Deus sente o que nós sentimos e quer nos conduzir para o outro lado como pessoas fortalecidas. Quando você encontra pessoas em dor ou quebrantamento, e você serve a elas, fazendo o que é possível para atender a suas necessidades, gastando tempo para apenas sentir a tristeza ou a dor com elas, você as faz lembrar que Deus se importa. Essa era a mensagem que Jesus transmitia.

Será que eu causo dor em nome de Deus?

Uma mulher cristã trouxe seu amigo incrédulo para falar comigo após um culto no qual compartilhei a história de como Deus me encontrou em meio à minha dor. — O meu amigo tem algumas questões para você. Nós frequentamos a minha igreja local, e eles nos disseram que tudo o que acontece é vontade de Deus. Deus é soberano e nada acontece à parte de sua vontade, boa ou má, mas você parece estar dizendo que as coisas não são bem assim.

O amigo em busca entrou no meio da conversa: — Se foi da vontade do seu Deus que o meu padrasto bastardo abusasse de mim sexualmente inúmeras vezes durante a minha infância, e o fato de a minha mãe ter ficado ao lado dele e me expulsado para viver com o meu pai viciado em drogas que eu não conhecia, então eu não quero nada com esse Deus.

Pausa para respirar!

O que você diz a uma pessoa que tem sofrido profundamente as feridas, as dores e os males deste mundo corrompido? Descobri que, em nome de defender a soberania e a glória de Deus, algumas pessoas inadvertidamente causam mais dor e levam as pessoas a afastar-se do Deus de Jesus, que enfrentou o sofrimento por nós. O que dizemos sobre a vontade de Deus às pessoas que estão sofrendo?

Se você estudar as Escrituras, descobrirá uma tensão, um paradoxo revelado. Cento e trinta e um versículos das Escrituras falam sobre predestinação, livre-arbítrio ou ambos (eu os listo no Apêndice B para que você possa estudar por sua conta). Desses, 95 falam sobre a soberania de Deus (predestinação, eleição, presciência, sua perfeita vontade não pode ser contrariada), mas 72 falam sobre o livre-arbítrio humano (nós precisamos escolher, aceitar, fazer que as nossas escolhas possam estar alinhadas com a vontade de Deus ou contrárias a ela, e isso pode até mesmo afetar a vontade e os sentimentos de Deus). Erramos e causamos dano quando nos recusamos a abraçar este paradoxo que Deus revelou — ambos são verdadeiros.

Do nosso ponto de vista finito, as duas coisas não podem ser verdadeiras: Se Deus conhece todos os eventos de antemão, então eu não posso ter livre-arbítrio. Se o meu pai me estuprou, Deus sabia que isso iria acontecer, de modo que deve ter sido sua vontade. Apesar disso, Deus deixa claro nas Escrituras que esses atos do mal são contrários à sua vontade. Pessoalmente, eu encontro solução para esse paradoxo ao reconhecer que a existência de Deus não está presa ao tempo unidimensional que vivenciamos. Se Deus existe em duas ou três dimensões de tempo, sua presciência soberana e o nosso livre-arbítrio podem coexistir simultaneamente. (Consulte o Apêndice B para uma explanação mais profunda.)

Por que estou trazendo à baila esse argumento longamente debatido e a polêmica da soberania divina *versus* o livre-arbítrio humano? Porque nem tudo o que acontece é vontade de Deus. Se fosse, por que Jesus nos ensinaria a orar para o Reino de Deus vir e para *sua vontade ser feita,* tanto na terra como nos céus? (V. Mateus 6.10.) Se a vontade de Deus já é sempre feita na terra, por que orar por isso?

Em nome de defender a glória e a soberania de Deus, podemos transmitir às pessoas em sofrimento que essa é a vontade de Deus, mas escolhas malignas nunca são da vontade de Deus! Ele pode usá-las para alcançar sua vontade final, mas, quando comunicamos que obras malignas são da vontade de Deus, agimos como os fariseus a quem Jesus confrontou:

> "Quanto a vocês, peritos na lei", disse Jesus: "ai de vocês também!, porque sobrecarregam os homens com fardos que dificilmente eles podem carregar, e vocês mesmos não levantam nem um dedo para ajudá-los. [...] Ai de vocês, peritos na lei, porque se apoderaram da chave do conhecimento. Vocês mesmos não entraram e impediram os que estavam prestes a entrar!"
>
> Lucas 11.46,52

O pensamento comum nos círculos religiosos dos dias de Jesus dizia: "Se alguém sofre, ou essa pessoa fez alguma coisa para merecer isso, ou seus pais fizeram algo errado". Jesus foi rápido em corrigir essa mentira comum. Quando ele encontrou um homem que era cego de nascença, seus discípulos perguntaram: " 'Mestre, quem pecou: este homem ou seus pais, para que ele nascesse cego?' Disse Jesus: 'Nem ele nem seus pais pecaram' " (João 9.2,3).

Aconteceram duas tragédias durante o ministério de Jesus, e, quando encontrou pessoas que estavam tentando descobrir de quem era a culpa, ele revelou uma importante compreensão que precisamos obter sobre toda dor e sofrimento humanos.

> Naquela ocasião, alguns dos que estavam presentes contaram a Jesus que Pilatos misturara o sangue de alguns galileus com os sacrifícios deles. Jesus respondeu: "Vocês pensam que esses galileus eram mais pecadores que todos os outros, por terem sofrido dessa maneira? Eu lhes digo que não! Mas se não se arrependerem, todos vocês também perecerão. Ou vocês pensam que aqueles dezoito que morreram, quando caiu sobre eles a torre de Siloé, eram mais culpados do que todos os outros habitantes de Jerusalém? Eu lhes digo que não! Mas se não se arrependerem, todos vocês também perecerão".
>
> Lucas 13.1-5

Jesus nos mostrou duas importantes verdades sobre a dor e o sofrimento: primeiro, não atribua rapidamente culpa nem declare que a tragédia ou o mal ocorridos são punições diretas por causa do pecado. Jesus deixa claro que nem sempre é assim que as coisas funcionam. Em segundo lugar, Deus realmente permite essas tragédias e os males decorrentes de escolhas humanas por um tempo e com um propósito. Eles genericamente servem de aviso a cada ser humano para que se voltem a Deus.

As mágoas e as dores, as tragédias e os males fazem lembrar a todos nós que esta vida é temporária. Ela não está no céu, ela não durará para sempre e está corrompida em rebelião contra Deus. Deus permite o sofrimento porque sabe que existe alguma coisa *muito melhor* e algo *muito pior* possível. Deus conhece a realidade da vida na qual seu Reino plenamente virá (o céu) e a realidade da vida na qual Deus está plenamente ausente (o inferno). E, com frequência, somente quando a vida foge completamente do nosso controle é que despertamos do sonho de achar que somos Deus, que estamos no controle, e que a vida deve seguir de acordo com a nossa vontade. A dor e o sofrimento são convocações *genéricas* ao arrependimento — chamados para que mudemos a nossa forma de pensar e demos uma guinada de 180 graus para Deus, de modo que não pereçamos (algo muito pior que a morte física), mas em vez disso vivamos para sempre com o Senhor.

No entanto, embora Jesus conhecesse o propósito maior da dor e do sofrimento, ele demonstrou os caminhos do Reino final de Deus ao atender às necessidades mais profundas das pessoas, ao curar os doentes, ao consolar os desesperançados, ao se oferecer para remover as preocupações e aliviar as cargas e a ansiedade que pesam sobre os ombros da humanidade. "Venham a mim, todos os que estão cansados e sobrecarregados, e eu lhes darei descanso" (Mateus 11.28). Jesus demonstrou que toda dor e todo sofrimento, embora necessários por um tempo, em última análise não são da vontade de Deus.

Essa é a mensagem que nós podemos levar àqueles que estão sofrendo e experimentando dor: "Os males feitos a você não são da vontade de Deus, e nada desse sofrimento e dessa dor é em última instância da vontade de Deus. Tudo o que Deus fez por meio de Jesus estabeleceu um caminho para nos reconectarmos àquele que cuida de nós, que tem compaixão de nós, que experimenta o nosso sofrimento e que deseja ir até o final para fazer isso valer a pena". (V. o Apêndice B.)

Eu sou um curador ferido?

Shane♦ e Erin♦ mudaram-se para o Brasil a fim de trabalhar em comunidades pobres. Depois de dezesseis anos de casamento, Erin confessou ter tido um caso extraconjugal seis anos antes, o que deixou Shane completamente devastado. Durante esse período, Deus os levou à Igreja Batista de Mont'Serrat, em Porto Alegre, Brasil, que estava estudando uma série intitulada *Proibida a entrada de pessoas perfeitas*. Isso proveu um caminho que curou seu casamento durante um ano muito doloroso de recuperação.

Um ano depois, Shane e Erin compartilharam publicamente sua história de restauração em várias igrejas que eles tinham ajudado a começar. Rafael, um poderoso e temido traficante de drogas, ouviu o testemunho, procurou Shane e lhe disse: "Shane, eu estava prestes a matar a minha esposa e seu namorado, mas ouvi a sua história; então eu vim falar com você primeiro". Shane compartilhou seu quebrantamento a respeito da infidelidade da esposa e contou a Rafael como Deus o estava ensinando em meio a dor e restaurando seu casamento. Shane destacou o perdão e o amor que Deus nos oferece, de modo que podemos nos tornar curadores feridos para os outros. Hoje aquele traficante está limpo, livre do tráfico e, embora sua esposa o tenha abandonado, ele a perdoou e continua a seguir o caminho de Jesus — tudo por causa de um curador ferido.

....

Jesus se tornou o nosso curador ferido:

> Foi desprezado e rejeitado pelos homens,
> um homem de dores
> e experimentado no sofrimento. [...]
> Certamente ele tomou sobre si
> as nossas enfermidades
> e sobre si levou as nossas doenças [...]
> Mas ele foi transpassado
> por causa das nossas transgressões,
> foi esmagado por causa
> de nossas iniquidades;
> o castigo que nos trouxe paz
> estava sobre ele, e pelas suas feridas
> fomos curados.

Isaías 53.3-5

Se nós queremos ser como Jesus a um mundo perdido e ferido, também precisamos nos tornar curadores feridos.

À medida que contamos a nossa história, mesmo as partes mais vulneráveis — especialmente as partes vulneráveis —, e como Deus esteve conosco durante esses tempos difíceis, mostramos aos outros a mesma esperança. Somos capazes de compartilhar a nossa fragilidade, as nossas feridas, as nossas dores com um mundo que definitivamente não acredita em Deus? Com frequência é a solidariedade da condição humana que abre a porta para uma pessoa ouvir sobre um Deus que pode fazer tudo valer a pena. Então descobriremos um coração aberto e ávido por ouvir a mensagem de Cristo. Mas do que trata exatamente essa mensagem e como a transmitimos da mesma maneira que Jesus a transmitiu? Seja cuidadoso para não transformar a mensagem de Jesus na mensagem de um fariseu.

QUESTÕES E AÇÕES

1. Reflita a respeito da seguinte questão: Quando alguém está ferido, qual é a sua reação natural? Por quê? Quão disposto você está em permitir que os outros conheçam a sua dor ou os seus fracassos? Como isso pode afetar o modo de você tratar os outros que estão sofrendo?
2. Experimente realizar a seguinte ação: Ore esta semana para que Deus leve você a uma pessoa que está sofrendo (você a verá em toda parte se começar a ver através dos olhos de Jesus). Pratique mover-se em direção a uma pessoa sofrida para simplesmente importar-se, estar com ela nesse momento e lhe dizer que Deus se importa.

Capítulo 8

Compartilhando a boa mensagem de Jesus

A caixa de som de Jesus, Michael Johnston
www.mikejohnstonartist.com

ALGUNS ANOS ATRÁS, quando iniciamos a Igreja de Gateway, tínhamos alguns azulejos trincados na nossa casa. Eu era ingênuo o bastante para acreditar no Home Depot: "Você pode fazer qualquer coisa; nós podemos ajudar". Eu não somente *não* era capaz de fazer, como trinquei mais azulejos ainda. Então contratei um rapaz para vir substituir os azulejos. Tom veio na sexta-feira, que era o meu dia livre na semana. Trouxe duas crianças com ele, que começaram a brincar com outras crianças. Decidi que seria mais inteligente aprender a colocar azulejos; então fiquei observando Tom trabalhar e fiz muitas perguntas.

À medida que Tom falava, mencionei como era bacana ele poder levar seus filhos junto nos trabalhos. Ele me disse: — Sim, algumas vezes isso não é muito bom para os negócios — não parece muito profissional. Mas eu preciso fazer isso nas férias porque eles estão fora da escola.

— Você é pai solteiro? — perguntei.

— Sim, a mãe deles nos deixou no ano passado. — Eu podia dizer pela tensão em sua voz que Tom ainda estava um tanto relutante.

— Bem, sinto muito — tentei imaginar o que aquele homem estava sentindo. — O que aconteceu? Como ela pôde deixar essas crianças tão lindas?

— Ela apenas disse que não aguentava mais. Foi embora com outro rapaz. — Eu percebi então que Tom ainda estava sofrendo muito.

— Isso deve ser realmente difícil — foi tudo o que consegui falar. Com isso, Tom parou de trabalhar e, pelos trinta minutos seguintes, ele abriu o coração sobre os erros que reconhecia ter cometido como marido e disse de sua grande preocupação em tentar criar três filhos sozinho. Sua filha de 13 anos de idade estava se afastando dele, e ele não sabia como amá-la e discipliná-la ao mesmo tempo. Eu apenas ouvi, fiz perguntas e pensei: *Estou feliz por não estar pagando por hora.* (Compaixão é um traço a ser aprendido!)

Então, ele disse algo que me tocou (e você deve levar em conta que ele não sabia ainda que sou pastor): — Não sei se você acredita em Deus e tudo mais, mas, do jeito que as coisas estão indo, não me surpreenderia se o fim estivesse próximo... você sabe, é o apagar das luzes.

Então lancei uma pergunta que geralmente faço às pessoas: — Qual é a sua formação espiritual, Tom?

Ele justificou: — Eu não sou realmente do tipo religioso... nunca vou realmente à igreja ou coisa parecida, mas penso muito nisso. E quanto a você?

Estou pensando: *Oh, homem, eu vou nocautear o pobre rapaz, mas aqui vai:* — Na verdade, sou pastor de uma nova igreja aqui na cidade.

Expliquei rapidamente como a igreja recebia pessoas como ele, que ainda tem questionamentos sobre Deus. Então, à medida que continuamos a falar, ele disse: — Você sabe, eu realmente penso muito em Deus. Penso no que pode acontecer quando tudo acabar. O que aconteceria comigo?

Perguntei a Tom: — Se você pudesse ter certeza absoluta de que estaria seguro com Deus, de que Deus perdoa e adota cada pessoa disposta a entrar em sua família, e de que ele na verdade quer ajudar você nas suas lutas na vida, você estaria interessado?

Ele disse: — Sim.

Agora vamos apertar o botão de pausa por apenas um segundo. Ponha-se no meu lugar. O que você diria a Tom?

O evangelho do Reino de Deus

Jesus disse a seus seguidores: "E este evangelho do Reino será pregado em todo o mundo como testemunho a todas as nações, e então virá o fim" (Mateus 24.14). Todos os seguidores de Jesus precisam estar preparados para ajudar as pessoas a compreender esse "evangelho do Reino". Mas o que é o evangelho, e o que é esse Reino? Como nós traduzimos isso em uma linguagem que pode ser entendida nos dias de hoje?

O termo original grego, traduzido por "evangelho", *euangellion*, vem de *eu*, "bom", e de *angellion*, "mensagem" (o nosso termo "anjo" quer dizer "mensageiro"). Isso significa literalmente "boa mensagem", "boa proclamação" ou "boa-nova". Ironicamente, a nossa palavra "evangelismo" deriva desse termo. Na maioria dos países pós-cristãos, descobri que a palavra "evangelismo" não soa como "boas-novas" para a maioria das pessoas. De alguma forma, nós temos comunicado de forma equivocada a essência do evangelho.

Nós não usamos o termo "reino" regularmente, mas ele implica um governante e um reino no qual a vontade e a direção do rei são realizados. O Reino de Deus está onde a vontade de Deus é cumprida. Isso acontece plenamente nos céus, e certo dia acontecerá plenamente na terra; mas por enquanto nós oramos: "Venha o teu Reino; seja feita a tua vontade, assim na terra como no céu" (Mateus 6.10). Em outras palavras, uma amostra da vida eterna pode vir à terra por meio daqueles que permitem que a vontade e a direção do Reino de Deus fluam de sua vida. E essa vida (vida no Reino de Deus) dura para sempre. Assim o evangelho do Reino é boa-nova sobre a vida com Deus.

Cerca de um ano depois de iniciar o ministério, Jesus tinha curado tantas pessoas de todo tipo de sofrimento que os necessitados acorriam a ele em busca de alívio: "As multidões o procuravam, e [...] insistiram que não as deixasse. Mas ele disse: 'É necessário que eu pregue as *boas-novas do Reino de Deus* noutras cidades também, porque *para isso fui enviado*'" (Lucas 4.42,43).

Uma vez que nós somos "enviados" em missão com ele, Jesus teve uma prioridade que não podemos negligenciar. "Assim como o Pai me enviou, eu os envio" (João 20.21). Como Jesus, nós precisamos igualmente cuidar tanto das necessidades físicas *quanto das necessidades espirituais* das pessoas! Precisamos anunciar a elas as boas-novas sobre Deus tanto em palavras quanto em ações, porque é para isso que somos enviados.

Corrigindo ou cultivando?

Recebi o seguinte *e-mail* de Edward, em Dayton, Ohio:

> Tenho sido crente por um longo tempo, mas com frequência enfrento dificuldade em compartilhar a minha fé. Depois de ler a obra *Proibida a entrada de pessoas perfeitas*, reconheci que essa era a minha abordagem: eu geralmente tentava "consertar" a pessoa em vez de prestar atenção nela, aceitá-la e depois lhe mostrar a diferença que a graça de Deus faz na vida de cada ser humano.

Ele prosseguiu contando sobre um estudo bíblico que tinha começado com outras pessoas que estavam investigando a fé, e descobriu uma garota envolvida com feitiçaria que estava disposta a vir e a investigar a fé com sua nova abordagem.

O que impede muitos de nós de falar aos outros sobre a nossa fé é acreditar que a nossa tarefa é corrigir, mudar ou "converter" alguém. Paulo explica que essa não é a nossa missão: "Eu plantei, Apolo regou, mas Deus é quem fez crescer; de modo que nem o que planta nem o que rega são alguma coisa, mas unicamente Deus, que efetua o crescimento [...]. Pois nós somos cooperadores de Deus; vocês são lavoura de Deus e edifício de Deus" (1Coríntios 3.6,7,9).

Nós podemos colaborar com Deus em sua colheita (a sua participação realmente importa!), mas não podemos causar o crescimento, mudar o coração de alguém ou impor arrependimento, e, quando você tenta fazer isso, pode ser tudo, menos algo "bom". Podemos semear e regar, mas precisamos *deixar os resultados por conta de Deus.*[1] Algumas vezes lançamos as primeiras sementes, algumas vezes regamos a plantinha durante seu crescimento, e algumas vezes conseguimos ver uma pessoa dar seu primeiro passo de fé. Jesus nos assegurou de que cada parte é importante: "Aquele que colhe já recebe o seu salário e colhe fruto para a vida eterna, de forma que *se alegram juntos o que semeia e o que colhe.* [...] Eu os enviei para colherem o que vocês

1 Bill Bright dizia com frequência: "Compartilhe o evangelho, no poder do Espírito Santo, e deixe os resultados a cargo de Deus". Esse é um modo realmente liberto de diferenciar a nossa parte da parte de Deus.

não cultivaram. Outros realizaram o trabalho árduo, e vocês vieram a usufruir do trabalho deles" (João 4.36-38).

Anunciando o evangelho

O que eu tenho visto em uma geração destituída de grande conhecimento de Deus ou da Bíblia é que com frequência leva de seis meses a um par de anos para uma pessoa descobrir a fé. É um processo. E isso usualmente requer uma comunidade de seguidores de Cristo e um ambiente de aprendizagem do tipo "Venha como você está" (como veremos na Parte 2). Mas, primeiro, qual é a mensagem que nós transmitimos ao longo do caminho, e como você conduz alguém à fé quando chega o tempo oportuno?

Quando volto a analisar cada exemplo no qual Jesus ou seus seguidores (por todo o Novo Testamento) compartilharam o "evangelho", ou as "boas-novas", não encontro nenhuma fórmula. Não há definição formal repetida no evangelho. No entanto, encontrei expressões criativas de três "temas" distintos que podem servir de esboço para nós. Tenho visto milhares de pessoas afastadas do Senhor que respondem e seguem Cristo quando entendem esses três temas, por meio do anúncio das boas-novas não apenas à mente, mas também ao coração. Aqui está um sumário desses temas que analisaremos com mais detalhes:

1. **Existem boas-novas sobre *Deus e a vida*!** Deus nos criou para um relacionamento amoroso com ele e com outras pessoas, e ele está disposto a nos conduzir à vida que ansiamos experimentar (uma qualidade de vida interior que vem de dentro).
2. **Existem boas-novas sobre *Jesus*!** A vida, a morte e a ressurreição de Jesus abriram o caminho para sabermos que Deus não nos condena, mas perdoa os nossos pecados, de modo que podemos caminhar para a vida com seu Espírito, que nos ajuda a receber tudo o que ele planejou para nós.

3. **Existem boas-novas sobre *a nossa parte*!** Deus removeu cada barreira entre nós e ele, com exceção de um ponto: o nosso orgulho (o nosso livre-arbítrio)! Nós podemos humildemente escolher *voltar-nos para* Deus e *confiar* nele (por meio de arrependimento e fé) para experimentar seu perdão comprado por Cristo e encontrar orientação para a vida por meio de seu Espírito.

Vejamos de que maneiras podemos seguir Jesus para expressar criativamente esses três temas e ajudar os nossos amigos e nosso próximo a encontrar a fé em um Deus bom.

As boas-novas sobre Deus e a vida

Eu falava com um empreiteiro responsável por instalar as bancadas de granito e as pias em um dos maiores e mais altos hotéis de Austin. Ele me contava que o trabalho tinha sido um pesadelo. Ele havia encomendado e cortado todas as bancadas de acordo com o especificado no projeto, mas, quando eles começaram a instalá-las, nada se ajustava. Todas as bancadas tiveram de ser recortadas, uma vez que o encanamento não estava saindo das paredes de forma alinhada aos furos no granito. Era uma confusão total! Isso custou muito dinheiro e causou tensão entre os trabalhadores, que começaram a acusar-se sobre quem estava certo ou errado, e ninguém mais conseguia trabalhar juntos.

Por fim, descobriram o problema — a linha central do edifício tinha sido marcada 1 polegada fora do verdadeiro centro. Ele explicou que a estrutura do prédio fora construída e marcada a linha central em cada andar, mas os empreiteiros construíram a parte interna de acordo com o planejado fora daquela linha central. Até eles conseguirem acertar a linha central, realmente não conseguiriam trabalhar juntos para construir o que o arquiteto planejara.

Jesus nos deu sua linha central com base na qual todo o resto precisa ser calculado. Lembre-se de quando um perito na lei perguntou a Jesus: "O que preciso fazer para herdar a vida eterna?". Jesus retrucou: "O que está escrito na Lei?". O perito respondeu: "'Ame o Senhor, o seu Deus, de todo o seu coração, de toda a sua alma, de todas as suas forças e de todo o seu entendimento' e 'Ame o seu próximo como a si mesmo' ". E Jesus disse: "Faça isso, e *viverá*" (Lucas 10.25-28).

Essa é a linha central da mensagem de Jesus. Deus nos convida à vida — "a viver" um tipo de vida eterna centrada em aprender a *amar verdadeiramente a Deus,* de modo que ele possa nos levar a *amar verdadeiramente os outros.* Se falharmos em comunicar isso claramente, estaremos nos esquecendo do ponto principal! *O evangelho se resume ao relacionamento restaurado que restaura relacionamentos.* E isso começa com Deus.

Se você estudar os encontros em que Jesus anunciava as "boas-novas de Deus", verá que ele oferecia um convite aberto à vida com Deus. Sua mensagem era menos sobre a salvação *do* pecado, *da* morte, *do* julgamento e *do* inferno — embora esses temas fossem reais e ele tenha falado a respeito, como veremos no capítulo seguinte. Mas seu principal foco era a salvação *para* a vida no Reino de Deus, agora e para sempre. Nós podemos viver dentro da boa realidade de Deus. O convite é para *todos* os que vierem.

Veja a seguir como faço uma paráfrase de cada encontro em que Jesus falou sobre a bondade de Deus e seu convite à vida. E observe como Jesus falava à mente (dando entendimento sobre os caminhos de Deus), porém falava mais ainda ao coração (com descrições, histórias e analogias que conectam as pessoas ao coração de Deus). Se você alcançar a mente das pessoas, mas não seu coração, elas terão entendimento sem motivação. Se você alcançar o coração das pessoas, mas não sua mente, elas terão paixão, mas sem direção sobre como crescer.[2] Jesus alcançou ambos.

2 Para ler mais sobre como as pessoas tomam decisões mediante uma comunicação à mente e ao coração, v. HEATH, Chip; HEATH, Dan. **Switch:** How to Change Things When Change Is Hard. New York: Broadway Books, 2010. p. 8.

Quanto a Nicodemos, um fariseu, Jesus despertou sua curiosidade ao falar sobre uma vida que vem do Espírito de Deus um novo nascimento. "Você não pode ver essa vida do Espírito fisicamente da mesma forma que não pode ver o vento, mas você pode ver os efeitos disso". Então Jesus disse: "Deus ama tanto o mundo, que ele deu seu único Filho de modo que as pessoas não pereçam sem Deus, mas vivam agora e para sempre com ele em seu Reino (o Reino no qual a vontade e a direção de Deus são cumpridas). Deus não permanece pronto a condenar, mas enviou o Filho para salvar (para restaurar todas as pessoas dispostas a entrarem em um relacionamento correto com seu Criador). Todos os que confiam no Filho de Deus não serão condenados, mas viverão eternamente" (João 3.1-21, paráfrase nossa).

Em seu segundo encontro, Jesus disse à mulher junto ao poço de Jacó: "Se você apenas conhecesse o dom que Deus quer dar a você, e que eu conheço, você me pediria e eu lhe daria água viva — uma água tão boa que você nunca sentiria sede novamente! Se você me pedir, eu lhe darei algo que se tornará como uma nascente natural na sua alma, brotando e jorrando com vida — e não qualquer vida, mas uma vida de qualidade eterna". Jesus ressaltou que essa vida de amor que vem da verdadeira adoração a Deus satisfaria a ânsia profunda de sua alma que a série de relacionamentos destruídos nunca saciaria. "O amor pelo qual você anseia é o dom que Deus quer dar a você!" (João 4, paráfrase nossa).

Mesmo quando falava àqueles que "queriam matá-lo", Jesus ofereceu vida! "Quem ouve a minha palavra e crê naquele que me enviou, tem a vida eterna e não será condenado, mas já passou da morte para a vida" (João 5.24). Ele ofereceu essa vida a seus inimigos, dizendo: "Contudo, vocês não querem vir a mim para terem vida" (João 5.40). Ninguém estava fora do alcance do bom convite de Deus, nem mesmo aqueles que odiavam Jesus e queriam matá-lo. Jesus implorou: "Menciono isso para que *vocês sejam salvos*" (João 5.34).

Em seu último ano de vida, Jesus falou a uma grande multidão: "Não trabalhem pela comida que se estraga, mas pela comida que permanece para a vida eterna, a qual o Filho do homem lhes dará. [...] Eu sou o pão da vida. Aquele que vem a mim nunca terá fome; aquele que crê em mim nunca terá sede" (João 6.27,35). Jesus convida as pessoas a se fartarem de vida espiritual que é tão boa a ponto de satisfazer a nossa fome espiritual mais profunda e de saciar a nossa alma com água viva.

Essa oferta de vida vem de viver por meio de seu Espírito (um ponto crítico com frequência esquecido). Na última Páscoa, antes de sua crucificação, "Jesus levantou-se e disse em alta voz: 'Se alguém tem sede, venha a mim e beba. Quem crer em mim, como diz a Escritura, do seu interior fluirão rios de água viva'. Ele estava se referindo ao Espírito, que mais tarde receberiam os que nele cressem" (João 7.37-39).

Paulo explicou mais tarde que essa vida que brotava do Espírito de Deus produz "amor, alegria, paz, paciência, amabilidade, bondade, fidelidade, mansidão e domínio próprio" (Gálatas 5.22,23). O mundo inteiro corre atrás dessas coisas. Mas eles pensam que planos externos, ou posses, ou pessoas matarão essa sede e saciarão essa fome consumida por uma vida que *vem de dentro, somente pelo Espírito de Deus*. Você percebe? É isso que precisamos ajudar as pessoas a entender.

Deus convida as pessoas para que entrem na verdadeira vida que elas buscam e se agarrem à posse de coisas externas que somente as deixam de mãos vazias. A vida somente vem por seu Espírito, de dentro para fora — é isso o que o evangelho significa para todos nós, como veremos nas páginas a seguir!

Nunca é demais falar sobre a bondade de Deus

Você nunca conseguirá *sobrecarregar* as pessoas com a "bondade" de Deus e suas intenções para elas por meio de Jesus. Marcos nos diz que, a cada pessoa que Jesus encontrava, ele proclamava as boas-novas de Deus, dizendo: "O Reino de Deus está próximo. Arrependam-se e creiam nas boas-novas!" (Marcos 1.15). Uma vez que essa linguagem não é bem traduzida, podemos perder o "boas" das novas que as pessoas experimentam com Jesus e acidentalmente transmitir algo completamente diferente.

Sempre que Jesus anunciava que a vontade e o governo de Deus estavam próximos, as pessoas eram curadas de terrível doença e sofrimento; outras eram libertadas de escravidão opressiva. Aqueles que observavam Jesus frequentemente uniam a cura ao anúncio sobre o Reino de Deus: "Jesus foi por toda a Galileia [...], *pregando* as boas-novas do Reino e *curando todas as enfermidades* e doenças" (Mateus 4.23). Repetidas vezes, a cura e a libertação da escravidão acompanhavam as novas sobre o Reino de Deus (Mateus 9.35; 10.7,8; Marcos 6.12,13; Lucas 9.2; 9.6; 9.11; 10.9; 11.20).

Imagine como seria "boa" essa associação mental com esse Rei — ver Deus restaurar tudo o que estava perdido e corrompido! E, quando Jesus enviou seus seguidores em missão, eles "saíram e foram pelos povoados, *pregando* o evangelho e *fazendo curas* por toda parte" (Lucas 9.6).[3] Você nunca exagerará ao falar sobre quanto *Deus é bom* ou quanto *suas intenções são boas* em relação às pessoas pecadoras, perdidas e feridas! Ele curou as nossas piores doenças e removeu as nossas piores cadeias; portanto, as suas palavras provavelmente estarão aquém de comunicar em plena extensão as boas intenções de Deus.

Jesus usou metáforas, símiles e analogias para anunciar a bondade de Deus e seu convite à vida, e nós devemos encontrar maneiras de fazer o mesmo: "O ladrão vem apenas para roubar, matar e destruir; eu vim para que tenham vida, e a tenham plenamente [a mais plena vida possível]" (João 10.10). Àqueles que estavam pressionados, esgotados e exaustos (a maioria das pessoas naqueles dias), Jesus disse: "Venham a mim, todos os que estão cansados e sobrecarregados, e eu lhes darei descanso. Tomem sobre vocês o meu jugo e aprendam de mim [...]. Pois o meu jugo é suave

[3] Não estou dizendo que a proclamação da mensagem precisa ser acompanhada por cura miraculosa. Tenho visto muitos encontrarem a fé e somente uma vez testemunhei cura acompanhando uma conversão, e eu não tive nada que ver com o milagre. Mas não se esqueça de transmitir a bondade de Deus que acompanhava a mensagem de Jesus. Essa bondade irá por fim restaurar todas as coisas para aqueles que nele confiam.

e o meu fardo é leve" (Mateus 11.28-30). Todos os que o receberem, João nos diz, serão adotados em sua família como seus filhos (João 1.12), e Jesus disse: "Quem vier a mim eu jamais rejeitarei" (João 6.37).

Amor, adoção, segurança, vida livre do estresse, responsabilidade livre da carga, alegria interior, uma paz profunda, valor e orientação de seu sempre presente Espírito nos levam a uma vida abundante, ao perdão de *todo pecado* e à libertação de *toda condenação* também! Essa é a vida no Reino de Deus que nós convidamos as pessoas a experimentar! Nós não estamos vendendo seguro contra incêndio para manter as pessoas fora do inferno; estamos convidando as pessoas a entrar na vida com Deus como seus filhos, e é claro que nenhum de seus filhos jamais será lançado fora.

Você nunca conseguirá exagerar quando comunicar aos outros a bondade de Deus. Mas você pode tentar!

Traduzindo o termo "boas"

Quando a minha esposa e eu nos mudamos para St. Petersburgo, na Rússia, compreendíamos muito pouco do idioma e estudávamos russo quatro horas todas as manhãs. Se um russo tivesse vindo até nós e anunciado as "boas-novas" de que tínhamos sido escolhidos pelo então presidente Gorbachev para experimentar a vida com ele e todas as vantagens do reino da Rússia, esse poderia ter sido um convite maravilhoso. Mas, naquele ponto, se alguém não traduzisse o convite do russo para o inglês, teríamos simplesmente perdido a oportunidade porque o russo era uma língua estranha para nós.

Do mesmo modo, o primeiro tema da bondade de Deus precisa ser traduzido em uma linguagem que as pessoas possam entender. Palavras como "reino", "arrependimento" e "salvo" soam estranhas e incomuns para a maioria das pessoas. É como se nós estivéssemos falando uma língua estrangeira, o "cristianês", quando falamos sobre ser "justificados", "santificados" ou "redimidos". Esses termos são importantes, mas precisamos compreender o suficiente da verdade da mensagem de Deus para traduzi-la em uma linguagem comum que as pessoas possam entender. (V. o Apêndice A para uma tradução de termos do "cristianês".)

Por que alguém abandonaria o único simulacro de vida, amor e segurança que essa pessoa conhecia (à parte do Senhor) e se voltaria para Deus se não acreditasse que Deus era bom ou tinha boas intenções para com ela? Jesus usava linguagem criativa e muitas analogias para fazer um retrato preciso da bondade do Pai em termos que as pessoas entendiam: "Ele correu para o filho pródigo com os braços abertos"; "Ele dá bons frutos a seus filhos"; "Vocês valem mais que os pardais" e "Ele ansiava por proteger você como uma galinha reúne seus pintinhos debaixo de suas asas". É certo que ele também falava em parábolas, provocando tanto os corações abertos quanto os endurecidos, mas ele usava imagens vívidas da bondade de Deus também.

Nós devemos fazer o mesmo. À parte o pecado propriamente dito, a maior barreira à crença é uma visão inadequada da bondade de Deus. Para que as pessoas se voltem para Deus e confiem nele com toda a sua vida (arrependendo-se e crendo), elas precisam ouvir que ele é confiável e pode realmente conduzi-las à vida.

Esperança para os desesperançados

O simples pensamento de que Deus ou a igreja trouxeram ondas de culpa e condenação passou pela mente de Shae. *O que devo fazer?* Seu irmão tinha telefonado para convidá-la a ir à igreja, mas ela não queria enfrentar aqueles sentimentos de fracasso esmagadores. *Três casamentos fracassados aos 27 anos de idade!* A ideia bateu de frente contra a consciência de Shae: *Mesmo na nossa cultura de divórcio sem-culpa-sem-dano, os meus casamentos fracassados geram fofoca e julgamento. Não posso imaginar como as pessoas da igreja vão me tratar!* Apesar disso, fugir da dolorosa realidade não ajudava muito.

"Eu sabia que precisava de ajuda", Shae recorda. "Apenas não sabia para onde me voltar para encontrar esperança. Eu estava inerte e perdida, mas escondia isso muito bem. Meu irmão conhecia a minha história, e ele não era cristão, mas confiava nessa igreja; então comecei a frequentar os cultos. Das mensagens e das pessoas que conheci na Gateway, comecei a adquirir uma sensação de que eu não precisava esconder o meu passado. Comecei a acreditar que Deus de fato me aceitaria 'como sou', que me ama o suficiente para me ajudar! Encontrei esperança ao ouvir outros falando sobre a vida que Deus produz de dentro para fora. De modo lento, mas seguro, eu me descobri saindo das sombras do esconderijo e querendo confiar em Deus cada vez mais para me levar a essa vida que ele prometeu".

Cerca de oito meses depois de ouvir, aprender e ouvir sobre a bondade de Deus, de vivenciar uma comunidade cristã em um pequeno grupo, contando sua história e encontrando amor, aceitação e esperança para o caminho adiante, Shae foi batizada, marcando sua decisão de seguir Cristo plenamente. "Concluí que tive uma visão terrivelmente equivocada de Deus, acreditando que ele estava tão desapontado com a minha vida que realmente não queria nada comigo até que eu pudesse consertar as coisas. O problema era que eu não poderia acertar as coisas sem ele — eu apenas não havia compreendido a graça".

Isso aconteceu há quase uma década. Tive o privilégio de testemunhar Shae crescer na fé e depois liderar um pequeno grupo no qual outros encontraram a fé e cresceram fortalecidos em Cristo. Testemunhei Deus curá-la das lutas interiores que a faziam se dilacerar por causa de três casamentos fracassados. Assisti de camarote a Deus firmar seu amor e sua segurança profundamente na alma de Shae à medida que ela confiava nele, e o Senhor conduziu-a à vida de amor que ele prometera, mantendo seu casamento já fortalecido por dez anos com um maravilhoso cristão!

Sumário

As boas-novas sobre Deus e a vida

Quando você falar às pessoas sobre as boas-novas da vida no Reino de Deus, seja criativo e conte sobre a bondade de Deus que você tem visto. Tento manter isso simples, dizendo algo como: "Deus criou você para um relacionamento de amor com seu Criador. Você não pode nem mesmo imaginar a extensão do grande amor de Deus por você. Ele é a Fonte de amor, e a Fonte de cada coisa boa que você já experimentou na vida — essa é a realidade! Não existe nada que você tenha experimentado que não venha do Senhor. Ele quer conduzir você à vida que todos nós procuramos — uma vida de amor, alegria, paz e propósito. Isso não vem de fora, mas de dentro. É algo que Deus produz dentro de nós à medida que vivemos com ele. E não é apenas para você. Ele quer conduzir você a aprender a amar verdadeiramente outras pessoas com esse tipo de amor. Mas aqui está o ponto: Deus não impõe sua vontade ou sua direção a você. Você precisa estar disposto".

As boas-novas sobre Jesus

As boas-novas de que a vida de Deus está acessível a todos somente são possíveis por causa das boas-novas sobre Jesus (o Rei deste reino corrompido)! *Aqui nós precisamos explicar que a vida, a morte e a ressurreição de Jesus abriram o caminho para que soubéssemos que Deus não nos condena, mas perdoa os nossos pecados, de modo que nós poderemos caminhar em direção à vida com seu Espírito, que nos ajuda a nos tornar naquilo que ele planejou para nós.*

Esse é o ponto no qual os cristãos com frequência comunicam mal o significado do evangelho às pessoas sem fé. Jesus foi crucificado para pagar as nossas dívidas, de modo que podemos nos acertar com Deus para viver com ele agora e para sempre. Livros inteiros têm sido escritos sobre o significado da obra de Jesus na cruz. A cruz demonstrou a justiça e a misericórdia de Deus.

Todos nós odiamos quando o mal deste mundo nos atinge ou fere os nossos entes queridos. Nós exigimos justiça. Na verdade, até amaldiçoamos Deus por não destruir todo o mal que nos causa dor. No entanto, raramente consideramos a justiça do ponto de vista de Deus. Se cada ato mal está enraizado em um simples ato de traição contra Deus — brincar de Deus e querer que "A minha vontade seja feita" em vez de acreditar que "A vontade de Deus será feita" —, então a linha que separa o bem e o mal corre em cada coração humano. Se Deus destruísse toda raiz do mal, ele teria de destruir você e cada ser humano.

Deus odeia o mal que nos fere, mais do que nós mesmos odiamos, mas ele também ama aqueles de nós que praticamos o mal. Na cruz, o ódio de Deus pelo mal e o amor pelos seres humanos se encontraram de uma vez por todas. "Deus o ofereceu como sacrifício para propiciação mediante a fé, por seu sangue, demonstrando sua justiça. Em sua tolerância, havia deixado impunes os pecados anteriormente cometidos; mas, no presente, demonstrou sua justiça, a fim de ser justo e justificador daquele que tem fé em Jesus" (Romanos 3.25,26). O preço da justiça na economia de Deus é o maior preço que um ser humano pode pagar — a morte. Não apenas a morte física (separação da nossa vida terrena), mas também a morte espiritual (a separação do Criador da vida). Deus mesmo pagou o preço que sua justiça requeria para acertar as coisas (para que a justiça fosse feita), de modo que todos aqueles que querem voltar-se para Deus podem ser justamente perdoados e restaurados no relacionamento correto com Deus. Pedro explica isso com muita propriedade: "Pois também Cristo sofreu pelos pecados uma vez por todas, o justo pelos injustos, para conduzir-nos a Deus" (1Pedro 3.18). Deus triunfa sobre o mal em todo coração humano disposto, um de cada vez.

Algumas pessoas, porém, perguntarão: "Por que Jesus? Por que a cruz foi necessária?". Se Deus quer perdoar, por que não simplesmente perdoa? Mas você não pode "simplesmente perdoar". Pense nisso. Se você me der a sua BMW nova avaliada em 55 mil dólares para eu dirigir, e eu não o fizer cuidadosamente como você pediu, mas acabar com o seu carro novo, passarei a ter uma dívida com você, certo? Eu deveria a você o preço total do carro — 55 mil dólares para consertá-lo — para restaurar justiça ao seu mundo. E se eu propusesse: "Bem, por que você simplesmente não me *perdoa* aquela dívida?". Você poderia realmente APENAS perdoar? Não! Se você tivesse perdoado a minha dívida — cancelando todos os débitos contra mim, isso ainda custaria 55 mil dólares a VOCÊ. O perdão nunca é de graça — alguém precisa pagar para restaurar as coisas ao modo que elas deveriam ser.

Por que a cruz de Cristo foi necessária? Esse foi o custo que Deus pagou para "simplesmente perdoar" você, e eu, e todos os que cometem traição contra o Criador ignorando a vontade e os caminhos de Deus. Mas a obra de Jesus na cruz fez muito mais que cancelar as nossas dívidas de modo que pudéssemos um dia estar com Deus na eternidade. Sua obra torna possível para Deus viver conosco hoje quando nós vivemos pela fé.

A fé é um simples ato de confiança! Não precisamos pôr a nossa vida em ordem primeiro; não precisamos provar que vamos nos endireitar e andar direito. "Pois vocês são salvos [justificados diante de Deus] pela graça [a boa vontade e o favor imerecidos de Deus], por meio da fé [uma confiança relacional simples como a das crianças]" (Efésios 2.8). Mas por quê?

Efésios 2.10 prossegue para assegurar: "de modo que nós podemos tornar-nos sua obra-prima, restaurados em Cristo Jesus para viver tudo o que ele planejou para nós há muito tempo" (paráfrase nossa) — esse é o sentido da graça: a completa restauração de sua obra-prima! O significado do evangelho hoje é que podemos parar de fugir e de nos esconder do Único que é capaz de conduzir-nos à vida!

Com muita frequência, nós resumimos o evangelho a um seguro contra incêndio: "Assim você escapará do inferno e do julgamento" (é totalmente verdade — louvado seja Deus por isso); "Então seus pecados serão perdoados" (é totalmente verdade — louvado seja Deus por isso); "Então você poderá ser justificado, santificado e glorificado e um dia estará com Deus nos céus" (maravilhoso — louvado seja Deus por isso). Mas o evangelho nos ajuda a viver uma vida transformada AGORA! Se as pessoas não entenderem *como*, elas poderão comprar o seguro contra incêndio, mas não concordarão plenamente em confiar na orientação de Deus. Como resultado, elas nunca mudam! Aqui está por quê.

No capítulo 7 de Romanos, Paulo fala sobre a luta que todos nós perdemos ao nos esforçarmos realmente para mudar o nosso ser *sem a ajuda de Deus*. Este é o comentário sábio do apóstolo: "Não entendo o que faço. Pois não faço o que desejo, mas o que odeio. [...] Pois o que faço não é o bem que desejo, mas o mal que não quero fazer, esse eu continuo fazendo" (Romanos 7.15,19). Alguma vez você fez um voto, jurou ou se comprometeu a "parar de fazer algo" ou "ser melhor da próxima vez", para depois se surpreender fazendo de novo a mesma coisa sem hesitar?

Você tem esse péssimo pecado habitual e promete: "Agora vou dar um tempo". No entanto, baseado no seu poder, você não parece conseguir fazer isso. E falha novamente. Então você entra nesse ciclo de culpa e autocensura — mortificando-se por fazer isso e prometendo tentar com mais afinco na próxima vez. E, quando você fracassa novamente, mergulha ainda mais fundo, sentindo um enorme peso de condenação sobre os ombros. Nós caminhamos em círculos — até que por fim alguns de nós simplesmente desistimos. Desistimos de Deus porque pensamos *equivocadamente* que ele está amontoando culpa e condenação sobre nós enquanto tentamos com cada vez mais empenho apenas para cair ainda mais fundo na próxima ocasião. (A propósito, é assim que a maioria das pessoas vive!)

No entanto, observe o que mais Paulo diz: "Ora, se faço o que não quero, *já não sou eu quem o faz*, mas o pecado que habita em mim"

(Romanos 7.20). Isso é profundo. O que o apóstolo está dizendo é que todos nós temos essa natureza pecaminosa que não faz parte do que Deus planejou para sermos — nós a herdamos.

Nós crescemos e ficamos adultos, e então respondemos a essa tendência herdada da humanidade de seguir o nosso caminho em vez de seguir o caminho de Deus. É isso o que o pecado significa — viver de acordo com a vontade e a direção do nosso reino em vez de viver de acordo com a vontade e a direção do Reino de Deus — e isso é natural, é habitual para nós. No entanto, isso nos mantém longe de Deus, a Fonte da vida. É por isso que Paulo diz: "Miserável homem que eu sou! Quem me libertará do corpo sujeito a esta morte? Graças a Deus por Jesus Cristo, nosso Senhor! De modo que, com a mente, eu próprio sou escravo da Lei de Deus; mas, com a carne, da lei do pecado" (Romanos 7.24,25).

Veja, Jesus nos ajuda a escapar desse ciclo pecaminoso de falhar... culpar-se... empenhar-se mais... falhar novamente. Porque como Paulo explica: "Agora já *não há condenação* para os que estão em Cristo Jesus" (Romanos 8.1). Então o que Deus fez por meio do pagamento substitutivo de Cristo por nossos erros foi livrar-nos da condenação. Se você tiver dito a Deus: "Eu quero o que Jesus fez por mim", pode ter certeza de que você não está mais condenado.

Por mais que isso seja maravilhoso, evitar a condenação não é o fim do jogo. Deus quer trazer plena restauração à nossa vida. Ele quer ajudar a nos tornar tudo o que nos criou para ser. No entanto, sem que o Senhor tenha acesso ao nosso coração e à nossa mente, isso nunca acontecerá. *Não nos podemos tornar naquilo que Deus planejou sem que ele conduza a nossa vida.* Deus faz o que ele faz em Cristo, "*a fim de que* as justas exigências da Lei fossem plenamente satisfeitas em nós, que não vivemos segundo a carne, mas *segundo o Espírito*" (Romanos 8.4).

Se estivermos dispostos a receber o que Jesus fez por nós, podemos ter certeza de que, mesmo quando falharmos, ele não nos deixará nem nos condenará. Isso nos permite abrir a mente para o Espírito de Deus, mesmo quando caímos ou falhamos — quando estamos pressionados na vida — porque é aí que precisamos mais ainda de ajuda. Deus provoca o crescimento! Mas, se temermos que Deus nos condene, como nos esconderemos do Único que pode nos mudar de dentro para fora?

É por essa razão que Paulo prossegue:

> Porque as pessoas que vivem de acordo com a natureza humana têm a sua mente controlada por essa mesma natureza. Mas as que vivem de acordo com o Espírito de Deus têm a sua mente controlada pelo Espírito. As pessoas que têm a mente *controlada* pela natureza humana acabarão morrendo espiritualmente; mas as que têm a mente *controlada* pelo Espírito de Deus terão a vida eterna e a paz.
>
> Romanos 8.5,6, *Nova Tradução na Linguagem de Hoje*

A boa-nova sobre Jesus é que sua morte e sua ressurreição pagaram o preço, de uma vez por todas, para nos reconectar à Fonte da vida. Agora, podemos permanecer conectados a seu Espírito, mesmo quando caímos e falhamos, e ele nos ajuda a superar isso e crescer para nos tornarmos em tudo aquilo que Deus planejou para nós. Essas são as "boas-novas" que precisamos transmitir.

Corra para Deus

Durante toda a sua vida, Sarah tinha passado correndo — ela corria do Senhor, ciente de que não estava vivendo da maneira que ele queria. Ela corria dos sentimentos de culpa causados por relacionamentos sexuais nos quais ela mergulhava na esperança de encontrar amor e segurança. Ela corria de uma culpa profunda que lhe dizia que era suja, marcada, estragada por causa do abuso sexual que ela havia sofrido... por isso Sarah corria. Mas ela continuava correndo para pessoas e lugares que apenas multiplicavam as pressões e a dor. Por fim, ela se descobriu sem nenhum lugar para onde correr. E ela correu para Deus. Preste atenção no *e-mail* que ela me escreveu:

Passei a vida inteira sentindo culpa, sem saber que Deus era um Deus amoroso e perdoador, então eu corri do Senhor e corri para coisas e pessoas que não eram boas para mim. Eu tinha tanto medo! Ávida por solução, durante anos a busquei no álcool, nas drogas e em relacionamentos abusivos, mas só acabei cavando um buraco ainda mais fundo de solidão e desespero. Eu estava perdida, confusa e financeiramente devastada quando o meu namorado me abandonou aos cinco meses de gravidez.

Um amigo me convidou para ir à Gateway. Deus me abençoou com anjos da Gateway que me ajudaram a me manter de pé. Eles me ajudaram com a mobília, os cuidados com o bebê e uma residência temporária. Eu fui aceita e amada como mãe solteira sem ser julgada.

A Gateway se tornou como uma família para mim! Eu me envolvi em um pequeno grupo que me confortou e apoiou, enquanto me conduziu ao Senhor. Também me conectei a outras mães solteiras e escolhi ser voluntária para servir a outras mães solteiras que precisavam de ajuda. Deus usou o curso Coração Ferido[4] para me curar do abuso sexual do passado. Então Deus me abençoou em 2005 com um casamento com um homem temente a Deus que é maravilhoso para mim e para a minha filha de 3 anos de idade. Agora temos um segundo filho juntos.

Com todo esse apoio, escolhi seguir o caminho com Deus. Para a minha surpresa, a dor, o ressentimento, a raiva e a mágoa se foram. Eu era capaz de perdoar e seguir em frente permitindo que Deus se tornasse o centro da minha vida. Você sabe, John, que todos que tenho conhecido ao longo dos anos se dizem chocados com toda a adversidade que enfrentei e como fui capaz de enfrentar a vida e transformar essas dificuldades nas coisas maravilhosas que estão acontecendo na minha vida! *Eu digo a eles que não é difícil se você volta a vida para Deus e deixa que ele a*

[4] Dan Allender (e Karen Royer) desenvolveu o curso chamado Coração Ferido, que temos usado para ajudar vítimas de abuso sexual ou físico a encontrar cura e plenitude baseados no livro *The Wounded Heart: Hope for Adult Victims of Childhood Sexual Abuse* [O coração ferido: esperança para adultos, vítimas de abuso sexual na infância], de Dan B. Allender.

conduza. Agora, em vez de correr da dor e do sofrimento, escolhi voltar-me para Deus, dar meia-volta e ajudar os outros.

Sumário

As boas-novas sobre Jesus

Depois de explicar que Deus é bom e tem planos bons para nós, eu direi algo como: "Mas Deus não impõe sua vontade ou sua direção sobre nós, e a verdade é que nós vivemos a maior parte da vida pensando na nossa vontade e nos nossos caminhos em vez de na vontade e nos caminhos de Deus — certo?" (A maioria das pessoas admitirá isso.)

"E, verdadeiramente, tudo o que odiamos na vida deriva do fato de nós mesmos e de outras pessoas ignorarmos a vontade amorosa de Deus e fazer o que acreditamos ser o melhor. Isso é o que a Bíblia chama de pecado e isso nos separa de Deus. Mas Deus não fica preparado para nos condenar por causa dos nossos pecados. Ele enviou Jesus para morrer na cruz a fim de pagar as nossas dívidas, de modo que podemos ter certeza de que não estamos condenados, mas acertamos as contas com Deus agora e para sempre. Desse modo pararemos de correr e de nos esconder do Senhor e, em vez disso, permitiremos que ele nos conduza. É isso o que significa amar verdadeiramente a Deus, deixar que ele seja o Deus da nossa vida, ocupando o centro dela, e permitir que ele nos conduza para amar verdadeiramente os outros. Mas Deus não obriga você a nada; ele precisa da sua disposição".

A seguir, faço com frequência uma importante pergunta, a mesma que propus a Tom naquele dia: "Há alguma coisa que impede você de abrir o seu coração ao perdão e à liderança de Deus que agora estão disponíveis por intermédio de Jesus?". Você se surpreenderia com quantas pessoas dizem: "Não, não há nada".

As boas-novas sobre a sua parte

O que as pessoas precisam fazer para se acertarem com Deus e começarem a experimentar essa vida com seu Espírito? As boas-novas que nós precisamos transmitir é *que, por meio de Cristo, Deus removeu toda a barreira entre ele e as pessoas, exceto uma: o nosso orgulho (o nosso livre-arbítrio)! Você pode humildemente escolher voltar-se e confiar em Deus para experimentar seu perdão e orientação para a vida por meio de seu Espírito.* Mas o que isso realmente significa?

Jesus e seus seguidores proclamavam: "O tempo é chegado [...]. O Reino de Deus está próximo. *Arrependam-se* e *creiam* nas boas-novas!" (Marcos 1.15). Estas palavras destacam-se mais uma vez: "Arrependam-se e creiam". Mas o que elas querem dizer? Novamente, se elas são apenas termos do "cristianês" incompreensíveis às pessoas, podem perder o ponto principal.

Nos dias de Jesus, "arrepender-se", *metanoeo*, significava literalmente "mudar de ideia sobre alguma coisa". Ao que tudo indica, significava mudar de uma mentalidade para outro novo modo de pensar. Esse parece ter se tornado um termo militar usado em referência a mudança de direção; quando o termo "arrepender-se" era invocado, os soldados davam uma guinada de 180 graus e seguiam para o outro lado.[5] Descobri que a palavra "arrepender-se" precisa ser traduzida hoje para dizer exatamente o que os ouvintes de Jesus teriam entendido na época.

Em termos mais simples, "arrepender-se" significa deixar a minha vontade e os meus caminhos e passar a seguir a vontade e os caminhos de Deus. "Todos nós, tais quais ovelhas, nos desviamos, cada um de nós se voltou para o seu próprio caminho; e o SENHOR fez cair sobre ele a iniquidade de todos nós" (Isaías 53.6). Expliquei às pessoas que precisamos parar

[5] Embora eu não tenha encontrado a fonte original desse emprego de "arrepender-se", tem sido ensinado de forma segura que posteriormente se tornou um termo militar latino.

de brincar de Deus e de buscar a nossa vontade e os nossos caminhos apenas, a fim de permitir que ele *seja* o Deus de vida, buscando sua vontade e seus caminhos em primeiro lugar. Essa é a essência do arrependimento — mudar a nossa ideia sobre onde se encontra a vida (não a minha vontade, mas a sua vontade será feita, Senhor).

Arrepender-se e crer! As pessoas perguntaram a Jesus: "O que precisamos fazer para realizar as obras que Deus requer?". Em outras palavras, diga-nos quais são as exigências de Deus. Eis a resposta de Jesus: "A obra de Deus é esta: *crer* naquele que ele enviou" (João 6.28,29). Tudo o que precisamos fazer é acreditar. Mas por quê? O que isso significa?

Crença, *fé* e *confiança* são todos sinônimos. Você não pode ter um relacionamento sem confiança. É por essa razão que a fé é tão importante para Deus. O que o relacionamento com Deus requer é acreditar, ter fé, confiar em Deus. Nós nos voltamos da nossa confiança autocentrada para a confiança centrada em Deus nestas boas-novas: de que Deus não condena, mas perdoa, e nos dá vida à medida que confiamos mais e mais nele.

Jesus transmitiu essa ideia central em sua última noite na terra:

> "Como eu os amei, vocês devem amar-se uns aos outros. Com isso todos saberão que vocês são meus discípulos [seguidores], se vocês se amarem uns aos outros [...]. *Creiam em Deus; creiam também em mim.* [...] Eu sou o caminho, a verdade e a vida. Ninguém vem ao Pai, a não ser por mim. Se vocês realmente me conhecessem, conheceriam também o meu Pai. Já agora vocês o conhecem e o têm visto. [...] O Pai, que vive em mim, está realizando a sua obra. [...] Digo-lhes a verdade: Aquele que crê em mim fará também as obras que tenho realizado".
>
> João 13.34,35; 14.1,6,7,10,12

O objetivo é o relacionamento — amar a Deus confiando em seu Messias, de modo que ele possa nos conduzir por seu Espírito para nos amarmos uns aos outros de um novo modo que reorienta os nossos pequenos mundos autoconsumidos. Jesus nos convida a esse profundo mistério sobre Deus. No centro do Universo está o relacionamento de amor de autoentrega entre Pai, Filho e Espírito, que querem continuar a expandir seu reino de amor por intermédio de todos aqueles que estiverem dispostos.

Sumário

As boas-novas sobre a sua parte

"Senhor, o Senhor ama Tom mais do que ele pode imaginar, e ele quer saber que pertence ao Senhor, agora e para sempre. O Senhor está aqui, conhece os nossos pensamentos mais profundos e nos ama assim mesmo. Ouça o coração do Tom.

Depois digo: "Tom, apenas diga isso a Deus com as suas palavras: '*Obrigado pelo Senhor me amar e pagar por todos os meus pecados. Eu quero o que Jesus fez por mim*'. [Em seguida faço uma pausa para que ele possa orar.]

" '*Senhor, venha e conduza a minha vida, ensine-me a amar os outros como o Senhor os ama*'. [Faço uma pausa novamente para deixá-lo orar e encerro a oração.]

"Obrigado, Deus, por atrair o Tom a si mesmo e por assegurar-nos de que por meio de Cristo nós nunca seremos condenados e que o Senhor jamais nos deixará. Agora ajude-nos a nos tornar mais e mais quem o Senhor nos criou para ser. Amém".

Depois sugiro o batismo como um meio de marcar publicamente a nova decisão e o encorajo a convidar amigos que não conhecem Cristo para ouvir sobre sua decisão. Eu o lembro de que ele entrou em um relacionamento, e o objetivo agora é crescer em confiança e fidelidade a Deus.

Orando com Tom

Depois de falar sobre a bondade de Deus e seu convite à Vida, eu quase sempre faço a pergunta que propus a Tom naquele dia: "Há alguma coisa que impede você de abrir o coração para Deus por intermédio de Jesus?". Você se surpreenderia com quantas pessoas dizem: "Não, não há nada?". Se elas disserem: "Sim — e quanto à evolução da raça humana?" ou se elas se prenderem a questões periféricas como: "Você realmente acredita que Adão e Eva existiram como pessoas reais?", tento ajudá-las a não focar essas questões tangenciais, mas antes de tudo a responder à questão "Quem é Jesus e como você se posicionará em relação a ele?". Tento dar a eles livros para ler ou mensagens para ouvir, mas também sugiro o seguinte: "Veja, se há um Deus que criou você, ele conhece de antemão todos os seus pensamentos. Então simplesmente peça honestamente para ele se revelar a você (mas esteja aberto para que ele aja nos termos dele, não nos nossos). Diga-lhe que, se ele existir, você quer conhecê-lo. Então veja o que ele faz — permaneça aberto". Tenho visto Deus cumprir sua promessa de modos maravilhosos: "Vocês me procurarão e me acharão quando me procurarem de todo o coração" (Jeremias 29.13).

Quando eu pergunto à pessoa se algo a está impedindo de abrir o coração para Cristo e ela responde: "Não, não há nada realmente me impedindo", então indago: "Você gostaria de orar comigo e abrir o coração para Cristo? Tudo o que ele quer é um coração humano e disposto". Se ela não quiser orar comigo, eu a encorajo a ir para casa e contar a Deus sua decisão. Em seguida, falo sobre como ela pode orar.

Eu sempre digo: "Não é necessário usar as palavras exatas; é para a atitude do seu coração que Deus olha". Depois de tudo, o ladrão pregado na cruz próxima a Jesus simplesmente disse: "Jesus, lembra-te de mim quando entrares no teu Reino" (v. Lucas 23.42). Foi o suficiente. Não há uma fórmula, porque se trata do coração.

Se a pessoa quiser orar comigo, eu lhe digo: "Eu vou orar e depois você pode fazer a mesma oração com suas palavras — simplesmente diga a Deus que você aceita o que Jesus fez na cruz no seu favor, para que os seus pecados sejam perdoados e para que o Espírito conduza a sua vida". Em seguida, oramos juntos.

Não há nada mais excitante na vida do que entrar na sala de parto divina e assistir a Deus trazendo nova vida ao coração humano, ciente de que você colaborou para a mudança de um destino eterno! Não deixe que o medo ou o egoísmo impeçam você de amar outra pessoa o bastante para ajudá-la a experimentar as maiores notícias da terra. Portanto, essas são as boas-novas. Alguns de vocês talvez estejam perguntando agora: "Mas e quanto às notícias?". Nós vamos considerá-las no capítulo seguinte.

QUESTÕES E AÇÕES

1. Reflita a respeito da seguinte questão: Você se sente preparado para explicar as boas-novas? Se não se sente, use o texto apresentado nas caixas deste capítulo para refletir sobre o que você poderia dizer às pessoas que estão buscando a fé.
2. Experimente realizar a seguinte ação: Ore por uma oportunidade de falar a alguém sobre as boas-novas de Cristo e, quando a oportunidade aparecer, seja corajoso esta semana. Se você estiver fazendo os exercícios deste livro com um colega de trabalho ou um vizinho, talvez o terreno esteja fértil para plantar essa semente.

Capítulo 9

O barro endurecido e o martelo da verdade

Cristo expulsando os mercadores do templo, El Greco (1570-1575)
Foto: Album / Art Resource, NY

Os MEUS AMIGOS Steve♦ e Karen♦ decidiram caminhar pelas ruas de Austin regularmente, orando para ver o que Deus queria que eles fizessem em sua cidade. Pessoas de todos os estilos de vida se reúnem no Congresso do Sul na primeira quinta-feira de cada mês para um festival de música na rua. Conforme Steve e seus amigos caminhavam pelas ruas lotadas de gente, com um monte de vendedores alinhados um depois do outro, eles se aproximaram de um grupo que proclamava: "O julgamento de Deus está chegando, e ele demonstrará sua ira contra todos os pecadores que não se arrependem. Você é um pecador — arrependa-se, ou irá para o inferno". Um homem daquele grupo segurava um folheto nas mãos. Steve pegou o folheto, agradeceu ao homem e explicou que eles acreditavam em Jesus como seu Salvador. O homem ficou tão aliviado em ouvir essas boas-novas que sua fisionomia mudou completamente.

Alguns vendedores se prostraram, e outro grupo interrompeu, dizendo: "Vocês estão perdidos e irão para o inferno, a menos que se arrependam dos seus pecados". Steve disse ao homem que ele já tinha entendido a mensagem e perguntou se eles estavam com o rapaz no quarteirão de baixo. "Oh não, eles não acreditam em nada do que nós acreditamos", e explicou as diferenças teológicas que põem seus grupos em conflito.

Steve e seus amigos continuaram a caminhar e orar, mas não alcançaram o quarteirão seguinte sem um terceiro e, depois, um quarto aviso, todos de diferentes grupos cristãos, dizendo que eles eram pecadores condenados por Deus e precisavam arrepender-se e confiar em Cristo; do contrário, enfrentariam julgamento. Steve tentou entregar os folhetos de uns para os outros, mas eles não quiseram pegar.

Mais tarde Steve me disse: "Nada do que eles disseram era teologicamente errado — tecnicamente —, mas eles simplesmente não agiam como Jesus fez no Novo Testamento".

Quando más notícias são boas

Jesus disse que os fariseus estavam "tecnicamente corretos" em termos doutrinários, mas esqueciam-se da essência do coração de Deus: "Obedeçam-lhes e façam tudo o que eles lhes dizem. Mas não façam o que eles fazem, pois não praticam o que pregam" (Mateus 23.3). Alguns cristãos acreditam que, para representar com precisão a mensagem do evangelho a um mundo caído, precisamos primeiro certificar-nos de que as pessoas entenderam as "más notícias" de que elas são pecadoras e estão condenadas e de que enfrentarão julgamento; do contrário, elas não sentirão necessidade de se arrependerem e confiarem nas "boas-novas" sobre Jesus salvando-as de seus pecados.[1]

Até aqui, vimos que a abordagem de Jesus para um mundo perdido e pecaminoso não começou pelas más notícias, mas ele realmente iniciava pelas notícias maravilhosas. Sem querer, esse "evangelho" das más-notícias-primeiro deixa as pessoas com uma mensagem que diz: "Se você aceitar Cristo, será agora salvo do inferno, mas ainda está condenado a empenhar-se duro, a fracassar e a tentar viver de modo que mereça a graça de Deus com base nos próprios esforços". Isso não leva as pessoas a confiarem plenamente em um Deus amoroso que conduz as pessoas e as transforma. Você percebe a ironia? Essa abordagem das más-notícias-primeiro gera um evangelho e uma vida de administração do barro! No entanto, há sim um tempo para as "más notícias".

[1] Li um livro que ironicamente tenta esclarecer o evangelho assumindo os capítulos de 1 a 4 de Romanos como o esboço do evangelho, embora Paulo não esteja ali compartilhando o evangelho com não cristãos, mas explicando a teologia aos cristãos romanos. O autor trata da condenação universal e da justificação, mas para um pouco antes de Romanos 7 e 8 — capítulos que trazem o significado das boas-novas — a parte "boa": Deus não nos condena em Cristo, liberta-nos de viver sob o jugo pesado da Lei e do esforço próprio, conduz-nos à vida que satisfaz a Lei, adota-nos como filhos, permitindo que o chamemos de "Pai", todas as coisas cooperam para o bem, livra-nos do temor da condenação, e nada pode nos separar de seu amor, para todo o sempre! Se paramos na justificação, ignorando a promessa do poder do Espírito para nos ajudar a viver a intenção da Lei, isso nos levará a um evangelho de administração do barro.

Nos encontros de Jesus, ele falava palavras duras. Só que nós precisamos entender o contexto e o momento em que ele fazia isso. Jesus falou sobre as "más notícias" a respeito do julgamento e do inferno, mas reservou as "más notícias" como aviso para aqueles que rejeitavam ou resistiam a seu bom convite. Algumas vezes o orgulho e a depravação humana endurecem de tal forma o barro sobre a obra-prima que a única esperança de restauração é lançar mão do martelo da verdade.

Jesus desafiava as massas. Ele fazia declarações provocantes e chocantes para diferenciar quem estava buscando verdadeiramente daqueles que não estavam, mas o martelo da verdade e avisos de julgamento normalmente vinham somente *depois* de repetida rejeição das boas-novas. As más notícias eram dirigidas ao coração endurecido! Essa era a abordagem de Jesus. Vamos dar uma olhada em como Jesus encontrou pessoas de coração endurecido e usou o martelo da verdade, e verificar que princípios podemos seguir quando encontrarmos com pessoas de coração endurecido. Primeiro, consideremos aqueles que persistem na incredulidade.

Palavras duras para a incredulidade persistente

Tendemos a pensar que as palavras duras de Jesus eram dirigidas à imoralidade de seus dias, embora somente duas vezes Jesus se refira ao pecado pessoalmente com alguém que ele tenha encontrado em seus dias na terra. Uma das ocasiões foi com a mulher flagrada em adultério: "Eu também não a condeno. Agora vá e abandone sua vida de pecado" (João 8.11). A segunda ocasião foi com um paralítico no tanque de Betesda que estava preso em uma maca havia trinta e oito anos. Jesus o curou e, mais tarde, quando o encontrou no templo, disse: "Olhe, você está curado. Não volte a pecar, para que algo pior não lhe aconteça" (João 5.14).

É estranho que, de todas as pessoas pecadoras que Jesus encontrou (ladrões, prostitutas, líderes religiosos mesquinhos), esse seja o único rapaz a quem Jesus disse "Pare de pecar", e esse rapaz era paralítico! Quanto pecado você comete se está preso a uma maca? Mas Jesus sabia algo sobre o coração daquele homem, que é a verdadeira questão do pecado que as pessoas ignoram. A raiz de todas as ações erradas é um coração que persistentemente se volta contra o Senhor e seus caminhos. O que as pessoas mais odeiam neste mundo vem de cada um de nós seguir o nosso caminho, acreditando que isso não é algo importante. É isso que nós precisamos abraçar plenamente e então ajudar as pessoas afastadas do Senhor a ver quando o pecado as está cegando.

Como você verá na Parte 2 deste livro, é essencial criar ambientes que os não cristãos podem frequentar em uma comunidade de amor cristã e investigar a fé, mas, ao mesmo tempo, não podemos esperar que aqueles que não são seguidores de Cristo ajam como tais! Como os cristãos devem lidar com os padrões resistentes de pecado dos não cristãos? Os encontros de Jesus nos dão orientação. Somente depois de persistente descrença é que ele os confrontava.

Como já vimos, Jesus travava o barro do pecado como estranho à obra-prima que ele queria restaurar. Desde que as pessoas respondessem à oferta de restauração, seu pecado não era mais um problema (lembre-se de que Jesus não fez nenhuma menção das práticas de roubo de Zaqueu, do pecado sexual da mulher no poço, ou do passado da prostituta, porque eles haviam se voltado para Deus e deixado isso para trás). Contudo, quando as pessoas tinham ouvido persistentemente as boas-novas da oferta de vida por Deus testemunhado demonstrações de amor, amabilidade e cura por parte de Deus, e ainda assim permaneciam endurecidas, recusando-se a acreditar, então Jesus as confrontava com palavras duras. Mas somente depois de persistente dureza de coração!

A primeira vez em que Jesus falou a não crentes com o martelo da verdade aconteceu depois de anos de ministério! Ele ensinou, amou, curou e exibiu sinais miraculosos durante dois anos, quando por fim: "[...] Jesus começou a denunciar as cidades em que havia sido realizada a maioria dos seus milagres, *porque não se arrependeram.* [...] Mas eu lhe afirmo que no dia do juízo haverá menor rigor para Sodoma do que para você" (Mateus 11.20,24). Apesar disso, mesmo com palavras duras de julgamento futuro, ele apresentou imediatamente a esperança de que alguém ainda se voltaria para Deus, e convidava as pessoas da multidão, dizendo: "Venham a mim, todos os que estão cansados e sobrecarregados, e eu lhes darei descanso" (Mateus 11.28).

Quando amamos e servimos e compartilhamos a nossa fé com os vizinhos e colegas de trabalho e com aqueles que não seguem Cristo, precisamos mostrar a mesma paciência que Jesus demonstrou. No entanto, descobri que, depois de meses ou anos ouvindo as boas-novas sem nenhuma atitude, uma pessoa talvez necessite do martelo da verdade para quebrar um coração endurecido que a impede de responder a Deus. Algumas vezes, as pessoas não verão, não importa o que façamos.

Quão grande é essa escuridão

Eu conseguia me relacionar com Jeff porque tínhamos muito em comum: ambos éramos engenheiros formados, ambos amávamos surfar e ambos tínhamos nos debatido intelectualmente antes de aceitar a fé, com a única diferença de que Jeff ainda lutava após um ano e meio ouvindo a mensagem e frequentando a igreja. Certo dia em um almoço, perguntei a Jeff se ele estava hesitando confiar em Jesus. Ele não entendia por que Jesus não era apenas um bom mestre e por que precisou morrer para perdoá-lo. Por que nós precisávamos de perdão? Ele queria algum sinal do Senhor antes de poder crer.

Eu o desafiei a ler *Cristianismo puro e simples* (para perceber sua necessidade) e ao mesmo tempo a começar a orar todas as noites para que Deus se revelasse a ele, mas nos termos de Deus, não de Jeff! Implorei que ele ficasse aberto ao modo de como Deus pode revelar-se às pessoas. Jeff concordou. Três meses depois, ele me procurou em um domingo depois que preguei uma mensagem sobre perdão.

— Isso é realmente estranho — Jeff disse. — Esta semana, tive um sonho com minha ex-esposa.

Sua ex-esposa tinha tomado a iniciativa de divorciar-se dele, o que o feriu profundamente.

— Foi um sonho vívido — Jeff continuou — e, no sonho, nós éramos amigos novamente. Mas o estranho é que, no dia seguinte, eu estava saindo da minha vaga do estacionamento na Congress Avenue e, quando levantei os olhos, lá estava ela! Eu não a via fazia mais de dois anos, e agora ela estava atravessando a rua bem na frente do meu carro. E admito: o meu primeiro instinto foi pisar no acelerador.

Pensei com os meus botões: *Oh, não, o meu primeiro assassino confesso.*

— Eu queria matá-la — Jeff continuou —, mas não a matei. E, então, neste final de semana, aqui está você falando sobre perdão. Não é uma coincidência estranha?

— Jeff — eu disse, provavelmente olhando atônito para ele. — Você não percebe? Deus está tentando mostrar a você alguma coisa sobre sua necessidade de perdoar e esquecer!"

Ele disse: — Não, eu acho que é apenas uma estranha coincidência.

Tentei convencê-lo de que Deus estava se revelando ao lhe mostrar que a mágoa e a falta de perdão o mantinham afastado de experimentar o amor de Deus. Ele precisava do perdão de Deus de modo que Deus pudesse ajudá-lo a perdoar e a ser curado e libertado. Ele não enxergava nada disso! Não muito tempo depois, ele parou de ir à igreja definitivamente.

Como um aviso

Em Lucas 10, Jesus enviou 72 de seus seguidores a diferentes cidades para anunciar as boas-novas. Mas veja o que Jesus disse no caso de as pessoas de uma cidade rejeitarem os discípulos e não responderem à mensagem: "Mas quando entrarem numa cidade e não forem bem recebidos, saiam por suas ruas e digam: Até o pó da sua cidade, que se apegou aos nossos pés, sacudimos contra vocês. Fiquem certos disto: o Reino de Deus está próximo" (v. 10,11). Nós não usamos essa linguagem hoje, mas chega um momento em que alguém de coração endurecido não responde, você fez tudo o que poderia fazer com toneladas de amorosa persistência e nesse ponto você precisa "sacudir o pó dos seus pés" e parar de tentar convencer essa pessoa. Do contrário, você se tornará apenas um gongo barulhento. Eles escutarão seu discurso, mas não desejarão ouvi-lo.

Isso não significa que nos tornaremos desafeiçoados ou condenatórios. Jesus repreendeu os discípulos que queriam fazer "cair fogo do céu" para destruir os samaritanos que o haviam rejeitado (Lucas 9.54,55). Ainda podemos ser amigos dessas pessoas, amá-las e servir a elas, mas daremos um último aviso e abriremos mão de falar sobre Jesus. Isso requer discernimento conduzido pelo Espírito para saber quando é tempo de avisar e recuar. Algumas vezes esse forte aviso abre os olhos dos ouvintes.

Joshua continuou a frequentar a nossa igreja por anos como jovem solteiro e reconhecidamente agnóstico. Nós criamos espaço para que pessoas como Joshua pudessem investigar Deus, mas o interesse real de Joshua, assim nos pareceu, era investigar mulheres. Depois de ouvir de várias mulheres solteiras com quem Joshua tinha sido agressivo, dando a entender que batia nelas e até mesmo passando a mão sob o vestido de uma delas, eu sabia que era hora de usar palavras fortes.

Eu disse a Joshua que nós o queríamos na igreja conosco, continuando a investigar a fé, mas seu comportamento agressivo com mulheres e seus avanços sexuais não seriam tolerados. Se ele estava disposto a ceder e parar de agir assim, poderia permanecer e continuar a investigar a fé; do contrário, ele não poderia permanecer na nossa igreja.

Eu realmente esperava que essa fosse a última vez que eu veria Joshua, mas, para a minha surpresa, Deus usou essa chacoalhada para acordar Joshua. Ele não somente se desculpou e parou de atingir as mulheres, como se tornou sério a respeito de buscar Deus e aceitar Jesus naquele ano.

Agora, passados quase oito anos, Joshua é seguidor fiel de Jesus e um líder na nossa igreja!

Para Jesus, a rejeição persistente a seu convite para a vida justificava palavras duras, na esperança de corações transformados. À medida que encontramos coragem para amar as pessoas que parecem paralisadas espiritualmente, o Espírito de Deus algumas vezes nos levará a falar palavras duras de aviso, na esperança de uma mudança radical de mentalidade e comportamento.

Palavras duras para os religiosos de coração endurecido

Jesus mirou a maioria de seus torpedos verbais com "más notícias" não em direção aos "pecadores", mas às pessoas religiosas. Se você estudar os encontros de Jesus cronologicamente,[2] durante os primeiros dois anos e meio de seu ministério, suas testemunhas registram Jesus falando palavras duras e de confronto apenas oito vezes! Em seis dessas oito ocasiões, Jesus dirigiu palavras duras aos fariseus ou religiosos que deveriam ter um conhecimento maior a respeito das coisas de Deus. Isso é significativo!

Jesus falou outras 22 palavras de confronto ou desafio durante o *último ano* de seu ministério. Metade delas era dirigida aos fariseus. Assim, 2/3 de todas essas palavras de confronto aconteceram no último ano, depois que as pessoas tinham ouvido as boas-novas, seguindo Jesus durante vários anos, testemunhando a cura divina e o poder doador de vida, e ainda assim permaneciam endurecidas. Jesus expandiu a confrontação depois de anos de convite persistente! Nós devemos tomar nota disso e seguir os caminhos de Jesus. Se ignoramos o tempo oportuno e o contexto, podemos facilmente compreender mal as palavras duras de Jesus como algo rotineiro a fazer em cada encontro. Esse não era o direcionamento de Cristo.

2 Usei a obra **Harmonia dos Evangelhos**, de Robert Thomas e Stanley Gundry (São Paulo: Vida, 2007), para estudar o ministério de Jesus cronologicamente nas pesquisas para este livro.

Jesus não hesitou em confrontar diretamente a dureza de coração dos líderes religiosos, que alegavam conhecer as Escrituras e obedecer a Deus. Mas por apenas duas vezes Jesus impôs sua vontade; em ambas as ocasiões, quando expulsou fisicamente os cambistas do templo no início e no final de seu ministério. Ao expulsar os cambistas, Jesus atacou a autoridade dos fariseus.[3]

Jesus confrontou os líderes religiosos que estudavam diligentemente as Escrituras, mas recusavam-se a vir e aprender com ele. Ele os avisou de que as palavras de Moisés que eles alegavam seguir seriam usadas para julgá-los no último dia (João 5.45)! Jesus sentiu-se irado com razão quando os fariseus se tornaram legalistas a respeito de tecnicidades quanto a certo e errado, embora não demonstrassem nenhum amor ou misericórdia por um perdido. O coração deles estava afastado do coração de Deus (Marcos 3.1-6; 7.5-8). Jesus trouxe à luz pecados secretos, o orgulho e a pretensão oculta que os cegava para a verdade e os tornava verdadeiros hipócritas (Mateus 15.1-20; João 8—9).

E, próximo ao fim, à medida que a dureza de coração dos fariseus se intensificava, Jesus confrontou-os diretamente, acusando-os de serem sepulcros caiados que pareciam lindos por fora, mas por dentro eram cheios de morte, arrotando ganância e autocomplacência. Ele os censurou por sobrecarregarem as pessoas com fardos impossíveis de carregar, sem estarem dispostos a levantar um dedo para ajudá-las; pelo contrário, pondo barreiras no caminho daqueles que queriam buscar Deus e entrar em seu Reino, batendo a porta na cara dos que tentavam se voltar para Deus e fazendo convertidos que se tornavam duas vezes mais filhos do inferno que eles próprios (Mateus 23).

Acusaram Jesus de estar possuído por demônios quando ele exibiu o poder sobre o mal, e avisou-os claramente:

---

3 Os cambistas vendiam animais para sacrifício e trocavam moedas romanas ou gregas pela moeda judaica, de modo que os adoradores que viajavam a Jerusalém pudessem comprar um animal para sacrifício e pagar a taxa do templo. Mas a ambição tinha distorcido o propósito original desse serviço em algo que usava a adoração a Deus como um meio de ganhar, roubar as pessoas e cobrar taxas de câmbio exorbitantes. Todas essas práticas estavam sob a responsabilidade e sob a autoridade dos fariseus (João 2).

> "Mas eu lhes digo que, no dia do juízo, os homens haverão de dar conta de toda palavra inútil que tiverem falado. Pois por suas palavras vocês serão absolvidos, e por suas palavras serão condenados".
>
> Os homens de Nínive se levantarão no juízo com esta geração e a condenarão; pois eles se arrependeram com a pregação de Jonas, e agora está aqui o que é maior do que Jonas".
>
> Mateus 12.36,37,41

Jesus avisou seus seguidores que estivessem alerta contra essa forma de religiosidade. Esse mesmo princípio aplica-se quando formamos as redes de cristãos para servir ao mundo, ou organizamos cursos, pequenos grupos ou reuniões na igreja, e começamos a ver os lobos religiosos vestidos de cordeiros rodando. Você encontrará pessoas que têm um belo discurso religioso, mas não caminham com Deus nem demonstram frutos do Espírito. Elas causam dano às pessoas e à missão de Cristo. Quando os vir, da mesma forma que Jesus fez, você precisa dirigir a elas palavras duras de confronto.

Estupro no namoro em nome de Jesus

Nós vivemos uma situação em que uma mulher se converteu a Cristo na nossa igreja, passou a participar de um pequeno grupo e começou a crescer; então encontrou um "homem cristão realmente bom" que falava muito sobre Jesus e a fé e por fim ganhou sua confiança para sair e jantar com ele. Ele pediu vinho para os dois, tiveram um jantar agradável e a próxima coisa da qual ela se lembra é dele forçando-a em seu apartamento.

Ela falou com seu líder de pequeno grupo, que seguiu o caminho prescrito por Jesus para lidar com acusações de pecado como essa (v. Mateus 18), e juntos confrontaram aquele homem. Ele negou tudo e disse que o sexo tinha sido consensual. Então o líder levou a questão a um dos membros da nossa equipe, que orientou espiritualmente o líder do pequeno grupo. Juntos confrontaram o homem novamente e descobriram que na verdade ele vinha de outra igreja.

Fazendo um rápido trabalho de detetive, a equipe não somente encontrou acusações similares na antiga igreja, mas mostrou um *website* ao qual esse homem estava vinculado. O *website* cobrava uma taxa para ensinar os homens a conseguirem fazer sexo com mulheres vulneráveis (incluindo usar a "pílula do esquecimento" e outras drogas para estupro no namoro).

Quando a nossa equipe o confrontou com os fatos, ele fez o que toda pessoa de coração endurecido que confrontamos normalmente faz. Ele negou tudo e ainda nos acusou: "Isso não é da conta de vocês! Vocês não são a igreja do tipo 'Venha como você está' ". A esse comportamento, eu sempre respondo: "Você pode vir à igreja como está — mas não carregando um taco de beisebol para bater na cabeça dos frequentadores. Quando o seu pecado fere outras pessoas, e você não está disposto a caminhar com Deus e conosco em prestação de contas, temos de amar a outras pessoas o bastante para protegê-las de você".

Ao recusar-se a seguir conosco prestando contas de seus atos ou recebendo aconselhamento sobre seu vício sexual, dissemos que ele não poderia mais frequentar as nossas reuniões, a menos que estivesse disposto a trilhar um caminho de restauração. A mulher prestou queixa, e ele fugiu.

O amor precisa ser duro

Quando aqueles que alegam seguir Cristo fazem coisas sem ética ou imorais que magoam outras pessoas ou a eles mesmos, precisamos falar a verdade em amor. Quando parece que eles persistem em sua dureza de coração, precisamos seguir as instruções de Jesus em Mateus 18.15-17, o que significa confrontá-los em amor para fazê-los voltar atrás, e, se eles se recusarem, trazer dois ou três para confrontá-los novamente em amor. Se ainda assim se recusarem, comunique isso à liderança da igreja. E, se eles permanecerem endurecidos, inste-os a deixarem a igreja até que concordem em trilhar um caminho de restauração. O objetivo de aumentar a confrontação com o martelo da verdade é quebrar a casca exterior de barro endurecido que o pecado e o orgulho constroem em torno das pessoas. Novamente, porém, o objetivo final é sempre a restauração.

Lembre-se de que, mesmo quando dirigia palavras duras aos fariseus que queriam matá-lo, Jesus oferecia vida. Ele os alertou, dizendo: "[...] está chegando a hora em que todos os que estiverem nos túmulos ouvirão a sua voz e sairão; os que fizeram o bem ressuscitarão para a vida, e os que fizeram o mal ressuscitarão para serem condenados. [...] Contudo, não pensem que eu os acusarei perante o Pai. Quem os acusa é Moisés, em quem estão as suas esperanças (João 5.28,29,45). No entanto, Jesus disse essas palavras duras "para que vocês sejam salvos" (João 5.34).

Nós tivemos líderes de pequenos grupos que descobriram abusos verbais ou físicos por parte de um marido em relação à esposa e aos filhos. Em um caso, o líder seguiu o exemplo de Jesus e confrontou o marido dizendo-lhe palavras duras em verdade e amor. Como resultado, o homem reconheceu seu problema, buscou aconselhamento e foi curado do abuso que tinha atravessado muitas gerações.

Algumas vezes o amor precisa ser duro. O amor não se senta para assistir às pessoas se autodestruindo ou causando danos aos outros, e o pecado sempre causa dano! Explico isso da seguinte maneira: Uma pequena molécula de água não pode causar muito calor, certo? Se eu jogar uma gota de água em você, não será grande coisa. Contudo, quando uma pequena molécula se junta a outra, e outra, a dinâmica cumulativa de todas essas pequenas moléculas juntas pode formar um *tsunami* que destruiria a população costeira de toda uma nação!

Quando falhamos em confiar nas palavras e na direção de Deus e preferimos dizer: "Eu sei o que é melhor, e fazer a minha vontade não prejudica ninguém", é como se estivéssemos dizendo: "Uma pequena gota de água não causa dano". No entanto, estamos ignorando a força destruidora cumulativa de um pequeno pecado após o outro e construindo uma dinâmica na sociedade até que vidas são destruídas. Ironicamente, ninguém jamais retrocede para localizar a minúscula gotinha de livre-arbítrio rejeitando a vontade de Deus.

Antes de dizer palavras duras, algumas vezes explico que o pecado equivale a autoabuso — trocar Deus, a Fonte da vida, por algo destrutivo. Trocar a alegria por um prazer passageiro e uma grande ressaca, trocar o amor altruísta por sexo com estranhos, trocar a verdadeira segurança pela busca eterna por mais. Deus odeia o pecado porque ama as pessoas. Ele odeia ver o pecado espalhar-se de pessoa para pessoa e de geração para geração como um *tsunami* em crescimento.

Palavras duras de discipulado

Então, como vimos, Jesus lançava mão do martelo da verdade para desafiar não crentes que insistiam na descrença, e ele confrontou religiosos de coração endurecido, mas ele também desafiou o último grupo com palavras duras — os aspirantes a discípulos. Àqueles que o seguiam, Jesus disse palavras desafiadoras à medida que ele se dirigia a Jerusalém em seus últimos meses na terra. Nós devemos guardar estas palavras duras no coração:

> "Se alguém quiser acompanhar-me, negue-se a si mesmo, tome diariamente a sua cruz e siga-me. Pois quem quiser salvar a sua vida, a perderá; mas quem perder a sua vida por minha causa, este a salvará. Pois que adianta ao homem ganhar o mundo inteiro, e perder-se ou destruir a si mesmo? Se alguém se envergonhar de mim e das minhas palavras, o Filho do homem se envergonhará dele, quando vier em sua glória e na glória do Pai e dos santos anjos".
>
> Lucas 9.23-26

É uma declaração radical! Eles sabiam que tomar a cruz significava ser capturados pelos romanos. Jesus diz: "Você quer seguir-me? Realmente?

Você quer ser grande? Quer realmente? Você quer fazer parte de uma ação amorosa bombástica que mudará o nosso mundo e durará por toda a eternidade? Tem certeza? Então, a cada dia, você terá de morrer para si mesmo e viver para mim. Você precisará *morrer diariamente*". Essa é uma prática diária que reorienta a maneira pela qual nos vemos e consideramos como a nossa missão na terra.

Se você se surpreender resistindo a falar aos outros sobre Jesus porque é do tipo que tem vergonha de ser considerado como "um daquele tipo de gente", ore: "Senhor, ajude-me a morrer para essa necessidade farisaica de aprovação. Ajude-me a amar as pessoas por não ter vergonha do Senhor, a verdadeira Fonte da vida!".

Jesus avisa a seus seguidores que essa não será uma tarefa fácil. As pessoas que o rejeitam rejeitarão você, e até mesmo seus familiares talvez o tratem como inimigo. A dureza de coração cega as pessoas. Apesar disso, precisamos ser fiéis e deixar o resto com Deus.

Não é você que eles estão rejeitando

Sentei do outro lado da mesa que Jake ocupava no sofisticado restaurante que ele tinha escolhido para o jantar. Jake e sua família já frequentavam a nossa igreja havia cerca de um ano. Tínhamos ido à casa deles várias vezes, e eu considerava Jake um amigo. Embora tivéssemos estabelecido numerosas conversas sobre a fé em Jesus, por que Jesus era mais que apenas um bom mestre, e como Deus tinha coisas boas guardadas para Jake e sua família, Jake ainda estava preso a uma amálgama de crenças budistas e do movimento Nova Era nas quais não há de fato certo ou errado, e até mesmo as coisas que chamamos de mal podem ser na verdade boas no final.

Finalmente entendi por que ele persistia nessas crenças que resistiam à ideia de que ele precisava da morte de Jesus na cruz para pagar por seus pecados: Jake usava cocaína e mais, muito mais, com sua babá de 21 anos de idade que vivia com eles.

Eu começara a amar realmente Jake, sua esposa e seus filhos, e me doeu muito pensar em toda a destruição e devastação que estava se erguendo como um vulcão silencioso abaixo da superfície de sua vida. Pensei nas palavras de Jesus: "A luz veio ao mundo, mas os homens amaram as trevas, e não a luz, porque as suas obras eram más. Quem pratica o mal odeia a luz e não se aproxima da luz, temendo que as suas obras sejam manifestas" (João 3.19,20). As crenças de Jake formavam uma dura casca em torno de seu coração endurecido que o impedia de enfrentar o martelo da verdade sobre o mal que ele estava praticando.

Eu o confrontei em amor, já que ele era um amigo e estava frequentando a nossa igreja regularmente. Disse-lhe que eu sabia o que ele estava fazendo. Ele negou tudo e então não fez caso das minhas palavras. Então eu o alertei sobre a destruição que eu havia testemunhado em outras famílias por causa do adultério. Ele parecia insensível aos meus avisos, de modo que aumentei a dose de confrontação para recordá-lo de que Deus vê e sabe tudo, e certo dia ele morrerá e se apresentará diante de seu Criador para prestar contas, e, se ele persistir em afastar Deus, Deus o abandonará para que ele siga a própria trilha. Mas isso significa separação eterna de tudo o que é bom. Eu lhe disse novamente que Deus estava disposto a perdoá-lo e guiá-lo, mas que ele precisava abandonar tudo isso e voltar-se para Deus.

Essa foi a última conversa que tive com Jake. Ele cortou a nossa amizade, mas eu senti que o amei ao fazer isso. Eu não segui o caminho da menor resistência — o que seria mais fácil ou mais conveniente para mim. Eu disse palavras duras, na esperança de que o meu amor por ele pudesse poupá-lo de muita dor, agora e eternamente. Ainda oro por Jake quando Deus o traz à minha mente, mas até onde sei ele ainda não voltou para Deus. É duro assistir a pessoas rejeitando a mensagem de salvação. Isso machuca! Mas nós precisamos lembrar-nos de que não se trata realmente de nós — é a Deus que elas estão rejeitando.

Alto custo, grande recompensa

O capítulo 10 de Marcos nos informa que, após três anos e meio com Jesus, em seu caminho para Jerusalém, os 12 discípulos começaram a brigar sobre quem merecia ser o maior! Jesus sabia que estava caminhando em direção à tempestade; os líderes religiosos agora tinham uma determinação infernal de crucificá-lo. Apesar disso, seus discípulos, como muitos de nós, estavam seguindo Jesus acreditando que ele poderia ajudá-*los* a ser bem-sucedidos. Eles queriam que Deus fizesse a vontade deles — e não juntar-se a Deus para cumprir a vontade de Deus! Desejavam ser grandes, importantes; queriam que sua vida tivesse valor. Não há nada de errado nisso. Você deve querer que a sua vida realmente faça diferença. Mas Jesus recorreu ao martelo da verdade para quebrar o revestimento plástico do sucesso vazio.

"[...] Quem quiser tornar-se importante entre vocês deverá ser servo; e quem quiser ser o primeiro deverá ser escravo de todos. Pois nem mesmo o Filho do homem veio para ser servido, mas para servir e dar a sua vida em resgate por muitos" (Marcos 10.43-45). Jesus não os criticou por querer ser grandes, ou desejar que sua vida tivesse significado, mas eles precisavam de uma reorientação para a verdade.

Qual é o caminho para sermos grandes? O mundo diz que a grandeza vem de mover-se para cima. Jesus diz: "Você quer ser grande — ótimo! Mova-se para baixo a fim de servir — melhor ainda, torne-se escravo dos outros! Aí sim você será realmente grande".

Nós, porém, não acreditamos realmente em Jesus. Essas são palavras duras.

Nós podemos até mesmo acreditar *no valor de Jesus*, mas não acreditamos que ele esteja *falando a verdade*. De fato, muitos de nós nem mesmo consideram que ele *talvez esteja* dizendo a verdade! Naquele dia único, quando seu Reino vier plenamente, os maiores por toda a eternidade serão aqueles que não se recusaram a servir a Deus para servir aos outros, nunca se envergonharam de Jesus ou de sua mensagem.

Na mesma viagem a Jerusalém, Jesus disse a seus seguidores:

> "Digo-lhes a verdade: Ninguém que tenha deixado casa, irmãos, irmãs, mãe, pai, filhos, ou campos, por causa de mim e do evangelho, deixará de receber cem vezes mais, já no tempo presente, casas, irmãos, irmãs, mães, filhos e campos, e com eles perseguição; e, na era futura, a vida eterna. Contudo, muitos primeiros serão últimos, e os últimos serão primeiros".
>
> Marcos 10.29-31

E se Bill Gates lhe dissesse: "Torne-se um servo no meu reino. Isso significa que você precisa abandonar alegrias e posses da sua vida atual; você não terá nenhum reconhecimento ou recompensa; será um trabalho duro e mal remunerado; às vezes, parecerá que ninguém percebe, que ninguém se importa; e as pessoas talvez o rejeitem e o subestimem por você ser meu servo. Mas, se você se tornar o maior servo no reino da Microsoft por cinco anos, eu o tornarei o maior na Microsoft. Você será como herdeiro adotado, compartilhando toda a glória destinada ao maior no meu reino".

Isso nós conseguimos entender — certo? Quem em sã consciência não se humilharia e não daria tudo para tornar-se um servo diante desse tipo de promessa? Você não está desistindo de tudo na realidade — está fazendo uma escolha sábia para *ganhar tudo*! Jesus nos prometeu algo muito maior que isso, embora não acreditemos! Nós não acreditamos que Jesus esteja falando a verdade.

Se acreditássemos, viveríamos para servir, e amar, e tornar Jesus conhecido por toda parte e por todas as pessoas: serviríamos aos colegas no trabalho, às nossas famílias, aos nossos vizinhos, convidaríamos enfaticamente as pessoas para a vida que Jesus oferece, morrendo para o eu que se preocupa com a aprovação dos outros, morrendo para a ambição que consome todo o nosso pensamento em obter mais do que em dar mais.

É aqui que o projeto de restauração de Jesus com frequência é adiado, mesmo por aqueles que alegam segui-lo. Então quero desafiar você a fazer uma oração de entrega: "Deus, abro as minhas mãos para servir ao Senhor e às outras pessoas, onde quer que eu esteja, com tudo o que possuo. Dê-me ousadia e coragem para servir não somente às necessidades físicas dos outros, mas também a suas necessidades espirituais à medida que eu os amo, sem a menor vergonha de convidá-los à verdadeira vida com o Senhor".

Com essa simples oração de disposição, Deus permitirá que você compartilhe a maior obra da História, e ele dará de volta muito mais do que você jamais entregou. Na seção seguinte, veremos como você e seus amigos podem se unir em redes para causar no mundo um impacto como Jesus causou.

QUESTÕES E AÇÕES

1. Reflita a respeito da seguinte questão: Você tem dificuldade em falar palavras duras quando elas são necessárias? Qual seria a coisa mais amorosa que você poderia fazer por uma pessoa? Que palavras duras você talvez precise ouvir?
2. Experimente realizar a seguinte ação: Se há alguém que você sabe que está paralisado, ore por coragem e vá até essa pessoa em amor para falar as palavras duras da verdade. Mostre a obra-prima que Deus quer revelar e peça que essa pessoa responda ao Senhor.

PARTE 2

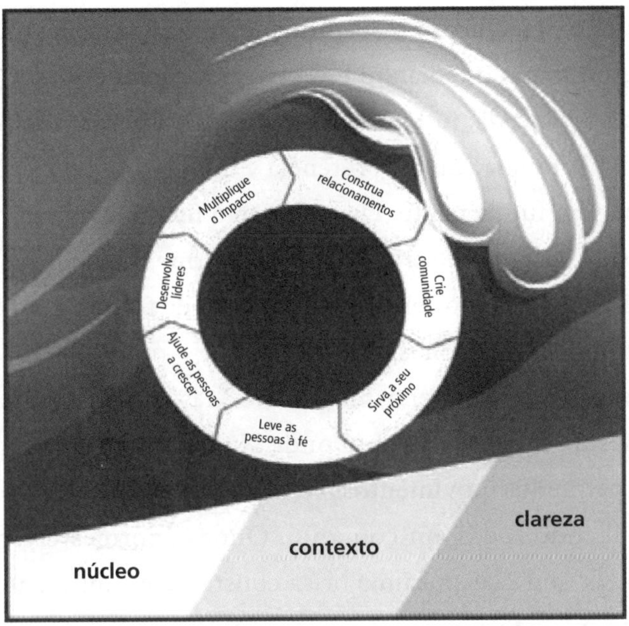

Onda de impacto

Em missão com Jesus

Eu amo ondas. Existe algo misteriosamente belo e majestático em uma onda. Cresci surfando e experimentei o poder inspirador dessa energia invisível rolando pelo oceano, criando um *playground* de adrenalina para nós, adolescentes. É fácil subestimar o poder de uma onda. Quando o meu sonho por fim se realizou e embarquei em uma viagem para o Havaí, eu estava determinado a surfar as famosas bancadas de recife sobre as quais eu tinha lido na revista *Surfer*.

Nunca me esquecerei de remar cerca de 300 metros até os recifes naquele primeiro dia. Quanto mais próximo eu ficava, mais percebia como tinha superestimado o tamanho e o poder daquelas ondas. Quando por fim alcancei a bancada, tudo o que eu conseguia pensar era como voltar vivo à praia! A minha súbita reverência e admiração pelo poder das ondas não era sem fundamento. Um tubo veio na minha direção (denominação do surfe para uma série de ondas enormes) e quebrou ao meio a minha prancha, deixando-me preso à bancada de recifes. Eu me vi orando a Deus, embora não acreditasse nele!

As ondas podem ter enorme poder! Mas o que faz uma onda poderosa? Mesmo uma monstruosa onda North Shore é, na verdade, feita de muitos pequenos movimentos circulares de minúsculas moléculas de água trabalhando todas em conjunto. Ondas enormes crescem de pequenas ondas causadas por uma brisa constante e consistente que mantém permanente a formação.

Cada pequena molécula de água não vai muito longe, mas, à medida que a onda se move pela água, a energia é transferida de uma molécula de água para a seguinte, avançando-se juntas em um movimento circular sob a superfície e permitindo que o poder e o impacto da onda aumente. Quanto mais longe o vento consegue movimentar-se por mais e mais moléculas de água, e quanto mais as moléculas de água trabalham juntas em um movimento circular crescente, maior é o impacto da onda.

E o que isso tem que ver conosco? Tudo! Eu creio que Deus deseja formar uma onda de enorme impacto neste mundo *através de você.*

Jesus certa vez descobriu a maneira pela qual o Espírito de Deus funciona como o vento: "O vento sopra onde quer. Você o escuta, mas não pode dizer de onde vem nem para onde vai. Assim acontece com todos os nascidos do Espírito" (João 3.8). O Espírito de Deus é semelhante ao vento que sopra no coração daqueles que estão dispostos a seguir Jesus. Se nós seguirmos a direção do Espírito, pequenas ondas de simples investimentos, serviço, crescimento e trabalho compartilhadas, vida sobre vida, poderão formar uma enorme onda de impacto. Deus pode começar uma onda de efeito que parte de você e de um pequeno grupo de amigos para mudar a vida de milhares.

....

Uma vez que o nosso coração está limpo e mantém uma atitude mental semelhante à de Cristo em relação às pessoas que encontramos, é hora de sair em missão com Jesus. Enquanto a Parte 1 deste livro analisava a *atitude* de Jesus, a Parte 2 se concentrará nas *ações* de Jesus quando ele enviou as pessoas em sua missão para encontrar e restaurar o mundo à sua volta.

Independentemente do estilo da igreja que você está frequentando agora, você pode fazer parte de começar algo que impacta o mundo ao seu redor. Tudo o que precisa é de alguns amigos dentro da igreja que adotem os princípios sobre os quais temos conversado e estejam dispostos a sair em missão com Jesus e uns com os outros.

Vamos caminhar juntos pela formação de uma rede de pessoas que servem, crescem e alcançam o mundo com o mesmo impacto que Jesus teve. O diagrama da onda de impacto (a figura no início deste capítulo) servirá de moldura para os capítulos da Parte 2. A rede começa pequena, com um grupo nuclear comissionado de pelo menos três participantes. A partir daí veremos como o pequeno grupo nuclear pode começar a entender seu *contexto*, orar por uma *clareza* mais focada (a visão de quem ama e serve) e encontrar formas de começar a construir uma dinâmica relacional com os vizinhos, os colegas de trabalho ou as pessoas que Deus puser no seu coração.

Nós veremos como Jesus construiu momentos relacionais indo a festas, atendendo a necessidades e criando uma comunidade de amor inclusiva. Ele então capacitou e enviou 70 seguidores para realizarem o ministério que ele estava praticando. Você lerá histórias de redes ao redor do Globo, as quais, ao fazer esses pequenos movimentos repetidamente, têm se transformado em ondas de impacto de 25 a 70 pessoas envolvidas relacionalmente, que crescem em pequenos grupos e servem àqueles ao redor; e muitos dos que foram servidos começaram a seguir Jesus como parte daquela rede.

Falaremos sobre os três elementos de contato de que a maioria das pessoas precisa no nosso mundo pós-cristão para encontrar a fé: fazer amizade com uma pessoa semelhante a Jesus, encontrar uma "tribo" de cristãos que eles apreciem e ter um espaço de aprendizagem do tipo "Venha como você está". Com a interseção desses três elementos, que as redes podem criar juntas, você ficará surpreso com quantas pessoas afastadas do Senhor começam a segui-lo e a servir com você. Você perceberá isso nas várias histórias relatadas aqui de várias partes do mundo.

Analisaremos o plano subjacente de Jesus para o desenvolvimento de vida, demonstrado em crescer e capacitar aqueles que conduziriam o movimento chamado igreja. Você desenvolverá a visão de como a sua vida pode causar impacto em milhares, simplesmente investindo um pouco de tempo e energia, da mesma forma que Jesus fez. E, por fim, veremos como nos reunir para adoração e ensino pode acelerar essa onda de impacto para trazer à luz novas redes. Você ficará maravilhado com o que Deus pode fazer por meio disso. Para começar, conheça Bryan e Amy, uma família *Brady Bunch* com seis crianças, duas carreiras e nenhum plano para fazer alguma coisa extraordinária, mas Deus tinha os melhores planos para eles — exatamente como ele tem para você!

Capítulo 10

Pessoas comuns fazendo coisas extraordinárias

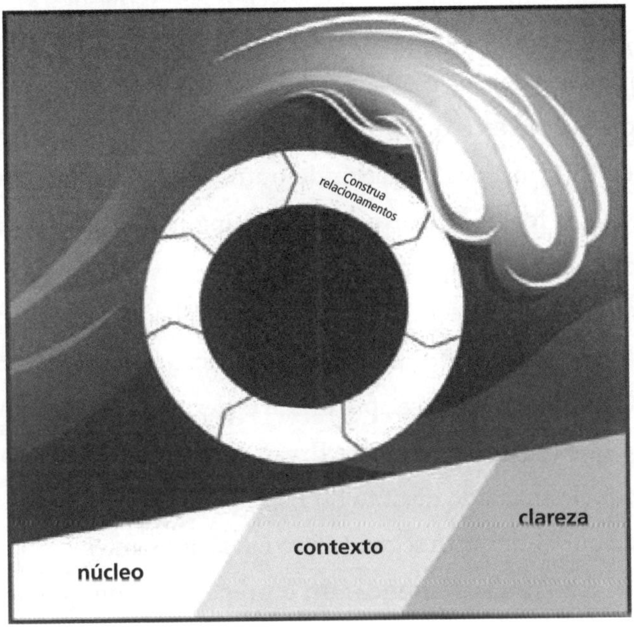

Onda de impacto

BRYAN STALLINGS♦ SENTOU-SE na loja em que era gerente, perdido em seus pensamentos. Não era o negócio de telefonia que ocupava sua mente. Ele e Amy♦ estavam casados havia apenas quatro anos e já tinham o suficiente com que se preocupar — duas carreiras profissionais, seis filhos de casamentos anteriores e uma negociação diária de um estilo de vida inspirado em *Brady Bunch*.[1] *Será que conseguimos ir além disso, Senhor?* Bryan orou silenciosamente.

Ele e Amy concordavam em que era preciso fazer alguma coisa. Ambos haviam tentado participar de atividades ministeriais em uma igreja do Missouri que eles frequentavam havia algum tempo, mas tinham a sensação de que a vida deles estava perdida para o ministério, e era melhor deixar tudo aos cuidados dos profissionais. Eles poderiam ser voluntários no balcão de informações ou servir de outras maneiras, mas o ministério de verdade exigia formação e experiência. Ninguém disse especificamente essas palavras, mas eles captaram a mensagem.

Foi quando isso começou. Eles tinham trabalhado como voluntários alguns anos antes, ajudando no jantar do Dia de Ação de Graças para os pobres da cidade. Quando o feriado se aproximou e eles não conseguiam encontrar o ministério que organizava o jantar, Bryan recebeu um aviso: *Você oferece o jantar*. Era aquele chamado distinto do Espírito Santo que ele passara a reconhecer desde que começou a seguir Cristo cinco anos antes.

Bryan e sua família responderam e prepararam um jantar com peru para 50 pessoas que compareceram, mas eles não esperavam a armadilha em seu coração quando conheceram pessoalmente o drama daquela gente. A imensa gratidão demonstrada pelas pessoas, combinada com histórias dolorosas de famílias procurando no lixo alimento para seus filhos, tomou-os de surpresa. Aquelas pessoas passavam despercebidas pela sociedade, vivendo na rua e fazendo bicos na cidade.

[1] Uma referência à série de comédia norte-americana de mesmo nome, transmitida na década de 1970, que descrevia o cotidiano de uma família em que pai e mãe tentavam administrar juntos os filhos de casamentos anteriores. [N. do T.]

Naquele dia na empresa telefônica, Bryan ligou para Amy, e ambos decidiriam que precisavam fazer mais. A família preparou refeições para aquelas 50 famílias e as entregou naquela semana. Nas semanas seguintes, eles ouviam cada vez mais: "Somos muito gratos a vocês! Vamos dividir esta refeição com outras duas famílias que também estão passando necessidade". Com esse simples passo de fé em obediência ao Espírito de Deus, Bryan, Amy e seus filhos logo se viram preparando 150 refeições por semana conforme a notícia se espalhou.

A família de Bryan descobriu que era muito gratificante não apenas satisfazer as necessidades físicas, mas, ao fazer amizade com essas pessoas esquecidas, eles descobriram Deus fazendo algo no coração deles — fazendo-os crescer espiritualmente. A notícia se espalhou, e mais refeições se fizeram necessárias. Bryan e Amy começaram a selecionar outros para se juntarem ao serviço, e, depois de um ano, Jesus tinha multiplicado aquela primeira refeição, tal como fizera na multiplicação dos peixes e dos pães, em 11 mil refeições preparadas e entregues com amor pelos muitos voluntários que eles haviam recrutado.

Quanto mais Bryan e Amy conheciam aquela gente pobre, mais eles viam pessoas comuns e batalhadoras; muitos tinham interesse real em Deus, mas achavam que as igrejas iriam apenas julgá-los. Bryan leu o livro *Proibida a entrada de pessoas perfeitas* e teve uma visão para atender às necessidades espirituais tanto quanto às necessidades físicas. Eles começaram uma discussão espiritual "investigativa" com aquele povo, mostrando e discutindo pequenos vídeos curtos. Não demorou para que as pessoas se amontoassem para conversar a respeito.

Bryan e Amy começaram a frequentar o nosso *campus* na internet e perceberam que o nosso culto de domingo poderia criar um espaço de aprendizagem do tipo "Venha como você está" para as pessoas a quem eles serviam. O fundo da sala de uma lanchonete rapidamente se tornou o local onde eles se encontravam para o café da manhã, e o culto de domingo da Gateway era exibido em um telão para mais de 40 pessoas que mostravam a cada mês um crescente interesse espiritual.

Por volta do segundo ano, sua base de voluntários alcançara 70 pessoas servindo 20 mil refeições por ano! Um dos voluntários, Scott, emprestou sua bicicleta para que um sem-teto pudesse ir a uma entrevista de emprego. A bicicleta passou pela mão de várias pessoas antes de retornar ao proprietário. Percebendo que sua bicicleta tinha rodado cerca de 70 quilômetros, Scott sentiu o aviso de Deus para atender a essa necessidade de transporte. Bryan e Amy convidaram igrejas a doarem bicicletas usadas; logo, 30 bicicletas tinham sido doadas e estavam circulando entre os sem-teto, provendo o tão necessário transporte.

Nesse meio-tempo, Amy ainda trabalhava para uma empresa de turismo, e Bryan gerenciava a companhia de telefonia celular, mas o ministério do casal continuava crescendo. Amy diz olhando para trás: "Eu me sentia compelida a migrar para um emprego de meio expediente, de modo que pudesse dedicar mais tempo a usar meus dons organizacionais no serviço que denominamos 'Jesus Era um Sem-Teto'. Eu provavelmente nunca abandonaria totalmente o meu emprego, mas, quando chegou a hora dos cortes, os primeiros a serem despedidos foram os que trabalhavam no regime de meio expediente. Agora posso ver que Deus estava preparando um meio de expandir o nosso serviço".

Com Amy agora capaz de dedicar tempo integral a seus filhos e ao ministério Jesus Era um Sem-Teto, Deus providenciou outro milagre. Um edifício se tornou disponível, livre de aluguel, e ali eles puderam abrigar uma rede de voluntários que semanalmente preparava refeições em uma única "cozinha", o ministério das bicicletas em um local que eles chamaram de "garagem" e providenciaram uma "sala de estar" com espaço para realizar uma reunião semanal aos domingos com pessoas que estavam investigando a fé — ou seja, um lar espiritual para os sem-teto! Bryan e Amy têm visto a igreja emergir da cultura esquecida dos sem-teto; muitos estão buscando a fé, servindo aos outros e conectando-se a grupos menores para crescer profundamente nos caminhos de Cristo. Tudo isso começou com um único passo de fé, seguindo o Líder.

Siga o líder

Nas últimas vezes em que Jesus apareceu a seus seguidores após a ressurreição, ele autorizou esse diverso grupo de pescadores, cobradores de impostos, ex-prostitutas e 120 outros a fazerem coisas extraordinárias *por meio de seu poder*! Jesus lhes disse:

> "Foi-me dada toda a autoridade nos céus e na terra. Portanto, vão e façam discípulos de todas as nações, batizando-os em nome do Pai e do Filho e do Espírito Santo, ensinando-os a obedecer a tudo o que eu lhes ordenei. E eu estarei sempre com vocês, até o fim dos tempos".
>
> Mateus 28.18-20

Não pense nem por um minuto que Jesus esperava que aquele grupo de 120 pessoas conseguiria ajudar todas as nações do mundo a seguir seus ensinamentos naquela geração. Ele pretendia capacitá-los a capacitar outros, que capacitariam outros, de acordo com o exemplo que ele tinha dado. E a tocha seria passada vida após vida até chegar a você e aos seus amigos cristãos.

Você já considerou que Jesus espera plenamente que você, como seguidor dele, faça as mesmas coisas que ele fez? Você percebe que pode fazer discípulos (aprendizes e seguidores de Jesus) conduzindo-os à fé e batizando-os? E você realmente sabe que pode ensinar os outros, especialmente aqueles que você conduz à fé, a observar todas as coisas que Jesus ordenou?

Jesus não encarregou profissionais para conduzir os outros à fé e ensiná-los a seguir plenamente Jesus; ele encarregou todos os seus filhos de participarem da restauração da família. Eu sei que você talvez não se sinta "bem" em fazer essas coisas como um cristão comum, imperfeito, mas não fui eu quem disse isso — foi Jesus.

Você pode fazer todas as coisas. Sabe por quê? Porque toda a autoridade foi dada a Jesus... e ele está sempre com você! E não cabe a você! Cabe a ele. Não é pelo seu poder, mas pelo poder dele. Não é pela sua capacidade, mas pela capacidade dele. É disso que você precisa lembrar-se o tempo todo. Quando o Jesus ressurreto apareceu a seus seguidores em Jerusalém, anunciando o Espírito prometido, ele disse: "Mas receberão poder quando o Espírito Santo descer sobre vocês, e serão minhas testemunhas em Jerusalém, em toda a Judeia e Samaria, e até os confins da terra" (Atos 1.8). Deus tem feito coisas extraordinárias por meio de pessoas comuns há 2 mil anos porque seu Espírito está sempre conosco e nos dá poder ao longo do caminho.

Jesus espera fazer o mesmo por meio de você. A única questão é se você acredita nele e se confia nele para fazer *nesse poder divino* o que você nunca conseguiria fazer sozinho. Isso não será confortável ou fácil. Você terá de expandir a sua fé, mas experimentará a descarga de adrenalina e a intimidade com Deus que só vêm pela colaboração com o Senhor da colheita. Você não precisa mudar de emprego, cursar um seminário ou mudar-se para outro continente para encontrar o campo de "missão". Você apenas precisa erguer os olhos e ver o que Jesus vê.

Logo depois que Jesus ajudou a mulher no poço de Jacó a encontrar a fé e a prova da água viva, os discípulos retornaram do almoço com um lanche. "Mestre, come alguma coisa", eles insistiram. "Tenho algo para comer que vocês não conhecem", Jesus respondeu (v. João 4.31,32).

Eu sinto que precisamos de um intervalo comercial em defesa da maturidade cristã aqui. Tenho ficado chocado ao longo dos anos com o número de cristãos que vêm e vão à nossa igreja, querendo fazer parte de uma igreja que realmente faça diferença no mundo, mas então ficando frustrados e briguentos porque sentiram que precisavam *ser alimentados* por um tipo particular de ensino e que *eles precisavam* de mais adoração em um estilo que mais lhes agradasse. Apesar disso, eles não serviam com seus dons, não ajudavam outros a encontrar a fé, nem ensinavam os outros a observar todos os mandamentos de Jesus. Isso não é maturidade; é, ao contrário, a imaturidade de um adolescente espiritual. Receio que as nossas igrejas fiquem presas na adolescência espiritual.

Nós precisamos aprender as Escrituras, precisamos adorar juntos, mas em algum momento (normalmente dentro de alguns anos) o crescimento espiritual fica atrofiado se você não aprender a comer o alimento espiritual que Jesus comia:

> Disse Jesus: "A minha comida é fazer a vontade daquele que me enviou e concluir a sua obra. Vocês não dizem: 'Daqui a quatro meses haverá a colheita'? Eu lhes digo: Abram os olhos e vejam os campos! Eles estão maduros para a colheita. Aquele que colhe já recebe o seu salário e colhe fruto para a vida eterna, de forma que se alegram juntos o que semeia e o que colhe".
>
> João 4.34-36

Jesus oferece a você um convite para participar de sua obra, colhendo frutos que serão mais recompensadores do que qualquer coisa que você tenha sonhado alcançar até agora, porque isso dura para sempre! Tudo isso talvez o apavore porque você se sente inadequado, e, se esse é o caso, ótimo! É exatamente aí que Deus quer que você esteja — em total dependência dele. Como o Senhor disse a Paulo: "Minha graça é suficiente para você, pois o meu poder se aperfeiçoa na fraqueza" (2Coríntios 12.9). Então, em vez de fugir da fraqueza, do desafio ou mesmo da perseguição, Paulo as saudava com alegria como uma lembrança de extrair força do Senhor: "Pois, quando sou fraco é que sou forte" (v. 10). Então mantenha as coisas simples. Era assim que Jesus agia.

Na noite antes de sua crucificação, provavelmente caminhando pelo Getsêmani, Jesus pegou nas mãos um galho e disse: "Rapazes, vocês veem este galho? Um galho não precisa esforçar-se para dar fruto; ele simplesmente permanece conectado à videira, e o fruto cresce naturalmente. Eu sou a videira; vocês são os galhos. Se vocês simplesmente permanecerem conectados a mim, darão muito fruto. Longe de mim, vocês não podem fazer nada!" (João 15.5, paráfrase nossa). Jesus tem toda a autoridade. Ele está sempre conosco por meio de seu Espírito. À medida que nós simplesmente aprendemos a prestar atenção naqueles avisos silenciosos no nosso coração para fazermos sua vontade e participarmos na obra de seu Reino, produziremos muito fruto. Jesus produzirá vitalidade espiritual dentro de nós e uma onda de impacto no mundo por meio de nós.[2]

Portanto, lembre-se de que você não está fazendo isso sozinho. Jesus conduzirá e guiará você porque se trata da obra dele. E ele quer que você faça essa obra com outras pessoas. Assim, a primeira coisa sobre a qual orar e pedir ao Senhor da colheita é: "Leve-me àqueles que o Senhor comissionou para fazer sua obra comigo".

Desenvolva um núcleo comissionado

Quando Jesus comissionou primeiro os 12 discípulos e depois outros 70 seguidores e os enviou para fazer exatamente o mesmo ministério que ele vinha realizando, ele os enviou em duplas. O pequeno grupo de Jesus formou um sistema de apoio conforme eles passavam de uma temporada de capacitação para uma temporada de ministério. Quando você sair em missão com Jesus, será importante desde cedo encontrar um grupo comissionado de três ou quatro outros cristãos que trabalhem com você.

Juntos, usando seus diversos dons, vocês podem começar a construir uma rede de pessoas que podem servir aos outros e fazer crescer uma vibrante comunidade cristã da cultura à sua volta. Isso pode acontecer, não importa qual igreja você frequenta. Você e alguns poucos amigos podem começar a ser uma igreja para o mundo. É isso o que eu espero ajudar você a perceber nos capítulos restantes deste livro.

2 Se você está confiante sobre manter-se conectado, ouvir e seguir seu Espírito a todo momento, eu escrevi a obra *Revolução da alma: como pessoas imperfeitas se tornam tudo o que Deus planejou* para ajudá-lo a fazer a única coisa que Jesus disse ser mais importante que todas as outras.

Você não pode fazer isso sozinho. Então, comece a orar e a falar com outras pessoas sobre a sua igreja ou o seu grupo cristão, mantendo o seguinte em mente:

> Assim como cada um de nós tem um corpo com muitos membros e esses membros não exercem todos a mesma função, assim também em Cristo nós, que somos muitos, formamos um corpo, e cada membro está ligado a todos os outros. Temos diferentes dons, de acordo com a graça que nos foi dada. Se alguém tem o dom de profetizar, use-o na proporção da sua fé.
>
> Romanos 12.4-6

Deus ainda tem um Corpo por meio do qual ele pode realizar sua obra, e cabe a você e a outros dispostos a ouvir e a responder ao cabeça do Corpo, que é Jesus (Efésios 4.15,16). Olhe à sua volta em busca de cristãos que tenham compaixão e visão para alcançar um mundo perdido e ferido.

Imagine que você possa reunir um pequeno grupo e que vocês comecem a se encontrar e a orar: "Senhor, envie-nos para o seu campo. Mostre-nos as necessidades físicas e espirituais que o Senhor vê. Leve-nos a ser o seu Corpo fazendo a sua obra juntos". E imagine esse núcleo crescendo à medida que vocês servem às pessoas ao redor; organizam festas e convidam aqueles com quem trabalham ou que vivem próximo à sua residência; criam espaços de aprendizagem do tipo "Venha como você está", nos quais as pessoas possam investigar a fé; ajudem os outros não apenas a seguir Cristo, mas também a descobrir seus dons e a empregar esses dons para que todos trabalhem juntos como um Corpo amoroso!

Imagine pequenos grupos sendo formados para ajudar as pessoas a crescer na fé intencionalmente, desde o início da descoberta da fé até que se tornem seguidores plenos de Cristo. Imagine um dia em que de 50 a 70 pessoas se sintam como uma única família estendida, muitas já convertidas, algumas ainda no processo, outras se reunindo como cristãos comissionados, e vocês todos juntos testemunhando o Jesus que muda o mundo ao redor, vida por vida por vida! Parece impossível? "Todas as coisas são possíveis para Deus" (Marcos 10.27).

Quando você encontrar outros cristãos potencialmente comissionados, compartilhe com eles essa visão e desafie-os a se encontrarem durante seis semanas para falar e orar sobre saírem em missão com Jesus e uns com os outros. Vocês talvez decidam ler este livro juntos e discutir os próximos passos de cada capítulo. Em seguida, podem explorar juntos as contribuições de cada um.

Você sabe quais são os seus dons? "Irmãos, quanto aos dons espirituais, não quero que vocês sejam ignorantes" (1Coríntios 12.1). Deus não quer que sejamos ignorantes a respeito dos dons que ele nos deu, mas a verdade é que alguns de nós realmente não sabem o que eles significam. Você precisa ajudar os outros a descobrir e empregar seus dons. Façam juntos uma avaliação dos dons espirituais e falem sobre os dons únicos que Deus tem concedido a cada um, as experiências de vida que vocês podem compartilhar (tanto as experiências positivas quanto as negativas se tornam ferramentas de restauração nas mãos do Mestre), e as coisas pelas quais vocês são apaixonados. Nós descobrimos que vários papéis precisam ser preenchidos para uma rede saudável emergir da cultura.

Em primeiro lugar, um líder de rede será em geral uma pessoa com dons de liderança, ou apostolado (como um empreendedor espiritual que gosta de iniciar coisas novas). Você pode ser o catalisador que Deus usa para construir a equipe nuclear comissionada, mas talvez você não tenha a melhor combinação de dons para liderar a rede no longo percurso à frente. Ore por aquela pessoa que normalmente se destaca em posições de liderança nos negócios, ou tem visão empreendedora para vislumbrar as possibilidades futuras, ou liderança organizacional para ajudar uma equipe a trabalhar em conjunto. Deve ser alguém que se saia bem tanto em divertir quanto em orientar um grupo de 20 a 50 pessoas. O papel do líder de rede ao longo do percurso será manter a visão fresca, autorizar e liderar um grupo nuclear menor para ajudar cada seguidor de Cristo na rede a se conectar para crescer, e ser capacitado a usar seus dons para servir.

Um líder de pequeno grupo terá outro papel necessário, quando quiser se conectar a pessoas em contextos de pequenos grupos de 3 a 12 pessoas a fim de capacitá-las a seguir Cristo e eventualmente desenvolver outras pessoas do ponto de vista espiritual. As pessoas com os dons de pastorado (dons pastorais) ou ensino, e os dons secundários de liderança ou administração (capacidades organizacionais) são as mais adequadas para desempenhar esse papel, embora outras combinações de dons também possam encaixar bem. O líder de pequeno grupo ajudará cada pessoa a se conectar a seu pequeno grupo para crescer espiritualmente e, em seguida, a desenvolver seguidores de Cristo que possam conectar-se a outros e desenvolvê-los de um modo multiplicador à medida que a rede se expande.

Você desejará que alguém preencha o papel de líder servo. Uma vez que a rede deve funcionar como o Corpo de Jesus, servindo tanto às necessidades espirituais quanto às necessidades físicas do mundo, o líder servo ajudará novas pessoas a descobrir seus dons e a se manter ligadas a oportunidades de serviço. Uma vez que essa pessoa irá capitanear a causa de mobilizar o Corpo para servir, a seguinte combinação de dons funciona bem nesse papel: alguém com dons de misericórdia (uma pessoa que busca apaixonadamente a justiça para os marginalizados ou oprimidos), ou dons de evangelismo (alguém que anseia por ver aqueles que estão afastados do Senhor servidos, amados e informados sobre a graça de Deus), ou dons de administração (uma pessoa com capacidade organizacional para ajudar as pessoas a descobrir seus dons e a coordenar projetos de serviço bem organizados).

Outros papéis emergirão à medida que a rede crescer, como alguém para conduzir a adoração e alguém que é do tipo conector/anfitrião que dá as boas-vindas aos visitantes, conecta as pessoas umas às outras e coordena a comunicação à medida que a rede cresce. Mas um líder de rede, um líder de pequeno grupo e um líder servo devem formar minimamente o núcleo comissionado. Se um desses não for você, ore para que o Senhor traga outros ao núcleo que possam preencher esses papéis.

É importante que esse grupo nuclear não somente seja dotado de dons adequados a esses papéis, mas tenha caráter espiritual como Paulo destacou a Timóteo quando o apóstolo estava construindo uma equipe de pessoas para fazer surgir uma igreja culturalmente contextualizada (1Timóteo 3).[3]

Interprete seu contexto

Gregg♦ e sua esposa, Helen,♦ olharam para o céu noturno nos campos australianos em reverência a Deus. Seus vizinhos tinham acabado de deixar uma agradável noite de conversa em que parecia que o Espírito de Deus os

3 Aqui está um sumário das qualificações espirituais e uma descrição de perfis para os líderes que usamos com base em 1Timóteo 3:

Qualificação	Descrição
Dignos de respeito	Eles devem ter exibido uma vida que demonstre que são respeitados no trabalho, na família e na igreja. Outras pessoas reconhecem seu estilo de vida e demonstram respeito por eles.
Falam com integridade	Suas palavras são verdadeiras, e eles não são afeitos a exageros. A igreja estaria disposta a ter pessoas assim falando por ela e representando-a oficialmente.
Livres de vícios	Seu estilo de vida não exibe nenhum padrão de vício que os prejudique ou cause danos espirituais à igreja.
Sinceros nos relacionamentos	Eles têm provado ser dignos de confiança ao lidar com os outros, seja nas interações pessoais, seja nas relações profissionais, seja nos relacionamentos na igreja.
Obedientes à Palavra de Deus	Buscam diariamente saber mais, compreender e obedecer à Palavra de Deus.
Irrepreensíveis	Procuram sempre tomar o caminho mais elevado na vida e não deixar espaço para dúvidas ou censuras.
Servos fiéis	Eles têm assumido responsabilidades dentro da igreja e demonstrado um padrão e um histórico de serviço fiel.
Dispostos a assumir responsabilidades	Eles estão dispostos e preparados para aceitar a responsabilidade de conduzir e desempenhar os deveres requeridos para representar a igreja ao servir nessa posição.

tinha incendiado. Gregg pensou no modo miraculoso pelo qual seu grupo tinha sido formado. Sua filha lhe deu o livro *Revolução da alma* para ler, e, enquanto ele fazia a experiência de permanecer em Cristo por sessenta dias, Deus lhe deu uma ideia: "Convide os seus vizinhos do outro lado da rua e mostre a eles o culto da Gateway na internet, e então conversem a respeito".

Eu sou um criador de porcos, não um pastor, Gregg pensou. Mas ele também reconheceu que seus vizinhos, todos vivendo em enormes ranchos no sul da Austrália, não tinham nenhuma igreja ou comunidade. Então Gregg decidiu agir. Dez ou mais vizinhos estavam se encontrando havia meses, crescendo espiritualmente de maneiras que eles nunca tinham experimentado. A mensagem naquele dia pedia para as pessoas olharem ao redor do mundo que Deus lhes havia concedido e perguntarem: "Senhor, o que o Senhor vê? O que o Senhor quer realizar? O que devemos fazer em relação a isso?".

Depois de assistir ao culto, o grupo começou a falar sobre as necessidades que os rodeavam. Gregg mencionou a prisão e como ele tinha estado visitando os prisioneiros e distribuído exemplares do livro *Revolução da alma*. Alguém disse: "Eu tinha vontade de começar no meu rancho um acampamento para crianças com problemas. Só que eu nunca agi nessa direção". Gregg mencionou os filhos dos prisioneiros e como eles precisavam de apoio.

"Eu posso conseguir um carro de quatro rodas e todo tipo de engrenagens divertidas que as crianças amariam", outra pessoa ofereceu.

"E se nós pudéssemos ministrar às esposas também?", mencionou uma das mulheres presentes no grupo.

Desde então, Gregg e Helen definiram uma maneira de empregar ex-prisioneiros nos ranchos locais, oferecendo a eles trabalho e a esperança de construir um fundamento espiritual para começar uma vida nova. Deus está usando esse grupo de rancheiros australianos para mudar a vida dos prisioneiros e de suas famílias na comunidade. E isso tudo começou pela oração para ver o que Deus vê e quer fazer no mundo a seu redor.

....

Uma vez que você se reunir a um grupo nuclear comissionado de pelo menos três pessoas, comece a interpretar seu contexto. A exegese (interpretação) tem sido tradicionalmente usada para investigar e entender o texto bíblico por meio de anotações, análise da situação histórica, enorme quantidade de questionamentos perspicazes e só depois disso busca interpretar o significado do texto para os dias atuais. Em um mundo pós-cristão, nós precisamos interpretar o contexto e a cultura à nossa volta juntamente com o texto bíblico para conciliar os dois.

Comece a orar e a acompanhar o mundo no qual Deus colocou você. A Grande Comissão que Jesus deu poderia ser traduzida literalmente da seguinte maneira: "Enquanto você vai..., faça discípulos". Em outras palavras, Deus o colocou onde você está por alguma razão. À medida que você segue ao longo do dia, peça ao Senhor que lhe mostre as necessidades ou as oportunidades que ele vê naqueles à sua volta e nos vizinhos que vivem perto de você. Pergunte a ele quem são as viúvas, os órfãos e os estrangeiros modernos — aqueles com frequência esquecidos ou marginalizados que Deus quer que seu povo cuide.

Como grupo, gastem várias semanas orando para que tenham olhos para ver o que Deus vê. Escrevam as observações, oportunidades, necessidades ou lutas que identificaram no mundo à sua volta. Então se reúnam e discutam o que Deus mostrar a vocês.

Eu jogo futebol nas tardes de domingo com pessoas de todas as partes do mundo. Interagindo com a vizinhança perto do campo de futebol, comecei a notar quantas famílias indianas e asiáticas estavam caminhando ou jogando no parque. À medida que comecei a conhecer as pessoas com quem jogava futebol, descobri que muitas delas moravam ali perto. Nós tínhamos começado uma rede naquela vizinhança. Então perguntei aos líderes se eles haviam notado a mesma coisa. Eu estava tão encorajado a descobrir se alguns deles tinham interpretado bem seu contexto.

Eles me informaram que muitos empregados indianos da Dell viviam naquela vizinhança, e que a Dell era o maior empregador em Bangalore, Índia.

Também descobriram que a maior parte dos estrangeiros que vivem na América nunca será convidada para ir à casa de um norte-americano, e muitos se sentem extremamente sozinhos e isolados. Sabendo disso, Sandra iniciou um Clube Internacional de Mulheres para reunir aquelas que gostariam de aprender sobre outras culturas e apoiar-se mutuamente no desafio de viver em um país estrangeiro. Isso tem aberto uma grande oportunidade para conversas espirituais com pessoas de diferentes religiões do mundo porque Sandra viu uma necessidade através dos olhos de Jesus e começou a corresponder a essa necessidade.

Aclare a sua visão

Uma vez que você tenha começado a "erguer os olhos e ver que a colheita está madura", você e seu grupo nuclear poderão começar a aclarar sua visão. Pergunte: "A quem Deus nos chamou para servir?". Talvez sejam os seus vizinhos, ou um grupo particular de pessoas: solteiros na casa dos 20 anos, moradores do centro da cidade, ou talvez um grupo de imigrantes. Pense em maneiras de se envolver e servir às pessoas que Deus põe no seu coração.

Um erro enorme que muitos seguidores de Cristo cometem é sair e servir aos outros, mas nunca construir relacionamentos reais com as pessoas afastadas do Senhor. É possível ir e servir e, apesar disso, nunca ver as pessoas ao redor de nós se tornando seguidoras de Jesus. Com frequência isso ocorre porque falhamos em construir uma dinâmica relacional.

QUESTÕES E AÇÕES

1. Reflita a respeito da seguinte questão: O que Deus pode querer fazer por meio de você e de algumas outras poucas pessoas se vocês estiverem plenamente disponíveis? Isso intimida ou encoraja você? Por quê?

2. Experimente realizar a seguinte ação: Comece orando por duas ou três outras pessoas que poderiam potencialmente juntar-se a você para formar um grupo nuclear comissionado. Convide-os a ler e discutir este livro com você como primeiro passo.

Capítulo 11

Crie uma dinâmica relacional

Onda de impacto

DONNA AGARROU OUTRA cerveja enquanto Shanna entornou um *frozen margarita*. — Nós encontramos este casal na rua — Donna informou à sua boa amiga Shanna, que vivia nas imediações de San Antonio. — Pessoas realmente boas; elas nos convidaram para conhecer a igreja. Disseram que era uma igreja do tipo "Venha como você está", e acredito que Ryan e eu podemos experimentar.

— Bem, apenas não nos tente arrastar para nenhum lugar como esse — foi tudo o que Shanna disse. Shanna e Tim haviam ido a uma igreja apenas duas vezes na vida, nas duas ocasiões para assistir a casamentos, mas as experiências passadas e o pouco que sabiam sobre os cristãos tinham deixado um gosto ruim em sua boca.

— Eles estarão na festa — Donna respondeu. — Apenas conheça os dois. Eles são bacanas. Eu não vou forçar você a ir conosco. Apenas achei que seria bacana ter amigos para nos acompanharem.

Quando Steve e Joanne apareceram, Shanna e Tim os conheceram. Eles acabaram descobrindo que Tim e Steve tinham um amor comum — corrida de bicicleta *off-road* Xterra! Tim e Steve passaram o final do dia compartilhando casos e novidades sobre manobras *off-road*. Depois daquela noite, Tim e Steve começaram a sair para andar de bicicleta juntos regularmente. Então vieram a alguns jantares em que os três casais desfrutavam da mútua companhia.

Donna e Ryan começaram a frequentar a igreja de Rockhills com regularidade e gostavam muito da maneira em que a igreja servia aos outros. Em vez de se reunirem para o típico culto dominical, o primeiro domingo de cada mês era dedicado a "Servir Primeiro". Durante o "culto da igreja" eles se encontravam e saíam para servir aos necessitados. Tim e Shanna logo se juntaram a Donna e Ryan, Steve e Joanne, e outros casais, servindo a pessoas necessitadas organizando uma festa de quarteirão. Vários meses depois, Donna e Ryan aceitaram o convite para se juntarem ao Steve's Rockgroup (seu pequeno grupo) que se reunia na vizinhança.

Nesse meio-tempo, Tim e Shanna estavam lutando para fazer mais amigos entre aqueles cristãos, acreditando que Steve e Joanne e os outros cristãos que eles conheceram eram pessoas normais que batalhavam e enfrentavam os mesmos problemas na vida, mas ao mesmo tempo também havia algo no ato de se doar que era muito atraente. Elas ainda não tinham vontade de frequentar uma igreja, mas acabaram se sentindo parte da rede relacional com aquelas "pessoas da igreja". Depois de quase quatro meses, Steve perguntou a Tim depois de um passeio de bicicleta se eles queriam conhecer o Rockgroup que Donna e Ryan estavam frequentando. Para surpresa de Steve, Tim respondeu com alguma hesitação: "Pode ser".

Tim e Shanna estavam realmente nervosos com relação ao Rockgroup a princípio. Mais tarde, Tim admitiu que estava com medo de que eles "viessem para cima" com todo aquele radicalismo a respeito de Jesus. Mas eles superaram o medo e foram.

Steve recorda: "Naquela primeira noite, Shanna compartilhou com todos que ela não conseguia conceber Deus como um Pai amoroso porque ela fora acordada certa noite e abusada ainda criança. Tim compartilhou que seu pai se tornara um cristão nascido de novo cerca de dois anos atrás e que pediu para ele 'deixá-los em paz' sobre isso. Havia obviamente muita dor e amargura no passado deles. Nós não tentamos corrigir isso; apenas ouvimos e os deixamos falar".

Em seu caminho para casa naquela noite, Tim olhou para Shanna e disse: — Uau, eles não tentaram impor Jesus a nós. Se as coisas permanecerem assim, acho que posso continuar indo ao grupo.

Eles não somente continuaram indo, mas começaram a frequentar a igreja também, aprendendo sobre esse Deus que Steve e Joanne seguiam. Isso exigiu meses de aprendizagem, ler a Bíblia pela primeira vez e fazer amizade com um grupo de cristãos, mas, catorze meses depois daquela primeira festa, Steve batizou Tim e Shanna como seguidores de Jesus na banheira de hidromassagem deles!

Tim recorda: "O amor e o apoio que nós recebemos dos nossos novos amigos, como quando o nosso bebê foi hospitalizado e Steve apareceu — e isso nos comoveu. Os rapazes com quem eu me encontrava sempre fizeram uma diferença enorme na minha conversão. Eu podia expressar minhas dúvidas e medos sem ser julgado ou considerado estúpido".

Agora Tim leva os amigos à igreja, e Shanna leva sua mãe, que não crê ainda, mas está investigando a fé e servindo na igreja BrewCrew, ajudando na cantina todos os domingos.

O mundo pós-cristão

Tim e Shanna ilustram como as pessoas tendem a encontrar a fé e formar a igreja em um mundo pós-cristão. Não é suficiente para um cristão ser amigo e compartilhar sua fé com outra pessoa. Isso funcionava em uma cultura que era principalmente "cristianesa", na qual a maioria das pessoas cresciam com algum conhecimento e respeito pela Bíblia, só precisando ter o tema central da graça esclarecido para decidir se seguiria ou não Cristo. Entretanto, no contexto pós-cristão atual, as pessoas com frequência precisam de uma intersecção de três elementos a fim de encontrar a fé e juntar-se à igreja:

1. A amizade com alguém que age verdadeiramente como Jesus — ouvindo, cuidando, servindo e falando abertamente sobre a fé sem pressão ou julgamento. (Tratamos desse ponto na Parte 1.)
2. Relacionamento com uma "tribo" de quatro ou cinco outros cristãos com quem gostem de estar e que os faça sentir-se verdadeiramente pertencentes ao grupo (o foco deste capítulo).
3. Um ambiente de aprendizagem do tipo "Venha como você está" no qual os participantes podem aprender, em geral por 6 a 18 meses, sobre o Caminho de Jesus. (Discutiremos isso no capítulo 13.)

Quando todos esses três elementos cruzam a vida daqueles que estão longe do Senhor, é maravilhoso perceber quantas pessoas descobrem o amor e a graça de Deus e trazem consigo sua rede de amigos e familiares. Você começará a ver mais e mais pessoas, antes afastadas do Senhor, agora seguindo Cristo e levando outros a fazer o mesmo. Mas primeiro precisamos construir uma dinâmica relacional.

Europa, Canadá, Austrália, África do Sul e boa parte dos Estados Unidos e até da América do Sul enfrentam barreiras pós-cristãs para que as pessoas encontrem a fé. Requer relacionamento e aprendizagem para superar essas barreiras. Em um contexto pós-cristão, a maioria das pessoas não conhece realmente muito a respeito da Bíblia ou do Caminho doador de vida de Jesus, mas ainda assim existe uma consciência do "cristianês" (normalmente essa consciência vem apenas da mídia negativa ou de visões preconcebidas sobre os cristãos). Honestamente, em alguns aspectos seria mais fácil alcançar uma cultura com zero consciência do "cristianês" que ter de superar os estereótipos negativos deixados na esteira de igrejas mortas, mas o pós-cristianismo é onde está grande parte do mundo.

Para que as pessoas de culturas pós-cristãs se tornem seguidores de Jesus, precisam conhecer múltiplos cristãos dispostos a se abrir sobre suas lutas enquanto também demonstram a esperança e o fruto de uma vida cheia do Espírito. Quando os não cristãos encontram cristãos que agem como se eles nunca enfrentassem problemas, como se tivessem todas as respostas e como se possuíssem soluções rápidas para todo e qualquer problema, rapidamente enxergam uma postura semelhante à dos fariseus e não querem nada com esse tipo de fé.

No entanto, quando eles percebem que esses cristãos tentam amar apesar das dificuldades, que enfrentam derrotas reais e precisam de encorajamento, que são tentados, mas pedem oração e apoio, e que estão aprendendo a permanecer conectados com o Espírito de Deus ao lado de uma comunidade de amor espiritual — e é isso o que o mundo inteiro procura —, essa dinâmica relacional atrai as pessoas a Jesus. Mas como fazer que um grupo nuclear de cristãos iniciante construa uma dinâmica relacional?

Construa relacionamentos onde você vive

A Grande Comissão de Jesus nos diz para "fazer discípulos" (aprendizes e seguidores de Jesus) primeiro ajudando-os a identificar-se com o Pai, o Filho e o Espírito por meio da fé e do batismo, e depois ajudando--os a "observar" (não apenas conhecer) todos os mandamentos de Jesus (Mateus 28.19,20). Mas o contexto é "onde você está". Deus colocou você onde está por alguma razão. Talvez você deteste seu emprego ou a cidade na qual está morando, mas isso poderia mudar se você começasse a se perguntar: "Quem estou levando à fé à minha volta, e como posso amar essas pessoas e servir-lhes?".

A maioria de nós tem pelo menos quatro, algumas vezes até dez, pessoas com quem interagimos regularmente e que não estão seguindo Cristo ou se acham afastadas da igreja. Comece observando ao seu redor. Como um grupo nuclear comissionado, faça uma lista das pessoas que Deus já colocou na sua vida e simplesmente comece a orar por elas. Steve disse: "Joanne e eu adotamos a mentalidade 'Adote o nosso quarteirão'. O nosso objetivo é conhecer os nossos vizinhos, orar por eles, cuidar deles, viver a vida com eles, e então, quando a oportunidade surgir, compartilhar Jesus com eles".

Matt, de San Diego, leu sobre um importante princípio sociológico em um livro intitulado *Refrigerator Rights* [Direitos de refrigerador].[1] Todas as pessoas buscam o tipo de amizade e pertencimento no qual você se sente tão confortável que poderia ir até a casa dos seus vizinhos, abrir o refrigerador e pegar uma bebida, e isso nunca pareceria estranho, já que eles fariam o mesmo na sua casa. Curiosamente, se você nunca convida

1 MILLER, Dr. **Will. Refrigerator Rights:** Creating Connections and Restoring Relationships. New York: The Berkley Publishing Group, 2002.

os seus vizinhos a ir até a sua cozinha, ou se não vai até a cozinha deles, o relacionamento permanecerá em um nível superficial durante anos. Portanto, convidar os vizinhos para ir à sua cozinha abre espaço para o tipo de pertencimento que todos gostariam de experimentar.

Jay e Jen, junto com uma rede de pessoas da igreja de Matt em San Diego, organizaram uma festa para "conhecer os vizinhos" na piscina de seu condomínio. Houve um grande comparecimento, e, como resultado, na semana seguinte Jay correu até Emily e Marcos, parou e os convidou para o jantar. Marcos era agnóstico e definitivamente hostil em relação ao "cristianês". Mais tarde, Marcos refletiu: "Se você tivesse me convidado para alguma coisa na 'igreja', ou se eu soubesse que a festa era na igreja, nós teríamos ido embora".

No entanto, Jay e Jen os levaram para jantar, e a amizade cresceu quando Jay apresentou Marcos e Emily a outros seguidores de Cristo em seu círculo de amigos. Emily era cristão, mas tinha deixado de lado sua fé nascente desde que começara a namorar e depois se casou com Marcos. Jay e Jen tinham aberto sua casa e desenvolvido amizade suficiente para que Marcos concordasse em vir dar uma olhada no pequeno grupo de Jay e frequentar a igreja com Emily porque gostava das pessoas. A dinâmica relacional estava sendo construída.

Emily começou a crescer na fé, e Marcos começou a investigar abertamente a fé, porque, como eles explicaram: "Nós nunca tivemos amigos como esses, pessoas que se importam de verdade, ouvem, levantam a nossa moral em vez de nos destruir — pessoas em quem confiamos!". Os direitos de refrigerador se expandiram quando Emily começou a interagir com Alex e Karen ao longo da rua. A festa na piscina acendeu a centelha de relacionamentos entre muitos vizinhos antes isolados. As famílias de Alex e Karen viviam em Nova Zelândia e Porto Rico, de modo que eles também ansiavam por amizades mais próximas.

Como Emily e Marcos estavam experimentando um nível de relacionamento de amor entre essas pessoas da igreja, foi natural convidar

Alex e Karen para visitar algumas das reuniões da igreja com eles, embora eles não quisessem "frequentar a igreja" ou seguir Cristo. O dia em que Alex e Karen foram à igreja, Matt falou sobre os direitos de refrigerador. Naquela noite, Alex e Karen foram até a casa de Emily e Marcos, contaram quanto aquela mensagem tinha sido tocante e confessaram sobre as lutas que eles estavam enfrentando e como tinham esperado por isso — por direitos de refrigerador.

Quando seu grupo nuclear começar a simplesmente desenvolver confiança, fazer amizades "onde você está", pensando sobre como dar direitos de refrigerador a pessoas afastadas do Senhor, você verá a dinâmica relacional começar a ser construída. Os direitos de refrigerador vão muito além de liberar acesso à sua geladeira. Trata-se da disposição de convidar alguém para compartilhar o seu espaço pessoal, a sua vida real e até mesmo as suas lutas — para permitir que essa pessoa veja de que maneira você realmente vive.

Nem todos chegarão à fé. Alex e Karen acabaram indo à igreja e conectando-se a um pequeno grupo, mas as brigas no casamento levaram a um divórcio feio antes que eles encontrassem a fé, e ambos se mudaram da nossa vizinhança. E uma importante observação: a construção da dinâmica relacional só acontece quando você permite que o joio e o trigo cresçam juntos, sabendo que Deus irá separar um do outro no final (Mateus 13.24-30).

Jesus criou uma dinâmica relacional quando convidou as pessoas a vir e ver onde e em que ele se apoiava. Diz-se que, depois de passar o dia com Jesus, André trouxe seu irmão, Simão, para conhecer Jesus. Jesus convidou Felipe para ir com ele à Galileia; Felipe imediatamente convidou seu amigo Natanael, que era cético. O convite de Felipe a Natanael espelhou as palavras de Jesus: "Venha e veja" (João 1.35-46).

Coisas que você aprecia

Uma excelente maneira de fazer amizade com pessoas afastadas de Deus é simplesmente fazer as coisas que você aprecia com pessoas de fora da igreja. Eu amo futebol. Joguei futebol a minha vida inteira e, quando comecei a pensar em como servir às pessoas à minha volta e construir relacionamentos, decidi treinar o time de futebol do meu filho com a ajuda da minha esposa. Uma das crianças da vizinhança se juntou ao nosso time, e ficamos amigos dos amigos de Cindy e Jeff e sua família. Isso nos levou a passar muito mais tempo juntos dentro e fora do campo de futebol e também nas redondezas. Após meses de construção de relacionamento, Cindy e Jeff e sua família começaram a frequentar a nossa igreja, depois entraram em um pequeno grupo e depois encontraram a fé.

Cindy compartilhou entusiasticamente com os outros pais sobre a nossa igreja, encorajando Kathy em especial. Kathy começou a ouvir as mensagens na internet porque ela lutava com o álcool e a impaciência e necessitava de ajuda. Nos dois anos seguintes, Kathy e Alejandro e a família inteira encontraram a fé. Cindy também nos apresentou Sandra e Grey, que moravam na mesma rua. Tendo crescido na Inglaterra, eles queriam que seu filho jogasse futebol. Então o garoto também se juntou ao nosso time. Quando nos tornamos amigos, tanto Sandra quanto Grey a princípio demonstraram resistência à mensagem de Jesus, mas, quando eles enfrentaram algumas lutas no ano seguinte, procuraram a nossa ajuda. Como resultado, Sandra converteu-se, e Grey e eu tivemos algumas grandes conversas sobre Jesus antes que eles voltassem a morar na Europa.

David e Trina eram pais de Ryan, um garoto de quem acabei sendo técnico dos 8 aos 12 anos de idade. David era fácil de conhecer. Ele amava fazer brincadeiras e era o tipo de pessoa que dava a vida por qualquer festa, totalmente divertido e muitíssimo bem-sucedido em gerenciar forças de vendas em uma empresa multinacional da área de tecnologia de ponta. Kathy e Alejandro, Cindy e Jeff e outro casal que começou a frequentar a nossa igreja tornaram-se todos amigos de David e Trina.

Certo dia, perguntei a David qual era seu histórico espiritual, e ele alegremente me contou sobre suas terríveis experiências com a religião organizada em sua adolescência na Europa. David achava terrivelmente errado que mendigos ficassem famintos do outro lado da rua onde estava uma catedral imensa toda enfeitada, e concluiu que tudo não passava de hipocrisia. Eu concordei com ele em que Deus se importa com o drama dos pobres e quer que todas as pessoas o amem servindo aos outros.

Uma vez que vários dos pais dos garotos do time de futebol se converteram e lhe disseram que o culto da nossa igreja era bacana, David e sua família começaram a frequentar a igreja. Isso levou a muito bate-papo sobre mensagens e piadas a respeito de Deus e religião, mas também a conversas cheias de verdade entre aquele grupo de mães e pais do futebol. David estava aprendendo sobre os caminhos de Jesus com sua família, e seus olhos estavam abertos à bondade de Deus.

Quando David e Trina hospedaram o time de futebol inteiro em sua casa para a festa de final de ano, notei uma batidinha vindo do refrigerador. David me fez saber, sem vergonha nenhuma, que gostava de uma cervejinha... e muito! Esse era seu vício.

Perguntei a David: — Então, onde você está com Deus?

Ele respondeu: — Acho que acredito em Deus agora; só não estou seguro sobre Jesus.

Eu perguntei se ele toparia marcar um café da manhã para conversarmos a respeito, e ele retrucou: — Com certeza.

No café da manhã, perguntei o que lhe incomodava tanto em Jesus. Davi simplesmente não entendia por que era preciso acreditar que Jesus foi mais do que apenas um bom mestre. Expliquei-lhe que Deus nos criou para vivermos em um relacionamento de amor com ele e com os outros e então contei por que Jesus não somente mostrou o caráter de Deus de uma maneira que pudéssemos compreender, mas também pagou um preço para que todos pudéssemos voltar para Deus e ser perdoados. Desafiei David a ler as Escrituras e a começar a orar abertamente para que Deus se revelasse a ele, mas nos termos de Deus, não nos dele.

Um ano depois, soube que ele tinha sido promovido a gerente de vendas nacional de uma empresa que o transferiria para New Jersey.

Então pedi para marcarmos o que seria o nosso último almoço. Durante o almoço, comentei com ele: — Então, David, não temos falado sobre fé faz um tempo. Onde você está com Jesus agora?

Suas palavras me surpreenderam. — Estou dentro — foi tudo o que ele falou.

— Você está dentro?

— Sim, estou dentro, homem! Você sabe... Depois do nosso último encontro, comecei a pensar naquilo que você disse e então fiz aquela experiência *Revolução da alma* com uma igreja e comecei a perceber que Deus tem tentado atrair a minha atenção faz muito tempo. Ele tem me dado todos esses bons dons, bênçãos, trabalhos, uma família maravilhosa, mas eu simplesmente não reconheci que era Deus agindo. Eu não estava sendo grato. Então comecei a agradecer, e ao mesmo tempo Trina e eu decidimos ficar em forma e parar de beber. E aposto que em algum ponto do caminho muitas das minhas dúvidas foram respondidas.

— Então agora você acredita que Jesus é o Filho de Deus?

— Sim!

— E você disse a ele que quer ter o perdão e a liderança de Jesus sobre a sua vida?

— Sim. Pensei em pedir para você me batizar antes de eu me mudar, mas eu gostaria muito que Trina fizesse isso junto comigo e não estou certo de que ela está pronta.

— No mês seguinte, vivi um dos momentos mais felizes da minha vida quando batizei David, Trina, Ryan e sua pequena irmã também como seguidores de Cristo!

Durante os dez anos em que fomos técnicos de futebol, calculo que 209 adultos e seus filhos que conhecemos no gramado começaram a seguir Cristo como parte da nossa igreja! Encontre maneiras de construir uma dinâmica relacional com os seus vizinhos, colegas de trabalho ou apenas com as pessoas que gostam de fazer a mesma coisa que você — treinar o time de futebol, fazer trilhas de bicicleta, correr, praticar golfe ou assistir ao futebol na TV. Em seguida, você precisa ir além disso para criar uma comunidade de amor com cristãos: convidar não cristãos a pertencer e a experimentar a vida com Jesus.

Consciente enquanto você trabalha

Nós podemos nos juntar ao Pai em sua obra mesmo quando estamos trabalhando. Depois que Jesus curou o rapaz preso a uma cama no tanque de Betesda, os fariseus o acusaram de violar o sábado. Jesus respondeu: "Meu Pai continua trabalhando até hoje, e eu também estou trabalhando. [...] o Filho não pode fazer nada de si mesmo; só pode fazer o que vê o Pai fazer" (João 5.17,19). Nós também devemos trabalhar com uma consciência do que o Pai está fazendo e nos juntar a ele em sua obra.

Paulo compreendeu isso quando destacou aos adoradores de ídolos em Listra que "[Deus] mostrou sua bondade, dando-lhes chuva do céu e colheitas no tempo certo, concedendo-lhes sustento com fartura e um coração cheio de alegria" (Atos 14.17). Em outras palavras, Deus estava lá primeiro! Deus estivera ali trabalhando, dando bons dons, preenchendo seu coração com alegria, atraindo todas as pessoas a si mesmo, embora elas ainda não o reconhecessem. Quando estamos cuidando dos nossos negócios e interesses, percebemos onde Deus está trabalhando a fim de nos juntarmos a ele?

Paula encontrou a fé na nossa igreja, após anos de ateísmo. As feridas de um pai cuja única atenção vinha quando ele a embebedava e a molestava na adolescência mantiveram sua dependência do álcool para entorpecer a dor. Ela conseguiu manter-se sóbria confiando num Poder Superior que nos perdoa, nos dá segundas e terceiras chances, e nos ama o suficiente para nos ajudar a fazer o que não conseguimos por nós mesmos à medida que rendemos a nossa vontade para realizar apenas a vontade dele.

Paula juntou-se ao meu pequeno grupo, e tive a chance de mostrar a ela que o Poder Superior que a curou era o Deus revelado por Jesus —

não existem outros deuses que façam isso! Ela se converteu e começou a seguir Cristo.

Paula trabalha fazendo terapia de desenvolvimento infantil em domicílio. Um dos clientes de Paula era um garotinho de 4 anos de idade chamado Lucas, que quase havia morrido no hospital devido a complicações no nascimento. Ele requeria terapia constante. A mãe de Lucas, Shelly, tinha ficado amiga de Paula depois de um ano de terapia, e certo dia Shelly se abriu com Paula sobre algo que a estava incomodando.

— Estou preocupada com Lucas — Shelly começou. — Ele tem tido sonhos ou pensamentos estranhos, mas eu não sei de onde isso tudo tem vindo.

— Que tipo de sonhos? — Paula perguntou.

— Quando eu o coloco na cama à noite, ele continua me dizendo que quer ir brincar nos campos com Jesus novamente. Eu já perguntei a ele a respeito, e ele insiste que, quando estava no hospital, Jesus veio encontrá-lo, e eles correram e brincaram nesses lindos jardins. Como você sabe, o pai dele é médico, e Andrew acha que tudo não passa de alucinação. Eu só não consigo entender onde é que ele ouviu falar sobre Jesus. Nunca fomos à igreja, nem falamos sobre Jesus ou o deixamos assistir a programas religiosos na televisão. De onde será que ele tirou essa ideia de Jesus?

Concluindo que Deus poderia apenas estar trabalhando nos bastidores, atraindo essa família para si mesmo por meio da experiência de quase morte do garoto, Paula disse a Shelly o que ela estava aprendendo sobre Jesus. Deus usou aquela conversa para inserir Shelly e Andrew no caminho de investigação da fé. Eles começaram a frequentar a nossa igreja e, um ano depois, após conhecer mais sobre Jesus, passaram a acreditar em Cristo e a segui-lo.

Em que área Deus já está trabalhando na vida dos seus colegas de trabalho, ou nas pessoas que interagem com você ao longo do dia?

Preste atenção e junte-se a Deus em sua obra. Depois convide as pessoas para formarem uma comunidade de amor.

Estabeleça uma comunidade de amor

Jogo futebol de salão com um time masculino, e essa é uma excelente maneira de fazer amizade com pessoas de todas as partes do mundo. No entanto, notei que uma espécie de norma relacional (um tipo de contrato social) se estabelece depois de um tempo e, se a norma não tiver nada que ver com conversas profundas sobre a vida e assuntos espirituais, a amizade pode seguir por anos sem envolver uma única questão de fé. Para superar esse teto de vidro, é importante estabelecer uma comunidade de amor entre cristãos para a qual outros possam ser convidados. A verdadeira dinâmica relacional acontece quando os seus amigos cristãos se tornam amigos dos seus colegas também.

Você vê isso acontecer com Jesus e seus amigos. Como grupo, eles participaram de cerimônias de casamento juntos, aceitaram convites para jantar na casa das pessoas, foram a festivais e a outros lugares onde as pessoas se reuniam, e Mateus organizou uma festa para que todos os seus amigos "pecadores" pudessem conhecer Jesus. Jesus providenciou um vinho de melhor qualidade depois que eles haviam bebido todo o vinho numa festa de casamento. E, apesar disso tudo, Jesus nunca pecou.

Jesus adquiriu uma reputação ruim entre a elite religiosa exatamente porque ele e seus seguidores se relacionavam com glutões, cobradores de impostos e pecadores. Nós podemos nos relacionar com pecadores, sem que nós mesmos caiamos em pecado? Podemos levar luz e vida a lugares onde os bons dons de Deus tenham sido corrompidos e abusados, de modo que o relacionamento e a fé produzam restauração e uma vida melhor? Para fazer isso, precisamos de uma forma de convidar as pessoas a sair de seu mundo e a entrar em uma comunidade de amor no mundo de Deus.

Você pode fazer isso de várias maneiras. Começar pequenos grupos de cristãos que também saibam como criar espaço para não crentes investigarem a fé é uma excelente forma. Como você deve ter notado em várias histórias relatadas aqui, esse é um modo muito efetivo de engajamento relacional e espiritual, já que a cultura do pequeno grupo reflete o solo no qual as pessoas podem encontrar a fé (o livro *Proibida a entrada de pessoas perfeitas* foi escrito para ajudar os grupos a formar essa cultura).

No entanto, com frequência é necessário um estágio intermediário de construção da comunidade de amor. "Festa com propósito" é algo que encorajamos as redes de cristãos a fazer regularmente, de modo que você possa convidar todos os seus amigos que não seguem Cristo para começarem a interagir e conhecer melhor seus amigos que o fazem. Festas na piscina do condomínio, jantares ou reuniões para assistir a eventos esportivos na tevê são alguns exemplos. Novamente, até que alguém venha a conhecer uma "tribo" menor de cristãos com quem se sinta bem, essa pessoa com frequência não encontrará a fé ou fará parte da igreja.

Theresa♦ e Greg♦ encontraram-se com três outros casais e formaram o grupo nuclear comissionado de uma nova rede em sua vizinhança. Quando começaram a orar sobre as necessidades de seus vizinhos, pensando em maneiras de organizar uma festa com propósito, um dos rapazes saiu com esta: "Eu assisto às partidas de futebol todo domingo à tarde. Tenho uma TV de tela plana enorme e uma sala que comporta uma multidão — vou abrir a minha casa para todos trazerem seus amigos depois do culto da manhã".

Greg e eu jogamos futebol juntos com o mesmo grupo de homens. Do relacionamento no campo de futebol, ele convidou os amigos para assistir aos jogos, e os nossos amigos passaram a conhecer o nosso "cristianês" aplicado ao esporte, e logo cachorros e gatos estavam convivendo em harmonia! Certo, talvez nem tanto, mas relacionamentos com múltiplos cristãos criam o ambiente no qual convite para conhecer um pequeno grupo ou evento da igreja parece seguro porque "essas pessoas são minhas amigas".

Algumas redes têm organizado encontros de "mães no parque". As mães com crianças pequenas de uma das redes da Gateway convidam outras mães para se encontrarem no parque semanalmente. A dinâmica relacional é construída à medida que elas se ajudam mutuamente a sobreviver e ter sucesso nesse desafiador estágio da vida. A partir daí, conversas espirituais podem surgir e pequenos grupos podem ser formados, não raro com convites para conhecer a igreja — de novo, porque essas pessoas são todas amigas.

À medida que você formar pequenos grupos no estágio inicial da vida da rede, certifique-se de que eles permaneçam abertos para as pessoas que estão descobrindo a fé. Há um tempo para grupos fechados receberem capacitação profunda, mas tenha sempre alguns abertos em sua rede. (Falaremos mais a respeito no capítulo 14.) É muito importante que os cristãos no núcleo de sua rede e os pequenos grupos iniciais permitam que venham à tona questões, dúvidas, lutas ou "assuntos pecaminosos", sem que se tente responder, consertar, mudar ou resolver tudo rapidamente. Procure deixar de lado o "cristianês" (v. Apêndice A) ou explique os termos mais complicados em linguagem coloquial. Você pode falar sinceramente sobre aquilo em que acredita e sobre o que a Bíblia quer dizer; apenas respeite aqueles que ainda não estão convencidos, e você se surpreenderá em como Deus cuida do resto. Preste atenção na dinâmica relacional que levou Leigh ao ponto da fé:

> Eu tinha tentado retiros de meditação hindu, o moonismo e frequentado reuniões do movimento Nova Era, buscando pela verdade. Tudo parecia muito nebuloso. A Gateway era diferente. Era claramente uma igreja cristã, mas eu sentia que, se Deus me conduzira à Gateway, talvez houvesse algo que eu precisasse entender sobre Jesus.
>
> Apesar disso, mesmo estando na igreja, eu estava resistindo e gritando intelectualmente. Eu não queria virar uma exclusivista intransigente. Não queria começar a citar as Escrituras para qualquer

pessoa que aparecesse na minha frente. Eu não queria agir como se o mundo inteiro estivesse errado. Eu não queria ser como "aqueles cristãos". Os meus amigos são muito liberais. Se eu tivesse algo a dizer sobre Jesus, exceto que ele era mais um mestre entre muitos outros, seria rotulada de esquisita.

Eu, porém, estava à procura de uma comunidade de pessoas que se importavam umas com as outras, e realmente podia sentir isso na Gateway. Então, depois de um mês, acabei entrando em um grupo de mães. Eu mantinha uma postura, mas, por mais que eu trouxesse à tona os meus questionamentos, não recebi nada parecido de volta. Eu percebia um senso genuíno de humildade por parte da líder, que constantemente me encorajava a ser eu mesma e a fazer abertamente os meus questionamentos. Ela me recebeu como amiga e tentou entender o meu ponto de vista enquanto explicava o ponto de vista da Bíblia a respeito de integridade. Eu não conhecia nada sobre a Bíblia, exceto o que tinham me contado ao longo dos anos, ou seja, que se tratava de um livro de mitos. Eu estava empurrando o carrinho do meu filho certo dia e me lembro de haver orado a Deus, dizendo: "Se existe realmente essa coisa de Jesus, eu vou lhe dar 30 dias, e me concentrarei apenas em Jesus. Se é isso o que o Senhor, Deus, tem para mim, faça alguma coisa para me conduzir e me guiar". Eu comecei a ler a Bíblia pela primeira vez, e sabia que era o Espírito Santo me orientando, porque não apenas sabia por que, mas não conseguia deixar de ler. Eu mal conseguia esperar para ler mais sobre Jesus a cada noite. Continuei dando a Deus novos prazos de 30 dias para me convencer.

Durante aquele período, a igreja estudou uma série chamada "Profecias do Messias". Aquelas mensagens mudaram tudo para mim. Foram a chave para quebrar a minha resistência intelectual. Não muito tempo depois, acompanhei todo o estudo pré-batismo, e foi aí que eu compreendi de fato a graça de Deus oferecida em Cristo. Pedi para ele entrar no meu coração e na minha vida.

Isso tudo requer tempo e paciência, mas a dinâmica relacional é crítica, assim como a formação de uma comunidade de amor na qual aqueles que estão investigando a fé possam se sentir parte antes de tomar uma decisão. Se para você parece errado alguém pertencer a um grupo de fé antes de realmente aceitar Cristo, basta lembrar-se de que Judas pertenceu ao pequeno grupo de Jesus e nunca creu, e não somente isso, mas Jesus o nomeou tesoureiro. Encorajar os membros e até mesmo os não cristãos a servir na sua rede é o nosso próximo foco na construção da onda de impacto para testemunhar a cultura se transformando na igreja.

QUESTÕES E AÇÕES

1. Reflita a respeito da seguinte questão: Você tem um grupo de amigos cristãos que podem criar uma comunidade de amor e incluir pessoas que estão longe do Senhor? Se não tem, como poderia formar esse tipo de comunidade?
2. Experimente realizar a seguinte ação: Defina uma data para pôr em prática alguma das ideias que você leu aqui, ou invente alguma coisa nova que você e amigos seus podem organizar para fazer junto com outros amigos que ainda não são cristãos.

Capítulo 12

Sirva a seu próximo junto com o seu próximo

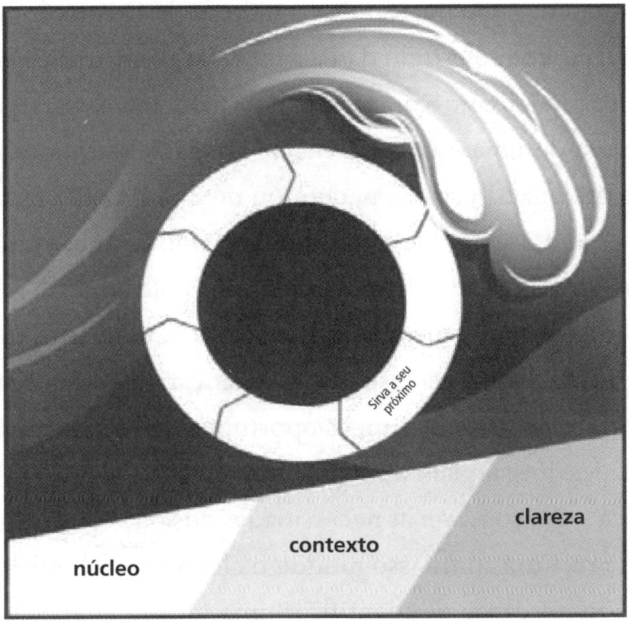

Onda de impacto

Rebecca havia experimentado pessoalmente o poder curador de amar a comunidade e as pessoas que serviam a ela em seu exato momento de necessidade. Ela entrou em um pequeno grupo e estava crescendo. Então fazer o mesmo pelos outros parecia o caminho natural. Rebecca juntou-se a uma promissora rede de seguidores de Cristo em Round Rock e rapidamente adotou a visão de servir às pessoas que Deus põe em nosso caminho.

Essa rede, formada por cerca de 30 pessoas, algumas conectadas em pequenos grupos, algumas ainda em processo de investigação da fé, trabalhava em união para produzir um grande impacto. Eles se reuniam mensalmente com um grupo nuclear de seguidores de Cristo comprometidos com a adoração, com o estudo da Palavra e em compartilhar histórias de impacto. A partir daí, começaram a planejar maneiras de servir aos outros.

A diretora de uma escola de ensino fundamental local ficou extremamente grata quando a rede perguntou de que maneira eles poderiam contribuir com a escola. Ela disse que havia 40 crianças que recebiam merenda na escola e não tinham comida suficiente em casa nos finais de semana. A rede começou a embalar 40 pacotes de alimentos toda semana para servir a famílias em necessidade. Eles lançaram outras iniciativas ministeriais conforme aumentavam as oportunidades de servir e responder às necessidades que surgiam na vizinhança.

Rebecca começou a ver as necessidades dos outros através dos olhos de Jesus. Ela recorda como isso mudou o clima em seu ambiente de trabalho quando foi capaz de identificar uma missão cheia de propósito. "Jennifer era minha vizinha de mesa no trabalho", Rebecca explicou. "Uma linda obra-prima com quem eu tinha dificuldade de lidar para suportar todo o peso de seu barro. Então comecei a simplesmente estar disponível. Disponível para conversar. Disponível para almoçar. Disponível. Eu tentava corresponder a alguns de seus interesses e a me engajar em suas questões de vida".

"Depois de algumas semanas apenas amando e ouvindo, perguntei a Jennifer se ela queria ir comigo à igreja. Sua resposta foi: 'De jeito nenhum!

As pessoas da igreja são insuportáveis. Por que eu faria isso?'. Estava claro que Jennifer não suportava igreja ou as pessoas que a frequentavam."

Mesmo assim, Rebecca continuou a demonstrar interesse pela colega de trabalho e a servir de todas as formas que podia. Nesse meio-tempo, Rebecca percebeu que o jardim de seu vizinho Nick estava com o gramado cada vez mais alto a cada semana. Nick gerenciava um *nightclub* na Sixth Street, uma espécie de versão mais jovem e mais ativa do Bourbon Street em Austin. E Nick era um tanto exibicionista quando se tratava da entrada da casa e de sua garagem.

Rebecca criou uma oportunidade para conversar com Nick e descobriu que sua esposa, Ashley, estava lutando com o câncer já havia alguns anos, o que explicava por que Rebecca raramente a via na rua. Nick tinha feito o possível para levar e trazer sua esposa de Houston para a quimioterapia, tudo isso sem deixar de lado os dois filhos pré-adolescentes e a administração do bar. Isso explicava o gramado mal aparado também.

Rebecca começou a cortar o gramado do vizinho sempre que cortava o seu. Durante um projeto de serviço certo sábado, alguns dos amigos da rede de Rebecca ajudaram-na a cortar a grama do jardim de Nick e Ashley e a consertar uma cerca quebrada. Várias semanas depois, Ashley e Rebecca tiveram uma conversa mais profunda, e do nada Ashley perguntou: "Posso ir à igreja com você?".

Rebecca recorda o *timing* maravilhoso de Deus: "A mensagem de domingo era sobre passarmos por provações e não estarmos sozinhos nas épocas de luta. Foi maravilhoso ver Deus atrair Ashley à igreja para ouvir aquela mensagem, que falou diretamente a seu coração e atendeu a seu ponto exato de necessidade. Entao, saímos para jantar numa quarta-feira à noite. Ashley abriu-se sobre suas lutas e falou como aquele domingo tinha sido poderoso. Disse que ainda não tinha a menor ideia de por que as palavras 'Posso ir à igreja com você?' simplesmente pipocaram de sua boca. Ver uma rede de cristãos servindo-lhes em seu ponto de necessidade introduziu Ashley e sua família em uma jornada de fé.

"Perguntei a Jennifer se ela queria servir comigo", Rebecca recorda. "Um dos nossos vizinhos que não frequentava a igreja precisava de ajuda para pintar a garagem. Jennifer respondeu: 'Com certeza'. Depois de servir naquele sábado, Jennifer perguntou: 'Onde estão os seus amigos da igreja? Eles são muito bacanas'. Concordei com ela e perguntei de novo se ela estava interessada em ir à igreja, lembrando que se tratava de uma igreja do tipo 'Venha como você está'. Novamente, ela recusou, dizendo: 'Sem condição!'.

"A reunião vai ser num bar na Round Rock este domingo", Rebecca acrescentou. A Gateway transmitia o culto pela internet em dois bares de esportes nas manhãs de domingo. (O proprietário do bar descrito no capítulo 1 nos cedeu gratuitamente os dois espaços!)

"Uma igreja num bar? Ah, essa eu preciso conhecer pessoalmente!", Jennifer respondeu, surpresa.

Jennifer não apenas gostou da ideia; ela continuou indo aos cultos. Rebecca apresentou-a aos outros cristãos. Ouvindo que Jennifer adorava jardinagem orgânica, outra pessoa da Gateway convidou-a para servir no jardim e na horta da nossa comunidade, gerando comida fresca para nossa despensa e para algumas famílias de refugiados. Durante aquele período, tanto Jennifer quanto Ashley começaram a seguir Cristo e a participar do pequeno grupo de Rebecca.

Servir ou ser servido

Servir ou ser servido? É essa a questão proposta àqueles que alegam seguir Jesus. O que nós vamos fazer como igreja? Lembre-se de que Jesus disse: "Pois nem mesmo o Filho do homem veio para ser servido, mas para servir e dar a sua vida em resgate por muitos" (Marcos 10.45). Então o que significa seguir Jesus? E se Deus planeja que sua igreja funcione em harmonia como Corpo de Jesus (Romanos 12.4-8), o que isso significa na prática? Acredito que qualquer igreja pode formar redes de 20 a 70 pessoas que busquem juntas oportunidades de servir às necessidades espirituais e físicas das pessoas de maneira que virem o mundo de cabeça para baixo!

A rede pode começar de um pequeno grupo, de uma classe de escola dominical, de um grupo de solteiros ou do ministério infantil e da rede de relacionamentos das crianças e de seus pais. O céu é o limite! A rede pode nascer do ministério das mulheres ou do ministério dos homens, em torno de músicos e artistas servindo a outros artistas, ou simplesmente de um cristão disposto a reunir um grupo nuclear comissionado cujos participantes começam a amar e a servir ao próximo.

Jesus atendia às necessidades aonde quer que fosse — ele ajudou pais confusos a lidar com as tendências autodestrutivas de seus filhos, ele curou problemas físicos, ele alimentou os famintos, ele ajudou espiritualmente pessoas carentes a encontrar esperança, ele ofereceu amizade a pessoas marginalizadas. E ele ensinou seus seguidores a fazer o mesmo.

Nós precisamos começar aqui também — simplesmente percebendo as maiores necessidades das pessoas e servindo exatamente no que elas precisam. Isso exige relacionamento, atenção e cuidado para discernir qual é a principal necessidade dos outros. Mas, à medida que saímos em missão com Jesus, ele nos mostrará as necessidades que quer satisfazer por meio de nós individualmente e também reunidos como seu Corpo. E, como você pode ver nas histórias que relatamos aqui, servindo juntos e convidar o mundo a servir conosco cria uma dinâmica relacional.

Por meio de pequenos núcleos de um grupo nuclear comissionado ou de um pequeno grupo, você crescerá em direção a uma rede de 70 pessoas que atenda a necessidades físicas e espirituais, conforme observa os outros descobrindo a fé e se juntando a você nesse trabalho. Ao interpretar o seu contexto para considerar quais são as necessidades na sua região, sugiro que considere também o que a nossa Rede Round Rock fez, a chamada "tempestade da alma".[1]

1 Heriford, Jason T. **Soul Storming Guidebook**. Austin: Heriford Publishing, 2011.

O objetivo da tempestade da alma é identificar qual pode ser a intersecção entre as necessidades únicas do mundo à sua volta, a paixão que põe em cada coração, e os dons e as experiências únicas que vocês podem reunir para servirem como Corpo de Cristo no atendimento às necessidades. Jason Heriford, autor de *Tempestade da alma* e membro da nossa Rede Round Rock, encoraja os grupos a primeiro adotar uma noite para a "tempestade do coração".

Cada pessoa escreve uma resposta à pergunta "O que realmente toca seu coração quando você olha à sua volta?". Pense em sua vizinhança. Quais são as dificuldades ali? Pense nos locais aos quais você viaja ou nas coisas que conhece na sua cidade ou região — o que Deus gostaria de restaurar? Pense nas pessoas ao seu redor? O que há de mais difícil na vida delas? O que significaria ver o Reino de Deus restaurando essas áreas? Para realizar esse exercício efetivamente, você provavelmente precisará primeiro passar tempo em oração, olhando ao redor, interpretando o contexto e aprendendo sobre tal área porque com frequência nós não vemos as coisas como Deus vê.

No próximo encontro que tiverem, dê a cada pessoa tempo para falar sobre as "tempestades da vida". Responda à seguinte questão: "Qual é a maior paixão da sua vida?". O que você ama fazer? Se você não tivesse medo algum e possuísse todos os recursos necessários, o que você faria? Que coisas têm acontecido na sua vida que despertam em você uma paixão por ajudar outras pessoas na mesma situação? Talvez seja a superação de um vício e você se sente inclinado a ajudar os outros a se libertar também. Talvez você tenha sofrido abuso e gostaria muito de auxiliar outras pessoas a serem curadas. Talvez você tenha se sentido desprezado na infância e queira dar valor a crianças que se sentem abandonadas ou rejeitadas.

Por fim, faça cada pessoa levar para casa sua própria lista e priorizar as cinco coisas que lhe tocam o coração e suas cinco maiores paixões na vida. Então, na reunião seguinte, dê dez minutos para que cada participante compartilhe suas prioridades. Reserve tempo depois para discutir o que o Espírito de Deus mostrará a você como rede. Onde vocês poderiam servir juntos? Onde poderiam tentar servir? Como seus diferentes dons e experiências poderiam suportar uns aos outros à medida que vocês prestam serviço ao mundo?

Por exemplo, um membro da Rede Round Rock falou sobre suas lutas na infância e sua paixão por crianças em crise. Isso levou outra pessoa a mencionar a Texas Baptist Children's Home em sua área, o que mais tarde despertou a paixão de outras três pessoas. Hoje uma equipe ministra a famílias em crise visitando a casa das crianças; um rapaz usou sua paixão por música para dar aos pequenos lições gratuitas de guitarra; outro apaixonado por bichos fez terapia animal com as crianças e os mais idosos, e uma equipe de jardinagem embelezou o local.

Em outra rede em South Austin, Josh♦ recuperou-se do vício em cocaína e teve paixão por apoiar outras pessoas no processo de recuperação. Qualquer membro da rede que encontrar um viciado conecta essa pessoa a Josh. Mykel♦ e Sheeri♦ têm paixão por fortalecer casamentos em crise e são experientes em conduzir seminários de liderança, de modo que sugeri que eles montassem um *workshop* com o tema "Tornando o seu casamento fantástico" que seria oferecido pela rede em cinco ou seis semanas como forma de servir às famílias na vizinhança com tantos casamentos em crise.

Todos precisam de uma causa para servir. As redes podem encontrar causas para servirem juntas de uma maneira contínua a fim de trazer a restauração do Reino de Deus ao mundo perdido à nossa volta. Quando individualmente percebemos as necessidades das pessoas, podemos submetê-las ao poder de serviço da rede.

Por exemplo, um dos membros da nossa Rede Cedar Park descobriu uma família em crise na vizinhança. O filho pequeno desenvolveu uma doença rara cujo tratamento não era coberto pelo seguro-saúde, e isso acabou com os recursos da família, embora a criança continuasse necessitando de tratamento. A rede organizou um baile de fantasias no parque para a vizinhança com o intuito de levantar fundos para o tratamento. Como resultado, aquela família pôde experimentar um alívio financeiro e começou a frequentar os eventos da rede, a servir aos outros e a investigar a fé. E a vizinhança inteira viu a igreja em ação por meio dessa rede local. É assim que você poderá ver seu pequeno núcleo começar a crescer cada vez mais. No entanto, segue uma palavra de alerta: É possível servirmos às outras pessoas de uma maneira que na verdade as machuque em vez de trazer conforto.

Quando o serviço machuca

A nossa Rede Downtown tropeçou em um fenômeno curioso. No último verão, tivemos uma onda de calor, e a temperatura alcançou quase 40 graus por cem dias seguidos. Em um fim de tarde particularmente quente, a rede decidiu distribuir garrafas de água gelada. Água fresca e de graça — como você imaginaria que algo pudesse sair errado sob uma temperatura de 40 graus? Mas as pessoas não pensaram assim! Algumas apenas disseram: "Não, obrigado". Outras perguntaram: "Qual é a pegadinha, o que vocês realmente querem?". Uma senhora ficou tão brava que empurrou a garrafa da mão de uma pessoa e derrubou toda a água no chão. Depois disso, eles desistiram da distribuição de água.

Na semana seguinte, tentaram uma experiência bem diferente. Cada um na rede segurou um cartaz que dizia em letras destacadas na parte de baixo: "Apenas me ame". Cada pessoa foi desafiada a escrever três razões pelas quais acreditava que as pessoas tinham dificuldade em amá-la, suas falhas de caráter ou fracassos que a tornavam uma pessoa difícil de ser amada. Então saíram às ruas e abordaram estranhos, explicando que estavam fazendo uma experiência sobre o amor.

Eles deveriam dizer às pessoas: "Essas são as razões pelas quais sou difícil de ser amado. Você estaria disposto a assumir um risco como esse e escrever três razões pelas quais *você* também se sente difícil de ser amado? Se você fizer isso, podemos trocar os cartazes e, se eu encontrar uma pessoa a quem é difícil amar como você, orarei pela capacidade de amá-la. Você pode fazer o mesmo com o meu cartaz".

A conclusão chocante: É mais fácil fazer as pessoas compartilharem falhas de caráter do que receberem água gelada!

Acredito que há uma importante lição a ser extraída dessa experiência. Quando as pessoas que encontramos sentem uma "mentalidade de esmola" no nosso culto, isso as machuca e as afasta. Quando encontramos pessoas com humildade e reconhecimento de sua fragilidade e carência, as pessoas são capazes de receber algo de nós e se sentem atraídas.

As igrejas podem enviar cristãos missionários em rebanhos para servirem "àquelas pessoas". Mas, se "elas" nunca se tornarem como "nós", preocupo-me seriamente que possamos causar mais mal do que bem para a missão de Jesus. Jesus restaurou não apenas o que estava fisicamente errado, mas também o que era espiritual e relacionalmente errado. Essa é a invasão do Reino de Deus que devemos buscar.

Quem são os pobres?

A nossa atitude tem enormes implicações quando servimos a pessoas marginalizadas ou em dificuldades econômicas. Steve Corbett, professor de economia e desenvolvimento comunitário, observa que, quando pessoas pobres explicam sua pobreza, elas falam sobre culpa, inferioridade, impotência, humilhação, medo, desesperança, depressão, isolamento social e incapacidade de comunicar-se — elas quase nunca falam sobre ausência material!

As pessoas com recursos pensam na pobreza em termos materiais: falta de alimento, dinheiro, moradia, transporte e emprego.[2] Inadvertidamente, isso cria uma mentalidade de esmola por parte dos que "têm" em relação aos que "não têm", dos "consertados" em relação aos "quebrados",

2 CORBETT, Steve; FIKKERT, Brian. **When Helping Hurts:** How to Alleviate Poverty Without Hurting the Poor... and Yourself. Chicago: Moody, 2009. p. 53.

dos "poderosos" em relação aos "fracos", dos "fariseus" em relação aos "pecadores". O relacionamento fica desequilibrado. Servir com a postura de "um superior para um inferior" não ajuda; na verdade, pode até mesmo ferir. Se nós como igreja servimos a "eles", mas "eles" nunca se tornarem parte da igreja, algo está relacionalmente errado.

Corbett dá o exemplo de "ajudar" uma pessoa pagando sua conta de luz. Mas e se o problema fundamental daquela pessoa não é a falta de dinheiro, ou a incapacidade de ganhar dinheiro, mas uma visão pobre em relação a Deus e a si mesmo que a mantém continuamente sabotando trabalho após trabalho? Nesse caso, doar dinheiro causa mais dano que benefício. Uma solução melhor e mais custosa para sua igreja seria desenvolver um relacionamento com essa pessoa a fim de comunicar: "Nós estamos aqui para caminhar junto com você e para ajudá-lo a usar os seus dons e as suas habilidades para ser tudo o que Deus o criou para ser, e até mesmo ajudar você a servir aos outros". Essa é a diferença entre o serviço relacional e o serviço no estilo esmola.

O serviço-esmola é claramente mais fácil, e tem uma aparência boa, mas não *faz tudo quanto é necessário*. Não se a restauração da obra-prima de Deus for o objetivo. O serviço relacional tem um custo: "Se *com renúncia própria* você beneficiar os famintos e satisfizer o anseio dos aflitos, então a sua luz despontará nas trevas" (Isaías 58.10). "Com renúncia própria" implica investimento relacional e material. A maioria dos problemas da humanidade é composta por problemas essencialmente relacionais.

Reconhecer que todos nós sofremos de pobreza reorientará os nossos serviços para serem verdadeiramente úteis. Corbett destaca que Deus nos criou para nos relacionarmos com ele próprio, com nós mesmos, com os outros e com a criação sob seu governo, sua vontade e seu Reino. "Como [esses] quatro relacionamentos são os blocos de construção de toda atividade humana, os efeitos da Queda manifestam-se nos sistemas econômico, social, religioso e político que os seres humanos criaram ao longo da história [...] os sistemas estão destruídos, refletindo os relacionamentos humanos destruídos."[3] Como diz Bryant Meyers, um especialista em desenvolvimento cristão: "A pobreza é o resultado de relacionamentos que não funcionam".[4] Essa realização é crítica para todos aqueles que desejam ajudar os outros.

"Quem são os pobres?", Corbett pergunta. "Em razão da natureza abrangente da Queda, todo ser humano é pobre no sentido de não vivenciar esses quatro relacionamentos da maneira que Deus planejou."[5]

Nós sofremos de *pobreza espiritual* de intimidade com Deus, o que faz que alguns neguem a existência de Deus, ou, como os fariseus, ponham a ambição material e o poder posicional acima de Deus.

Nós sofremos da *pobreza existencial*, já que não percebemos a obra-prima planejada por Deus em nós mesmos e nos outros. Para algumas pessoas, isso leva a um "complexo de deus", sentindo-se superiores em poder, riqueza, direitos e bens, em comparação com aqueles que sofrem de "complexo de inferioridade", como pobres, sem esperança, maus ou marginalizados.

Nós sofremos de *pobreza da comunidade* quando o egoísmo, o abuso ou a exploração separa as pessoas. E sofremos de *pobreza da administração* sobre a criação de Deus quando as pessoas se sentem preguiçosas ou sem nenhum propósito em seu trabalho, ou se tornam viciadas em trabalho e usam a mordomia dada por Deus para servirem exclusivamente a si mesmas.

Somos todos pobres e perdidos. Os especialistas em desenvolvimento destacam que trilhões de dólares de ajuda ocidental tiveram um pequeno impacto nas nações pobres em razão do fracasso em reconhecer a base relacional da pobreza. Quando os ricos, poderosos ou "íntegros", que podem sofrer de *pobreza existencial* (sentindo-se superiores, tentam "consertar" o problema dos necessitados, isso exacerba a pobreza de ambos

---

[3] Corbett, Steve; Fikkert, Brian. **When Helping Hurts**, p. 61-62.

[4] Meyers, Bryant L. **Walking With the Poor:** Principles and Practices of Transformational Development. Maryknoll, NY: Orbis Books, 1999. p. 86.

[5] Corbett; Fikkert, **When Helping Hurts**, p. 62.

os lados! Isso não quer dizer que dar dinheiro para servir a comunidades pobres causa problemas, desde que o dinheiro seja usado para dar poder relacional àqueles necessitados.

Lembre-se de que a raiz do problema das pessoas materialmente pobres é que se sintam inferiores e sem esperança, em vez de se sentirem como a valiosa obra-prima que Deus quer restaurar para fazer as boas obras que ele planejou. O pobre não se sente com poder relacional para usar os dons concedidos por Deus a fim de encontrar soluções duradouras, e os poderosos permanecem presos em sua "pobreza existencial", sentindo-se superiores sobre "fazer o bem", mas sem terem consciência do mal que estão causando.

Isso se aplica a todas as áreas da "pobreza". Quando somos vistos como superiores, isso gera mais dano que benefício. Até admitirmos a nossa fragilidade mútua, o nosso serviço provavelmente irá minar o bem que Deus quer fazer ao ver seu Reino restaurado.

Sem-teto para ajudar

Sledge.[6] O nome ajusta-se à aparência — um ex-soldado de operações especiais do Exército com uma condecoração por bravura. As tatuagens que lhe cobrem os braços contam a história de uma guerra que se tornou mais espiritual do que física. Ben Sledge chegou à Gateway numa tremenda confusão. Enquanto ele ainda estava no Iraque, sua esposa havia tido um caso extraconjugal e acabou deixando Ben. Quando ele voltou para casa, um amigo em Austin ofereceu um lugar para ele dormir e o levou à Gateway. As pessoas o encontraram em seu ponto de necessidade, amando-o e servindo-o, e Sledge decidiu seguir Jesus.

Quatro anos depois, Sledge e seu amigo Jordan começaram a encontrar-se e a orar sobre iniciar uma rede na faculdade. Eles conheceram estudantes universitários e os convidaram para servir a outras pessoas, e aí se

6 Em inglês, "martelo". [N. do T.]

formou um pequeno grupo para ajudar esses estudantes a crescer espiritualmente. A rede cresceu naquele primeiro ano até atingir cerca de 60 estudantes, que se reuniam em quatro pequenos grupos, servindo na Igreja Debaixo da Ponte para os sem-teto. Foi aí que eles conheceram Jason, um jovem com seus 20 anos de idade que vivia debaixo da ponte.

Jason tinha se mudado de Austin para Portland porque, como ele explicou: "Comecei a sair com as pessoas erradas e já tinha sido expulso de praticamente todo lugar em que estivera. Sem nenhum lugar para ir, vim para Austin, mas acabei nas ruas". Jason foi convidado a conhecer um grupo menor da rede e aceitou o convite.

Mattias♦ dirigiu até o local em que Jason vivia e deu uma carona a Jason. Durante a reunião do pequeno grupo, Jason sentiu-se aceito e tratado como uma pessoa real, embora não estivesse seguro sobre o que pensava a respeito de Deus. Mattias ofereceu sua casa a Jason, onde ele poderia ficar em vez de dormir nas ruas, e nas semanas seguintes Jason ocupou o sofá de várias casas dos membros do pequeno grupo. Jason continuou frequentando o pequeno grupo toda terça-feira à noite e se tornou amigo de muitos.

Um dos rapazes que hospedou Jason arrumou um emprego para Josh (o rapaz na nossa rede que ajudava pessoas a superar o vício em drogas). Eles também encontraram um carro que Jason poderia usar para fazer o caminho de ida e volta ao local do trabalho e lhe deram as roupas de que ele precisava para trabalhar. Sledge estava prestes a se casar, mas abriu sua casa para Jason ocupar por dois meses antes do casamento.

Jason contou a Sledge: "Homem, eu me sinto tão abençoado. Sempre que me sinto pra baixo, tenho amigos com quem conversar. Quando deparo com alguma necessidade, vocês me ajudam a superar. Eu não sinto que mereça nada disso. Vocês estão me dando tanto sem esperar nada em retribuição". Ele estava tentando entender o significado de seguir Cristo, porque estava vendo pessoas viverem dessa forma. A combinação de relacionamento, amor e serviço de uma maneira que vê a obra-prima esperando para ser revelada motivou Jason a inscrever-se na faculdade.

Ele agora vive com Mattias e está trabalhando em tempo integral, pagando o aluguel, frequentando a faculdade comunitária e servindo a outros porque ele foi servido relacionalmente, não apenas materialmente.

Uma das maneiras de continuar servindo "olho no olho", em vez de "um superior para um inferior", é encorajando os outros a servir ao lado dos cristãos. Assim como Bryan e Amy tinham visto com a Rede Branson e o ministério Jesus Era um Sem-Teto, ajudar as pessoas que lhe serviram uma vez a servir aos outros aumenta o senso de dignidade e valor do indivíduo. Isso lhes dá poder para seguir Cristo e se tornarem mais do que Deus planejou.

O banco de três pernas

Assim como o banco de três pernas depende de cada uma de suas pernas, Deus restaura sua obra-prima nas pessoas quando três elementos trabalham juntos:

1. Elas são acompanhadas por um seguidor de Cristo que demonstra as *atitudes* e as *ações* de Jesus.
2. Elas encontram uma rede de cristãos que as incluem em uma comunidade de amor e serviço.
3. Elas têm um espaço de aprendizagem do tipo "Venha como você está".

Com esses três elementos trabalhando juntos, é maravilhoso ver como Deus restaura sua obra-prima, vida por vida. Mas as pessoas precisam de espaço e tempo para "vir como estão" — mesmo com seus pecados, suas lutas, seus questionamentos e suas dúvidas — e aprender sobre os caminhos de Jesus o suficiente para tomar a decisão de se comprometer a segui-lo plenamente.

Aqui está o restante da história de Rebecca (que vimos no início deste capítulo). Rebecca tem testemunhado cura, crescimento e restauração surpreendentes como obra-prima de Deus, e sentiu o chamado para dedicar-se ao ministério de tempo integral. Ela continua a servir e a levar outros à fé, como Jennifer, Ashley e Shelly. (Recebi uma foto no último sábado à noite do batismo de Shelly, a mulher que Rebecca ajudou a encontrar a fé.) Agora Rebecca lidera um pequeno grupo para essas mulheres desenvolverem raízes espirituais profundas. O que eu não contei a você é que...

Quatro anos antes, Rebecca tentara o suicídio quando seu relacionamento lésbico de cinco anos explodiu bem na sua cara! Para saber mais sobre a história de Rebecca, leia o capítulo seguinte.

QUESTÕES E AÇÕES

1. Reflita a respeito da seguinte questão: Com que frequência você encontra maneiras de servir a outras pessoas? Como você pode servir às pessoas que Deus já pôs no seu caminho — no trabalho, onde você vive ou estuda, ou na sua própria casa?
2. Experimente realizar a seguinte ação: Junte-se a um projeto de serviço com outros cristãos e considere convidar amigos que talvez pareçam distantes do Senhor para servir com vocês.

Capítulo 13

O espaço de aprendizagem "Venha como você está"

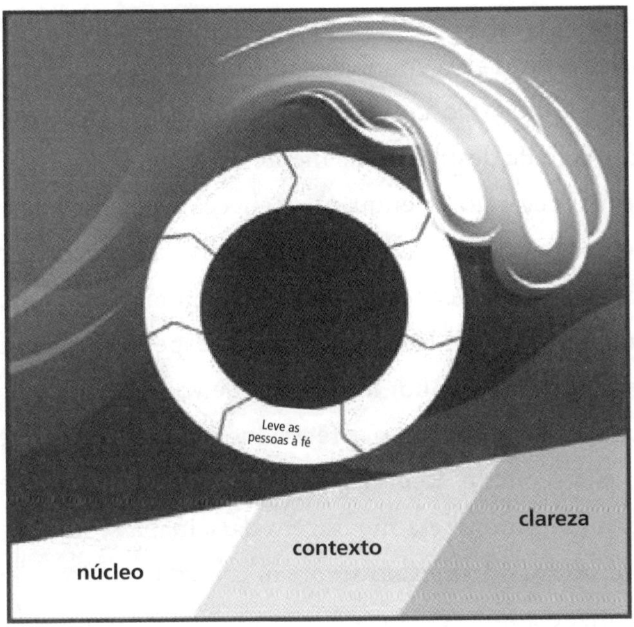

Onda de impacto

Rebecca se sentia grata por estar na estrada deixando Austin, escapando de todos os erros do ano passado, fugindo para o Tennessee a fim de encontrar espaço para respirar. Espaço para refletir sobre o último ano, sobre a última década. Espaço para descobrir como ela havia terminado tão perdida e tão sozinha. Sozinha no caminho que ela acreditou que lhe traria felicidade.

Ela crescera em um lar cristão e tentara viver da forma mais correta possível, mas na faculdade outra voz a abordou silenciosamente. A voz puxando-a para baixo, para um caminho, e ela achou que não conseguiria resistir. Não importa quanto ela se esforçasse, parecia nunca evitar o dano, e agora sua alma ferida era apunhalada. "Como cheguei a este ponto? Eu me sinto tão perdida, tão confusa, tão sozinha". Os pensamentos eram como um tornado de destruição na mente de Rebecca.

As lágrimas cegaram-na enquanto Rebecca avançava pela estrada. Ela colocou o CD que um de seus colegas lhe tinha dado. Deus falou com ela nas palavras da segunda canção, fazendo-a lembrar-se do amor que eles uma vez compartilharam. Entre lágrimas de esperança, Rebecca gritou: "Deus, liberte-me. Se o Senhor me trouxer de volta, eu o seguirei para superar esta situação, mas o Senhor precisa me mostrar como fazer isso".

Na semana seguinte, Rebecca se viu de volta à Gateway em Austin. Quando foi anunciado que a mensagem da semana seguinte seria sobre a atração por pessoas do mesmo sexo, seu coração começou a acelerar de medo combinado com esperança. Ela pesquisou no *website* e ouviu uma das mensagens *on-line* para ter uma ideia do que poderia ser dito. Ouviu outra e outra mensagem até ter devorado 12 mensagens em 24 horas. Então resolveu me mandar um *e-mail*.

Amy, Renee e Robert haviam concordado em falar naquele final de semana sobre suas histórias de deixar o estilo de vida *gay* para a fé em Cristo, e em contar sobre a jornada na qual Deus os conduziu em direção à plenitude sexual. Eles não precisaram se esforçar para mudar, pois simplesmente seguiram o Espírito de Deus passo a passo, e ele os guiou por um caminho muito melhor do que haviam imaginado. Quando sentamos no meu escritório, um a um, eles desistiram de se expor. Eu compreendia seu medo, mas senti um aviso para ler o *e-mail* de Rebecca para eles:

> Eu vi qual será o seu tópico para a próxima semana. Tenho 34 anos e, durante a última década, tenho me relacionado com pessoas do mesmo sexo. Cresci em uma igreja muito legalista. A minha mãe nos falava cada vez que encontrava a oportunidade certa. Eu conduzia estudos bíblicos e viagens missionárias e era a garota cristã perfeita — o sorriso perfeito, a oração perfeita, tudo perfeito... apenas na superfície.
>
> Por baixo estavam as feridas deixadas para trás por uma família perdida, imperfeita, combinada com as feridas de um mundo sexualmente deformado. A combinação das feridas provou ser o casamento perfeito para que eu procurasse amor e afeto em um relacionamento com pessoas do mesmo sexo. Na faculdade, namorei rapazes e quase fiquei noiva, mas eu não podia nem mesmo deitar no mesmo sofá do lado deles sem sentir arrepios sobre o passado. Eu desisti de tentar ser heterossexual e me tornei uma lésbica enrustida nos últimos dez anos. Se eu fosse honesta comigo mesmo, não gostaria de viver uma vida longe de Deus. Ao mesmo tempo, porém, não quero viver sozinha, e parece não haver muito espaço entre esses dois extremos.
>
> Estou escrevendo para contar a você que vou participar do seu culto sobre relacionamentos com pessoas do mesmo sexo. Sei que você dirá que isso é errado e está fora do que Deus planejou para nós. O meu medo aumenta a cada dia, sabendo da confusão e da desesperança que ouvir isso produzirá em mim. Você dirá para os cristãos hipócritas demonstrarem um pouco de amor e compaixão? A vida de uma pessoa *gay* é difícil, e sentir o ódio dos cristãos só nos afasta ainda mais do Senhor.
>
> — Rebecca

Depois que li esse *e-mail* para Amy, Renee e Robert mudaram de ideia. Naquele final de semana de fé em vez de medo, eles proclamaram firmemente o que Deus estava fazendo na vida deles. Rebecca escutou com atenção:

> Ouvir Amy e Renee me deu esperança de que eu poderia sair do meu casulo. Percebi que eles tinham estado presos à mesma bolha, que conseguiram libertar-se e estavam conseguindo ajudar outros a encontrar seu caminho lá fora. Eu com frequência me sinto chocada em pensar que eles poderiam ter permanecido calados.
>
> O que descobri naquele dia foi esperança. Esperança de que eu não precisaria resolver as coisas; eu apenas tinha de caminhar com Jesus e confiar nele. A esperança era o primeiro passo, mas a esperança precisa de ajuda. Conforme eu ouvia mensagem após mensagem, concluía que precisava de amigos espirituais que caminhassem comigo. Orei por eles, e eles vieram. Entrei em um grupo que ajudava pessoas em luta com todo tipo de fragilidade sexual a caminhar em direção à cura e à plenitude. Percebi que eu não estava sozinha.
>
> Conheci Karin, que se tornou a minha líder e me apresentou a outras pessoas que me aceitaram, amaram e apoiaram. Deus usou o dom de encorajamento de Karin para me motivar a dar os passos 2 e 3 para fora do meu casulo e em direção à comunidade. Aprendendo os ensinamentos de Jesus e verificando-os na comunidade, fui capaz de identificar as duas mentiras que tinham me mantido bloqueada — uma visão ilegítima de Deus e uma visão ilegítima de mim mesma.

Ao longo dos anos seguintes, Rebecca foi fortalecida à medida que experimentou cura, plenitude e liberdade crescente. Ela começou a servir a outras pessoas como Jennifer. Deus usou o amor semelhante a Cristo de Rebecca, combinado a encontros com outros cristãos, para abrir o coração e a mente de Jennifer para aprender. Mas Jennifer precisava de tempo para entender os caminhos de Jesus. Isso começou no bar de esportes naquele dia. Depois disso, Jennifer passou a frequentar semanalmente a igreja com Rebecca enquanto continuava a fazer coisas esporadicamente com a Rede Round Rock. Depois de cerca de quatro meses ouvindo e aprendendo, Jennifer uniu-se ao pequeno grupo de Rebecca. Oito meses depois, Jennifer foi batizada como seguidora de Jesus.

Tempo de aprender

Espera-se que até agora você tenha visto os pontos comuns a várias dessas histórias. As pessoas do nosso mundo pós-cristão não apenas precisam encontrar alguém com o coração de Jesus e vários cristãos amando e servindo como Jesus, mas elas também precisam de tempo! Precisam de tempo para aprender e compreender os caminhos de Cristo porque elas realmente não sabem muito mais do que dizem os boatos e rumores. Nós não podemos esperar que as pessoas limpem o barro antes de aprender sobre Deus e seu processo de restauração. Elas precisam de espaço para vir "como estão" e aprender sem pressão, em locais que aceitam suas dúvidas, questionamentos e dificuldades enquanto crescem no conhecimento do Senhor.

Kathy e eu lideramos uma equipe de dez universitários americanos que se mudaram para a Rússia por um ano logo depois da queda de setenta anos de comunismo ateísta. Ninguém imaginava que poderia haver pessoas que não sabem nada sobre Deus, Jesus ou a Bíblia, bastando lhes dizer algumas frases banais sobre Deus ter enviado Jesus para pagar por nossos pecados, então esperar que eles façam uma oração, e *voilà*: você os ajudou a seguir Jesus. De jeito nenhum! Eles precisavam aprender o suficiente para saber *quem* estariam seguindo, *por que* queriam segui-lo e *como* poderiam verdadeiramente segui-lo.

Em Verve, uma igreja que ajudamos a iniciar em Las Vegas, Tommy conseguiu um emprego em um salão de tatuagens, desenvolveu algumas amizades e levou três rapazes à fé, mas isso exigiu tempo e aprendizagem.

Quando um dos rapazes, Ben, começou a discutir a fé com Tommy, perguntou: "Até agora ouvi falar sobre esse menino Jesus e a Virgem Maria, mas o que um tem que ver com o outro?". As pessoas simplesmente não têm conhecimento sobre Jesus, e o pouco que conhecem é confuso e equivocado.

Apesar disso, muitos cristãos ainda agem como se vivêssemos na cultura de Atos 2. No capítulo 2 do livro de Atos, Pedro simplesmente lembrou aos judeus ouvintes as histórias do êxodo, as palavras dos profetas e como Jesus cumpria o que eles já conheciam do Antigo Testamento. Em seguida, Pedro clamou por arrependimento, e 3 mil pessoas decidiram seguir Jesus como Messias.

Como James White diz, nós não vivemos em uma cultura como a de Atos 2, tal como muitos países ocidentais viveram dos anos 1900 até a década de 1960. Aquela era uma época em que as pessoas conheciam e respeitavam a Bíblia e compreendiam quem Jesus alegava ser e seus ensinamentos básicos. Nós vivemos na cultura de Atos 14—17, uma cultura mais parecida com a dos atenienses, em que Paulo teve de partir da realidade em que eles viviam. Paulo começou a encontrar traços da verdade ocultos em sua equivocada adoração de ídolos; ele citou seus poetas pagãos, apontou para onde Deus já estava trabalhando e ensinou-lhes diariamente em seu mercado o caminho de Jesus. Leva tempo, usualmente de 6 a 18 meses, para que as pessoas aprendam os caminhos de Jesus até decidirem se querem mesmo segui-lo. A questão que nós precisamos responder é: "Onde elas aprenderão?".

Encontros "Venha como você está"

Mesmo em uma cultura judaica familiarizada com as Escrituras do Antigo Testamento, Jesus empenhava-se em criar encontros do tipo "Venha como você está". Ele sabia que aos cobradores de impostos e aos "pecadores" de seus dias não era permitido pôr os pés na sinagoga; ali era onde eles se sentiam condenados pela elite religiosa. Então Jesus ensinava nas sinagogas, mas também criou oportunidades em lugares nos quais qualquer pessoa poderia ir e aprender sobre a bondade do Pai e do Reino de Deus.

Considere o que Jesus fez e como ele ensinava e então reflita sobre se nós, como sua igreja (o Corpo de Jesus na terra), estamos fazendo o mesmo que Jesus fez. Mateus diz que, um pouco antes de seu famoso Sermão do Monte, "vendo as multidões, Jesus subiu ao monte e se assentou. Seus discípulos aproximaram-se dele, e ele começou a ensiná-los" (5.1,2). Ele ensinou para uma multidão heterogênea. De um lado estavam os fariseus estudiosos da Bíblia (que sabiam demais), de outro lado os cobradores de impostos e os "pecadores" que o ouviam com atenção, e no meio se sentavam os pescadores comuns que se tornaram seus discípulos. E Jesus ensinava a todos eles com autoridade de uma maneira que todos podiam entender: "As multidões estavam maravilhadas com o seu ensino" (Mateus 7.28).

Jesus criou esses encontros a céu aberto, locais seguros e ensino acessível, de modo que mesmo aqueles distantes do Senhor poderiam vir e ficar ao lado dos demais. Lucas 15 diz: "Todos os publicanos e 'pecadores' estavam se reunindo para ouvi-lo. Mas os fariseus e os mestres da lei o criticavam: 'Este homem recebe pecadores e come com eles' " (v. 1,2). Jesus respondeu ensinando a todos sobre o coração do Pai que busca e anseia pela volta de seus filhos e filhas pródigos. Ele ajudou todas aquelas pessoas a reconhecer o coração de Deus e o que significava na prática confiar em Deus e realmente deixar que seu Reino se estabelecesse em cada vida.

Em outra ocasião, Lucas diz: "Todo o povo, até os publicanos, ouvindo as palavras de Jesus, reconheceram que o caminho de Deus era justo" (Lucas 7.29). Mais uma vez vemos Jesus ensinando uma audiência heterogênea de "cobradores de impostos pecadores", discípulos e fariseus: "Então, Jesus disse à multidão e aos seus discípulos [...]. Eles [os fariseus] atam fardos pesados e os colocam sobre os ombros dos homens, mas eles mesmos não estão dispostos a levantar um só dedo para movê-los" (Mateus 23.1,4).

Será que nós, cristãos, agimos inadvertidamente da mesma forma que os fariseus quando pensamos apenas em nós mesmos: o tipo de culto que nós queremos, a adoração que nós desejamos, o ensino que nós apreciamos? (Precisa ser como queremos e quando queremos. Do contrário, partimos para algum outro lugar!) Será que nós algum dia pensamos naqueles que estão distantes do Senhor, sobrecarregados e sem esperança? Aonde eles podem ir e onde podem aprender sobre a graça de Deus "como estão" e de modos que possam entender? Se quisermos ser como Jesus em nossas atitudes e *ações*, precisamos criar encontros do tipo "Venha como você está", nos quais os que duvidam, os céticos, os pecadores e os santos podem estar todos juntos para aprender sobre os caminhos de Jesus. Isso pode acontecer em qualquer igreja.

Ensine como Jesus ensinava

Jesus nunca fez uma pregação expositiva, versículo por versículo, de algum livro da Bíblia hebraica. Em vez disso, ele ensinou sobre o caráter de Deus, inspirando seus ouvintes a confiar em um Deus que é bom — um Deus que tem boas intenções com relação a todas as pessoas (1Timóteo 2.4). Ele ensinou sobre a vontade e os caminhos de Deus (as regras do Reino) no que diziam respeito à vida cotidiana, incluindo tópicos tão distantes quanto preocupação, oração, doação, desejo, raiva, inimigos, riquezas, agradar as pessoas, casamento e divórcio. Seu foco estava em levar cada um a confiar plenamente em Deus, fosse ele um pecador cobrador de impostos, um discípulo ou um fariseu. Tome o primeiro passo de fé, confie em Deus primeiro, e todas as outras coisas se ajustarão (Mateus 6.33).

Pessoalmente, aprecio demais ouvir e ensinar a Bíblia em um estilo expositivo e em profundidade, que explora versículo por versículo. De maneira alguma, estou dizendo que essa forma de pregar é errada ou ruim. Acredito que Jesus a empregou com seus discípulos mais próximos e os instruiu nas profundezas e nuanças das Escrituras. (Lucas 24.27,44 e Marcos 4.34 mostram isso.) Mas esse tipo de ensino acontecia em encontros dedicados a preparar os cristãos para estarem em missão com ele. Se o culto da sua igreja se destina principalmente aos cristãos, então você precisa encontrar outros locais onde todos possam ir "como estão" e aprender sobre Jesus. Esses espaços de aprendizagem precisam focar primeiramente em ajudar as pessoas a conhecer Deus e a confiar nele plenamente conforme isso se relaciona a viver todos os dias seguindo o Espírito de Deus. Isso ainda pode ser desafiador tanto para o cristão quanto para o não cristão.

Então, vamos analisar algumas formas de criar esses espaços de aprendizagem do tipo "Venha como você está". Diferentes igrejas ou grupos usarão formas diferentes, mas a função precisa ser a mesma: criar lugares que usem linguagem, ensino e música ou arte (se isso estiver incluído) que atendam os não cristãos em seu território, de modo que eles possam investigar a fé bíblica sem barreiras adicionais em seu caminho. Isso significa que nós simplesmente aceitamos que eles chegarão com questões e dificuldades e que são bem-vindos mesmo assim. Significa que, ou nós eliminamos todo o nosso "cristianês", ou definimos os termos de modo que não pareça que estamos falando um idioma estrangeiro (v. o Apêndice A). E significa que estamos dispostos a abordar ou pelo menos reconhecer as questões e a resistência que eles possam ter a essas novas ideias sobre Deus e a fé.

Isso não significa lançar por terra as verdades das Escrituras, mas precisamos realmente pensar melhor sobre suas questões: "Por que Deus diria isso?"; "Qual é o ponto aqui?"; "Por que o caminho de Deus é melhor que o meu?"; "Como isso se aplica de verdade na vida real?".

Cultos de adoração inspiradores

Uma maneira de criar um espaço de aprendizagem do tipo "Venha como você está" está no culto de adoração na igreja. A sua igreja talvez não ofereça hoje um culto que considere tanto o cristão quanto o não cristão (como o Sermão da Montanha, de Jesus), mas algumas vezes pequenos ajustes são suficientes para criar um ambiente seguro para aqueles que estão investigando a fé. Algumas igrejas estarão abertas a iniciar cultos alternativos, e nós também vamos investigar outras opções além de um culto tradicional realizado na igreja. Mas deixe-me explicar os valores que precisam ser apresentados em qualquer espaço de aprendizagem do tipo "Venha como você está".

Boas-vindas aos que duvidam

Na Gateway, o nosso culto de domingo tem se transformado ao longo dos anos, mas muitos valores-chave permaneceram constantes, permitindo que os cristãos sejam desafiados e os investigadores espirituais aprendam. Nós simplesmente aceitamos e recebemos pessoas que são céticas, apresentam dúvidas ou assumem uma postura de resistência em relação à fé. Com frequência anunciamos: "Os que duvidam são bem-vindos aqui" e "É proibida a entrada de pessoas perfeitas", porque, quando as pessoas fingem que não têm dificuldades, questionamentos ou pecados, elas simplesmente continuam se enganando. Esse é um pequeno ajuste que qualquer igreja pode fazer — aceitar e receber pessoas em dúvida.

As pessoas que estão buscando Deus entram e saem de muitas igrejas, geralmente pensando que não são adequadas, que não serão bem-vindas se as pessoas souberem de seu verdadeiro estado caótico, ou que suas dúvidas e pensamentos cínicos não serão tolerados. Com frequência, basta ser bem recebido e aceito, e essas pessoas permanecerão e encontrarão a fé.

Christy disse: "Eu me lembro do meu primeiro dia na Gateway. Um amigo me convidou, e Ted estava entregando uma mensagem. Ele falou que as pessoas que duvidam eram bem-vindas, e pensei: 'Uau, isso é para mim. Se havia um único ser com dúvidas que precisava estar na igreja, era eu, e ali eu estava. Então o meu marido e eu continuamos indo à igreja, e nós começamos a convidar nossos amigos". Christy logo tinha 20 amigos não cristãos sentados à sua volta; muitos deles encontraram a fé assim que ela a encontrou.

Aborde a resistência

Outro valor é simplesmente admitir os questionamentos e a resistência das pessoas. Ninguém confia plenamente em Deus; então todos nós temos algum tipo de resistência, até mesmo os cristãos de longa data! Se confiássemos, todos os cristãos dariam o dízimo, mas isso não acontece. Por quê? Porque nós não conhecemos ou não confiamos no caráter de Deus, em suas boas intenções, ou em sua vontade e direção!

O mesmo poderia ser dito a respeito da maioria dos tópicos: preocupação, tomada de decisão, aprender a amar realmente sua esposa quando isso é difícil, paciência, integridade no trabalho, administração financeira e dívidas... Eu poderia continuar indefinidamente. Os problemas da maioria das pessoas se reduzem a não confiar realmente em Deus. Desse modo, aí está onde cristãos e não cristãos encontram realmente um ponto comum!

Na Gateway, tentamos inspirar todas as pessoas a conhecer o caráter de Deus, a descobrir sua vontade e orientação, a saber por que esse é o melhor caminho e a dar os próximos passos de confiança na vida cotidiana — seja um primeiro passo de confiança para um não cristão, seja um próximo passo de confiança para um cristão.

Mais uma vez, este é um ajuste que a maior parte das igrejas poderia realizar com facilidade: simplesmente admitir as questões e a resistência tanto dos crentes quanto dos céticos. Você poderia alegar que admitir ou trazer à tona questionamentos e dúvidas causaria falta de fé, mas na verdade isso ajuda as pessoas a superar juntas e mais rapidamente essas questões.

Ensine o que é mais importante

Outro valor que sustentamos nos nossos cultos é ensinar o que é mais importante. Pense nisso: Os frequentadores mais fiéis comparecem duas ou três vezes por mês à igreja. Isso representa o melhor cenário, ou seja, que uma pessoa receba menos de vinte horas de ensino das Escrituras *por ano*! (supondo uma mensagem de trinta minutos a cada domingo). Nós realmente acreditamos que podemos capacitar plenamente e ensinar todo o conselho de Deus em vinte horas por ano? As pessoas assistem a mil e quinhentas horas de TV por ano — você é capaz de concluir onde estamos sendo espiritualmente formados?

Considere também que a mobilidade aumentou muito e as pessoas mudam de cidade em períodos cada vez menores, de modo que não podemos nem mesmo fazer cálculos em longos períodos de tempo. Assim, o verdadeiro discipulado e o aprendizado profundo das Escrituras devem acontecer em toda parte — em pequenos grupos, na leitura e no estudo diário, e também em salas de aula.

O que nós precisamos assegurar em nossas vinte horas anuais de instrução dominical é que as pessoas serão claras sobre o que é mais importante e serão inspiradas a dar os passos seguintes para aprofundar-se durante a semana. É por isso que os cultos projetados para a aprendizagem do tipo "Venha como você está", tanto para crentes quanto para céticos, precisam atingir a essência regularmente: enfatizar o caráter e o coração de Deus, como e por que Jesus preparou um caminho para sermos restaurados a Deus pela graça, como o Espírito de Deus nos guia para a vida, por que as Escrituras devem ser estudadas e tomadas como verdadeiras, os comos e os porquês da oração, e a importância de uma comunidade confiável e autêntica.

Use a arte

Quando você considera o nosso contexto ocidental, o que significaria contextualizar a mensagem de Jesus? Bem, os formadores de opinião mais influentes da sociedade são sem dúvida o cinema, a música e o vídeo. Essa é a linguagem da civilização ocidental. Paulo foi para Atenas e citou seus poetas e profetas e debateu com os filósofos porque era nisso que as pessoas de sua época passavam o tempo. Assim como Paulo construiu pontes com a verdade que ele encontrou nas palavras de poetas ou profetas pagãos, nós podemos construir pontes entre as músicas, os filmes ou os vídeos na nossa cultura e os anseios que todos nós temos de Deus e de seus caminhos.

Nunca me esquecerei de uma festa da equipe de futebol a partir da qual David, o pai sobre quem falei no capítulo 11, começou a frequentar nossos cultos e disse: "Homem, vocês acabaram com muitas das canções que eu apreciava. Eu mal posso ouvir uma música sem pensar na mensagem de vocês. Como aquela música de Lenny Kravitz, 'Revolução do amor'. Eu fiquei o dia todo ouvindo a melodia e pensando na mensagem que vocês pregaram". Exatamente! A expressão criativa da verdade na música, no cinema, na arte ou na história não comunica apenas à cabeça, mas também ao coração, impulsionando as pessoas em direção à fé.

Um palhaço do mal

A igreja de Verve em Las Vegas tem um culto similar ao nosso. Warren♦, o Palhaço, veio para destruir Verve. Você sabe, Warren não era um palhaço muito bonzinho. Era um ateu radical que trabalhava em um *show* de horrores em Las Vegas. Ele ganhava a vida como palhaço incendiário do mal, e seu trabalho consistia basicamente em assustar e intimidar as pessoas. Um membro da família em Verve o descobriu e pediu que Warren fizesse isso na igreja. Warren decidiu não apenas tentar, mas também destruir essa nascente igreja já em sua infância.

Seu plano era esperar até que o pastor começasse a falar, e então Warren se levantaria, amaldiçoaria o pastor da maneira mais rude possível, jogaria uma cadeira na sua direção e o expulsaria da igreja. Ele planejou exatamente o que diria, pensando que, se fosse mau o suficiente, desagradável e abusivo o bastante, ninguém retornaria à igreja. Contudo, quando ele apareceu no culto, teve uma enorme surpresa.

As pessoas não lhe lançaram olhares críticos como ele esperava; elas o receberam muito bem. A banda começou a tocar, e a música era realmente boa. Havia humor, e a coisa toda era na verdade divertida. Ele ficou intrigado com a mensagem sobre Jesus e entendeu tudo. Por fim, o culto terminou, e Warren concluiu: "Eu me esqueci de fazer a minha parte". Então Warren voltou na semana seguinte e na outra também.

Vince,♦ o pastor de Verve, recorda: "Assim que encontrei Warren e comecei a conversar com ele, percebi que ele tinha vindo a três cultos idênticos de adoração. Eu perguntei a ele: 'Warren, você notou que todos os três cultos foram iguais?'. Ele respondeu: 'Sim, bem, eu ... Eu apenas ainda não aprendi o suficiente sobre Jesus' ". Entre março e setembro, ele ouviu e aprendeu, envolveu-se nas classes para iniciantes para aprender ainda mais, conheceu uma "tribo" de cristãos da qual gostou muito e, cerca de oito meses depois de vir para destruir a igreja, o velho Warren tinha ido a nocaute. Ele foi batizado e começou a seguir Jesus.[1]

A igreja na internet

Robert♦ foi criado na Holanda, mudou-se para Austin, e um colega de trabalho convidou-o para ir à Gateway, onde ele começou a seguir Jesus. Ele descobriu um modo de alcançar seus amigos da mesma forma que seu colega de trabalho tinha feito por ele. Robert convidou cerca de 15 de seus amigos não frequentadores de igreja na Holanda para assistir ao nosso culto de adoração Inspire pela internet. Agora eles assistem, saem para jantar após o culto e têm uma conversa proveitosa com Robert pelo Skype.

1 Para conhecer mais histórias surpreendentes como as de Warren, o Palhaço, e ideias fantásticas sobre como servir e amar as pessoas até que elas abracem a fé (e se você gosta de rir), recomendo o livro de Vince Antonucci, *Guerrilla Lovers* [Amantes da guerrilha].

Nós não planejamos isso, mas esse mesmo cenário começou a se repetir por todo o mundo. Como mencionei no capítulo 10, Bryan e Amy começaram a projetar o nosso culto em uma tela enorme em uma lanchonete local para imigrantes sem-teto em Branson. Agora isso se transformou em uma reunião semanal de aproximadamente cem pessoas. Uma mulher de Austin levou seus amigos não cristãos em Nova York para assistir ao culto *on-line* e comentar sobre ele na mesma tarde por Skype. Você se lembra de Gregg do capítulo 10? Ele é um criador de porcos do sul da Austrália que convidou os vizinhos fazendeiros para assistir ao culto em sua sala de estar. Agora eles têm várias igrejas no lar que trabalham em rede por toda a Austrália para ministrar a prisioneiros e suas famílias.

O nosso culto Inspire (domingos pela manhã) tem sido exibido em bares, lares, auditórios de escolas, centros de arte e salões de festas em condomínios fechados. Mesmo que a sua igreja não tenha um culto para o qual você possa convidar os seus amigos não cristãos, você pode iniciar o seu culto em casa e deixá-lo crescer e então conectá-los ao corpo da igreja local. A conexão com uma igreja local é fundamental para o crescimento deles como seguidores de Jesus.

À medida que você constrói uma dinâmica relacional, servindo a seu próximo com o seu próximo, você pode convidá-los para encontros do tipo "Venha como você está", nos quais poderão aprender os caminhos de Cristo no ritmo deles. Organize esse encontro em um café da manhã, lanche ou jantar, de modo que vocês também tenham oportunidade de conversar e rir. Ou reúna todos esses princípios e crie o seu encontro.

Cursos Alpha

Uma maneira completamente diferente que desempenha a mesma função do espaço de aprendizagem "Venha como você está" é o curso Alpha, ou alguma abordagem similar ao estilo de seminário. O curso Alpha tem obtido êxito em muitos contextos europeus e norte-americanos como um caminho para expor as pessoas aos ensinamentos básicos da fé de um modo que envolva relacionalmente cabeça e coração. Leia com atenção a descrição do curso, e você reconhecerá alguns dos princípios sobre os quais tenho falado:

> O curso Alpha dá a todos a oportunidade de investigar o significado da vida em um ambiente descontraído e amigável. O curso Alpha ocorre em geral uma vez por semana durante dez semanas, incluindo um dia inteiro ou um fim de semana de acampamento. As sessões começam com uma refeição, seguida por uma rápida conversa e tempo para discutir o que está sendo ensinado. Durante a discussão, todos são estimulados a contribuir com suas opiniões, e nenhuma questão é considerada hostil ou simples demais... Os participantes têm todo tipo de formação, histórico religioso e pontos de vista. Eles vêm para investigar questões sobre a existência de Deus, o propósito da vida, a vida após a morte, as alegações de Jesus e muito mais. Algumas pessoas querem ir além da religião e desejam descobrir um relacionamento com Deus que realmente transforme sua vida. Outras vêm em busca de amizades mais próximas e duradouras que possam ser iniciadas ali mesmo, durante o curso. Muitos convidados nunca estiveram na igreja, outros podem ter frequentado a igreja vez ou outra, mas sentem que nunca verdadeiramente compreenderam os fundamentos da fé cristã. Todos são bem-vindos.[2]

Sua crescente rede poderia hospedar um curso Alpha, ou criar um seminário contínuo para investigação. Nossa Rede de Artes é repleta de músicos, e eles começaram a tocar como *free-lancers* em cafeterias ou outros locais de encontro e então criaram os "Estudos de Citação", por meio dos quais apresentam citações de pessoas famosas, todas baseadas na sabedoria encontrada no livro de Tiago. Isso cria um diálogo aberto

2 Consulte <www.alphausa.org> para mais informações.

sobre o significado espiritual em um ambiente em que as pessoas podem entrar ou sair livremente.

Pequenos grupos abertos

Por fim, pequenos grupos se encontrando nos lares também podem fornecer um espaço de aprendizagem do tipo "Venha como você está". É importante que o líder defina o tom e as regras básicas de modo que o grupo não acabe acidentalmente sufocando alguém que está apenas investigando a fé. Isso pode acontecer se os membros do grupo forem ávidos para corrigir uma declaração teologicamente claudicante, ou se todos se juntam para fazer defesas apaixonadas para responder a algum questionamento, ou se o grupo tenta rapidamente consertar o que está errado caso alguém compartilhe uma batalha ou provação. Um pequeno grupo aberto precisa aprender a aceitar e saber lidar bem com pessoas confusas no processo, as quais podem dizer coisas erradas, ou ainda fazer coisas erradas, ou por algum tempo ter dificuldades para entender certas questões da fé. O pequeno grupo precisa reconhecer que aquele tempo de aprendizagem irá resolver boa parte dessas questões.

Quando começamos a Gateway, eu conduzia um pequeno grupo com três outros cristãos e nove pessoas em vários estágios de investigação da fé. Na primeira noite, Ron levantou a mão e perguntou se poderíamos fazer um intervalo para que ele e Shannon pudessem fumar um cigarro. Paul rapidamente disse: "É, eu não consigo me concentrar se não der uma tragada". Foram ditas coisas naquele grupo que fizeram a minha cabeça dar saltos teológicos, e eu precisava continuar orando por discernimento: "Senhor, eu corrijo esse comportamento abertamente ou deixo passar?". Às vezes eu me afastava do grupo, perguntando: "Senhor, isso está certo? Porque com certeza parece confuso".

Contudo, nós também estudamos o livro de Mateus, separando tempo para falar sobre seu significado e como poderíamos pôr em prática os princípios ali apresentados, e vi muito da obra-prima ser revelado quando Deus fez seu trabalho de remoção de impurezas. Em dois anos, todas as 30 pessoas do grupo estavam seguindo plenamente Cristo. Tínhamos conquistado coisas como superar o vício em álcool, cocaína e cigarro; encontrar cura para os pecados sexuais do passado e reconciliar um casamento. Todos estavam usando seus dons para servir aos outros. E, no devido tempo, todos, exceto dois participantes, tornaram-se líderes na nossa igreja ou em outras igrejas próximas!

Levará um longo tempo até que o seu grupo possa focar a comunidade de amor, aceitando-se mutuamente da mesma maneira que Cristo nos aceita, sendo seres humanos reais e vulneráveis, ouvindo e tentando entender o ponto de vista das outras pessoas ao mesmo tempo que compartilhamos nossos pontos de vista, e compreendendo as Escrituras da forma correta. A comunidade de amor conduz as pessoas à fé. Você se lembra do que Jesus disse sobre como seríamos reconhecidos? “Com isso todos saberão que vocês são meus discípulos, se vocês se amarem uns aos outros” (João 13.35).

Garry Poole desenvolveu um excelente treinamento e também alguns materiais para grupos de liderança com cristãos e não cristãos.[3] Escrevi vários capítulos também para o livro *Proibida a entrada de pessoas perfeitas,* com o objetivo de ajudar você e as pessoas a entender como se relacionar com a cultura. Ali dou exemplos reais para ajudar a falar às pessoas sobre questões difíceis, como perguntas sobre outras religiões, homossexualidade, união estável e sexo antes do casamento.

Seja em um culto de adoração, seja um seminário, seja em um pequeno grupo, se você criar um espaço de aprendizagem do tipo “Venha como você está”, Deus o usará.

3 *Seeker Small Groups* [Pequenos grupos de pessoas interessadas], de Garry Poole, é um ótimo recurso para ajudar você a conduzir um grupo misto, e a série Tough Questions [Questões difíceis] preparada por Poole pode ser um excelente recurso introdutório para trabalhar em conjunto. A Soma Communities tem *The Story* [A história], que eles usam em grupos mistos para experimentar a narrativa da Bíblia inteira, e eles têm visto muitas pessoas encontrarem a fé.

Luta de igrejas

Doug♦ e Rosey♦ mudaram-se para o Arizona sem sentir nenhuma necessidade de encontrar Deus, mas sua vida ao estilo selvagem definitivamente não era bom para seu casamento nem para seus filhos. Austin deu-lhes a chance de iniciar uma vida nova, manter-se sóbrios e cumprir um melhor papel na criação dos filhos. Doug reflete que seu sucesso e a riqueza advinda de seu negócio disfarçavam todas as trincas e rupturas nos alicerces de sua vida.

Certa noite Doug teve um sonho vívido no qual alguém o convidava a ir à igreja. Ele havia fugido do Senhor por anos, mas no sonho aceitou o convite, foi à igreja e alguém lhe perguntou: "Em vez de apenas comparecer à igreja, você gostaria de fazer parte desta comunidade?". Doug respondeu afirmativamente e descobriu-se ocupando o centro do palco, junto com um grupo de pessoas.

Um colega de trabalho tinha convidado Doug para participar de um time de futebol da Gateway. Doug gostava das pessoas com as quais ele jogava, e, por coincidência, na mesma semana em que ele havia tido o sonho um dos jogadores convidou-o para visitar o culto Inspire da Gateway. Com o sonho fresco na mente, Doug aceitou o convite.

Rosey era ateia. Ela havia sido criada em uma situação familiar caótica e por isso concluiu que Deus não poderia existir. No entanto, a mãe de uma das coleguinhas de sua filha na pré-escola convidou-a para participar de um grupo de mães. Louca para fazer amizade com outras jovens mães, Rosey começou a ir e tornou-se amiga dessas mulheres. Samantha e várias outras que frequentavam o grupo iam à mesma igreja, e elas convidaram Rosey para ir à igreja no mesmo dia em que o time de *softball* convidou Doug. Rosey concordou em ir, mas apenas para não magoar as amigas.

Doug voltou do futebol decidido a acompanhar o amigo, mas sabia por antecipação que Rosey armaria uma briga sobre ir à igreja. — Rosey, acho que devemos ir conhecer uma igreja este final de semana.

— Engraçado que você tenha dito isso — Rosey respondeu —, porque eu acabei de me comprometer com Samantha para visitar a igreja dela. É algo que eu poderia ao menos experimentar.

— Não, eu disse a Eric e Zack do time de futebol que nós iríamos à igreja deles — Doug discordou sem rodeios.

— Não podemos fazer isso — Rosey retrucou, aborrecida. — Eu já me comprometi a ir com Sam. Você não pode fazer isso comigo. Só aceitei ir porque essas amizades são importantes para mim.

— Mas e eu? — Doug objetou. Assim que disse isso, ele soube que tinha comprado uma briga e que a dinâmica relacional foi por água abaixo. Doug e Rosey mergulharam em um profundo conflito marital, girando até o fundo do bueiro em uma discussão feia sobre quais amigos eram mais importantes e qual igreja eles iriam visitar. O domingo chegou, e eles estavam brigados, mas Doug, o vendedor, ganhou.

Quando eles chegaram ao estacionamento da igreja, Rosey caiu na gargalhada: — Gateway? É aqui que nós vamos? Essa é a igreja de Sam!

Eles tinham brigado a semana inteira e acabaram indo à mesma igreja!

Doug reflete: "Nós continuamos indo à igreja por duas razões totalmente diferentes, no entanto... continuei porque tinha virado as costas para Deus, mas comecei a ver que ele estava a meu favor, não contra mim. E a Gateway era o único lugar que eu conhecia onde as pessoas podiam revelar seus problemas e fragilidades, e eu podia ver Deus realmente fazendo alguma coisa na vida delas".

"Eu continuei a ir", Rosey recorda, "porque, a cada semana, ouvia exatamente o que precisava ouvir. Nem sempre era o que eu queria ouvir, mas era sempre o que eu precisava. Naquele ponto, eu não me importava sobre como chegar aos céus ou com algum Espírito invisível que vive nas pessoas. Mas, conforme Doug e eu começamos a aplicar as lições práticas extraídas diretamente das Escrituras na nossa vida e no nosso casamento, comecei a perceber que aquele Jesus tinha alguma coisa mais".

Quatro meses depois, Doug tinha restaurado seu relacionamento com Cristo, mas Rosey ainda resistia. "Nós fomos encaminhados para o culto de domingo", Doug recorda, "quando notamos que as pessoas estavam sendo batizadas numa piscina com um roupão de baixa qualidade (desculpe, eu sou um cara da água)". Doug provocou a esposa: — Ei, querida, você pode ser batizada hoje.

— Sem chance — Rosey discordou, zombando. Eles podem ser divertir na água sem mim. Mas Deus fez algo no coração de Rosey aquele dia no culto. Ela abriu seu coração para Cristo e foi batizada.

"Eu vi a regeneração acontecer bem diante dos meus olhos", Doug reflete. "Não posso nem pensar nisso sem me chocar porque Deus transformou de tal maneira a nossa família desde aquele dia". Doug começou a participar de um pequeno grupo com os homens do futebol, e Rosey juntou-se a um pequeno grupo de mães. Doug disse que seu crescimento espiritual curou seu casamento, que estava a um passo do divórcio. Hoje Doug lidera um grupo de homens, e Rosey lidera um grupo de mães de adolescentes na nossa Rede Cedar Park.

Ter um espaço de aprendizagem do tipo "Venha como você está", combinado com grupos menores para discipulado "vida sobre vida", é fundamental para ver a obra-prima restaurada em indivíduos e para a igreja emergir da cultura. Foi em pequenos grupos que Jesus investiu a maior parte de seu tempo. Entender por que essa era sua estratégia nuclear é o que veremos a seguir.

QUESTÕES E AÇÕES

1. Reflita a respeito da seguinte questão: Onde você poderia levar pessoas que estão investigando a fé para que elas possam aprender sobre o caminho de Cristo? Se você não consegue pensar em um local, como poderia ajudar a criar um espaço para a sua igreja ou para o seu grupo?

2. Experimente realizar a seguinte ação: Se você tiver um local ao qual levar pessoas que estão investigando a fé, convide algumas delas esta semana. Não desanime se elas não aceitarem de pronto; geralmente são necessários vários convites (algo em torno de 5 a 7). Mesmo que você não esteja seguro de que esse é um bom lugar para investigar a fé, peça a ajuda deles: "Você me ajudaria e também a alguns amigos meus em um projeto? Estamos tentando entender o que precisa ser mudado (em um culto da nossa igreja) para ajudar as pessoas a se sentir confortáveis em investigar a fé se quiserem fazê-lo. Você viria e nos daria um *feedback* sobre o que ajudaria você caso estivesse interessado em investigar a fé cristã?".

Capítulo 14

Todos podem desenvolver alguém

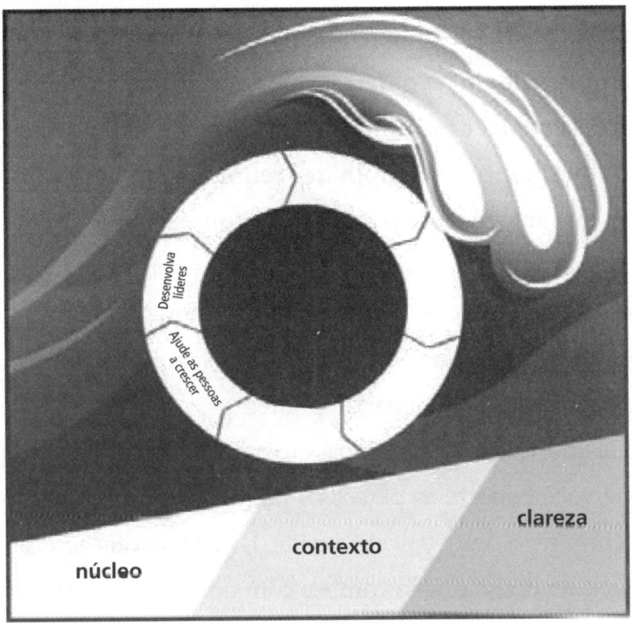

Onda de impacto

JESUS TINHA UM plano para mudar o mundo. Isso começou com servir às pessoas em seu ponto de necessidade e ajudá-las a aprender os caminhos do Reino de Deus, mas depois ele focou os pequenos movimentos — com 12 — que se juntavam em uma poderosa e crescente onda de influência! Como temos visto neste estudo sobre os encontros de Jesus, por cerca de um ano Jesus basicamente disse: "Venha e veja" (João 1.39).

As pessoas vinham e iam, ouvindo Jesus ensinar sobre os montes e decidindo se iriam ou não crer nele. Ele convidava as pessoas para que o seguissem. Como ele fazia isso tem sido o foco deste livro, com vistas a assegurar que as nossas atitudes e ações correspondam a como Jesus agia. Mas precisamos também reconhecer que Jesus tinha um plano para ajudar as pessoas a desenvolver profundas raízes espirituais. Ele não poderia ter um impacto duradouro sobre milhares reunidos em uma colina ou sobre centenas em uma sinagoga; isso precisava acontecer vida sobre vida, como uma molécula de água transferindo a amorosa energia de Deus àquelas ao redor. Depois de um ano com as pessoas aprendendo a seguir Jesus, ele fez algo deliberado que nós também precisamos fazer. Ele desafiou e capacitou um pequeno grupo de 12 participantes.

À medida que uma rede de pessoas emergir da cultura à sua volta, será fundamental que você conecte as pessoas a pequenos grupos abertos nos quais elas podem começar a desenvolver-se na fé. É por isso que aconselhamos que um grupo nuclear comissionado comece com um líder de rede, um líder servo e um líder de pequeno grupo/um líder de grupo de discipulado. Como veremos, "todos podem desenvolver alguém", mas, para que isso aconteça, um seguidor de Cristo precisa estar disposto a investir espiritualmente para ajudar os outros a crescer. É aí que a história de Doug e Rosey volta à tona.

....

Brandon♦ não conseguia livrar-se do desespero. Ele sempre fora bem-sucedido em tudo o que fazia. Chegando a Austin de Allie para fazer o mestrado, além de uma oportunidade de negócio na GE, parecia a coisa certa a fazer para Brandon e sua noiva. Mas acabou se tornando a ruína dos dois. *Se eu soubesse... O que eu poderia ter feito diferente?* Essas e outras perguntas não paravam de rodar em sua mente, ferindo-o profundamente. *Como ela pôde simplesmente me deixar?*

Fazendo uma pesquisa no Google, Brandon descobriu o nosso ministério de Recuperação do Divórcio. Brandon veio e, durante aquelas dez semanas, ele começou a investigar a fé em Jesus. Brandon conheceu Kirby,♦ que tinha acabado de iniciar um pequeno grupo com dez rapazes, e o convidou para se juntar a eles. No ano seguinte, Brandon encontrou a fé, e o grupo todo foi batizado em uma piscina.

O grupo reuniu-se em um retiro de final de semana, e cada um deles contou sua história de vida, fez um exercício de construção da fé e orou pelas esperanças e pelos sonhos dos outros. Naquele ano, avançaram para o *Morph,* a nossa formação espiritual intensiva, realizaram vários projetos de serviço juntos e aprenderam a estudar a Bíblia pelo método indutivo por meio de Colossenses, descobriram como caminhar com o Espírito de Deus e se tornaram bons amigos.

No ano seguinte, Kirby ensinou-lhes sobre o método de investigação de Jesus em um pequeno grupo e desafiou-os a fazer o mesmo. Kirby sugeriu que eles começassem a orar sobre o que Deus queria que eles construíssem espiritualmente. Brandon não se sentia capaz de fazer isso, mas Kirby encorajou-o, dizendo: "Eu estarei ao seu lado durante todo o processo. Você simplesmente começa a orar sobre quem Deus está pondo na sua vida". Brandon iniciou um grupo, ao qual Doug (o marido de Rosey) se juntou. Foi no grupo de Brandon que uma verdadeira transformação se passou na vida de Doug.

Chamado para ser capacitado

Depois de um ano investigando a fé, muitos que observavam Jesus ainda não criam. Agora observe o que Jesus fez em relação a isso: ele continuou a servir e a ensinar muitos, mas se concentrou na capacitação de alguns! "E disse Jesus: 'Sigam-me, e eu os farei pescadores de homens' " (Mateus 4.19). Aqueles homens ainda não eram pescadores de homens; eles precisavam ser capacitados, e foi nisso que Jesus se concentrou no ano seguinte. Se você quer fazer uma diferença *enorme* no mundo, concentre-se em algumas pessoas e invista nelas. Essa foi a estratégia adotada por Jesus. Por quê?

Você alguma vez já quis saber por que Jesus não veio à terra na era da tecnologia? Ele poderia ter dinamitado todos no Facebook com sua mensagem. Ele poderia ter começado um ministério global de televisão ou aberto um canal no YouTube. Certamente tudo teria sido muito mais rápido. Mas isso significa que ele veio "no devido tempo" (Romanos 5.6). E tinha um método para mudar o mundo, uma vida de cada vez. Porque a mensagem de Jesus é *relacional*!

A mensagem de Jesus concentra-se em *amar a Deus*, seguindo obedientemente seu Espírito, *para que* ele possa nos levar a *amar os outros* de uma nova maneira — uma maneira única, que só acontece de vida para vida para vida. Deus restaura a obra-prima em nós por meio dos outros, e ele nos chama para investir amorosamente na restauração da obra-prima nos outros, de modo que, uma vida de cada vez, ele muda o mundo inteiro. Jesus investiu em poucas pessoas: "Escolheu doze, designando-os apóstolos, para que *estivessem com ele*, os *enviasse a pregar* [...]" (Marcos 3.14). Jesus investia tempo relacional *estando com eles* e deixando claro que os estava capacitando para *enviá-los* ao ministério. As duas coisas são fundamentais para a transformação espiritual acontecer e perdurar.

Jesus chamou 12 homens que o seguiram por toda parte. Por cerca de um ano, capacitou-os intensamente a caminhar com Deus. Ele os separou e lhes explicou as verdades de Deus, ele os amou e edificou, e preparou para serem capazes de fazer o mesmo por outros.

Intencional e transferível

É importante reconhecer a natureza evolucionária do crescimento espiritual. As pessoas crescem ao longo de um caminho formado por estações de fé. (Na Gateway, chamamos essas estações de Descubra, Desenvolva e Aprofunde.) A cada estação, elas se aprofundam ainda mais no caminho de Cristo (Amando a Deus, Amando as Pessoas, Construindo o Fruto do Espírito e Fazendo Parte do Corpo de Cristo). Embora uma pessoa precise crescer no amor a Deus durante a estação Descubra, ela terá resultados diferentes de alguém que estiver na estação Aprofunde. Uma pessoa nunca para de crescer no amor a Deus, ou em qualquer uma das áreas do caminho de Cristo.

Para pequenos grupos (de 8 a 15 pessoas) ou Parceiros de Corrida Espiritual (um subgrupo de 2 a 4 pessoas que percorrem a corrida da fé em total transparência), é importante reconhecer em quais estações os indivíduos estão e admitir que a vida do grupo acontecerá mediante fases dependendo da estação. Quando um grupo se formar primeiro e incluir a estação Descubra, as pessoas estarão descobrindo a fé, e o grupo poderá ser uma combinação de cristãos e outras pessoas que ainda estão investigando. A coisa mais importante a estabelecer nessa fase da vida do grupo é a comunidade de amor.

Se as pessoas em um grupo se alimentam juntas, riem juntas e aprendem a ser reais e vulneráveis umas com as outras, então elas serão capazes de ir mais fundo espiritualmente e estudar as Escrituras juntas durante anos. No entanto, se esse grupo tentar avançar rápido demais ou fundo demais, ou se tornar tão centrado e com pouca vida real, alegria ou transparência, posso quase assegurar que o grupo não durará por mais de um ano. No outro extremo, se um grupo permanece em uma comunidade de amor, mas torna-se um mero clube do livro durante anos, as pessoas continuam espiritualmente estagnadas.

Quando a maioria dos membros está pronta para a estação Desenvolva (o que deve acontecer no intervalo de 6 a 18 meses desde a formação de um grupo, dependendo dos membros), a intencionalidade e a capacidade de transferir são fundamentais. Jesus pediu aos 12 que se comprometessem com uma capacitação intencional: "Se vocês me seguirem, eu os capacitarei" (v. Mateus 4.19). Nessa fase da vida do grupo, um líder precisa desafiar as pessoas a se engajarem em uma estação de desenvolvimento espiritual com expectativas claras sobre o que será realizado nesse período.

Certifique-se de que as pessoas nas quais você se concentrará para o desenvolvimento espiritual são fiéis, disponíveis, cheias do Espírito e dispostas a aprender.[1]

Fiel — Uma pessoa que não contraria a confiança nela depositada; você pode contar que ela fará o que diz.
Disponível — A pessoa pode comprometer-se a estar presente toda semana? Algumas vezes a agenda profissional ou questões sazonais da vida tornam impossível para uma pessoa cumprir o estágio de desenvolvimento. Certifique-se de que aqueles em quem você espera investir correspondam ao custo e ao comprometimento.
Cheia do Espírito — Essa pessoa caminha com Deus e obedece ao Espírito?
Disposta a aprender — Essa pessoa está ávida por aprender mais sobre os caminhos de Cristo?

Lembre-se de que Jesus orou a noite toda antes de chamar aqueles que seriam capacitados (Lucas 6.12,13), portanto separe um tempo para

1 O autor originalmente recorre ao acrônimo FAST [rápido] para resumir as quatro qualidades (no inglês, *Faithful, Available, Spirit-filled e Teachable*), destacando, porém, que não se trata de uma criação inédita. Ele a adaptou do acrônimo FAT [gordo], usado nos círculos de discipulado da Cruzada Estudantil para Cristo. O autor observa, em nota bem-humorada que, além de não considerar muito adequado chamar as pessoas de "gordas", o "S", que se refere a ser cheio do Espírito Santo, lhe parece essencial na descrição.

orar e desafie cada um individualmente depois de ter certeza de que eles possuem as quatro qualidades citadas.

Há muitas formas de capacitar ou disciplinar um seguidor de Jesus na estação Desenvolva. Não existe um único modo certo nem esse caminho está totalmente claro nas Escrituras. No entanto, há princípios que vemos em Jesus e que podem nos inspirar. Prepare um programa tridimensional, envolvendo conhecimento, relacionamento e práticas. Muitos programas de "discipulado" que usei ao longo dos anos focavam apenas o conhecimento intelectual, mas negligenciavam capacitar as pessoas para viver relacionamentos amorosos, doadores de vida, solução de conflitos, ou não ajudavam as pessoas a experimentar práticas espirituais para desenvolver novos hábitos de crescimento espiritual.

Seja qual for o programa ou o caminho que você ou a sua igreja escolha, certifique-se de que ele seja transferível. Em outras palavras, você quer capacitar as pessoas a que se movam da estação Desenvolva para a estação Aprofunde-se, na qual poderão capacitar outras pessoas. Isso acontece melhor se você pode dizer: "Certo, agora vocês farão com outras pessoas o que temos feito juntos como grupo". Se isso for facilmente transferível, pode ajudar a capacitar vida por vida.

Como Brandon tinha acabado de passar pela formação *Morph* com Kirby e seu grupo, Brandon organizou esse novo grupo com Doug, e ele fez o mesmo. Se você quer de verdade ver emergirem da cultura seguidores de Jesus, os novos grupos precisam ter uma diversidade de pessoas descobrindo ou desenvolvendo a fé. No caso de Brandon, os 15 rapazes de seu grupo eram na maioria neófitos, alguns mais do que os outros.

Com a orientação de Kirby, Brandon notou que Doug e outros três rapazes tinham as quatro qualidades para avançar à estação Desenvolva — embora claramente novatos na fé, eles tinham potencial para ir adiante. Enquanto o grupo inteiro de Brandon não estava pronto para a estação Desenvolva, Brandon encaixou Doug e os outros três rapazes em um subgrupo de Parceiros de Corrida Espiritual rumo à formação

Morph — Amar a Deus, parte de um programa de formação espiritual que desenvolvemos na Gateway. Dentro de alguns anos, três deles usaram a formação *Morph* para liderar outros espiritualmente. A capacidade de transferência é a chave.

Morph

Ao mesmo tempo que há muitos programas de discipulado que podem ser usados, há vários resultados que você busca na estação Desenvolva. Será que essas pessoas sabem de verdade o que significa *amar a Deus*? Elas entendem o caráter e a bondade de Deus a ponto de confiarem nele? Elas desenvolveram os hábitos de leitura das Escrituras para que continuem aprendendo sobre Deus? E, além disso, elas sabem quais são os ídolos que geralmente as impedem de pôr Deus em primeiro lugar? A menos que ajudemos as pessoas a entender seus desejos mais profundos, elas com frequência prestarão obediência a Deus apenas da boca para fora, mas na realidade estarão servindo a ídolos. Nós precisamos ajudá-las a examinar o que elas pensam que querem — sucesso, diversão, dinheiro, casamento — em contraste com o que elas querem lá no fundo, e o que Deus quer para elas — não apenas sucesso, mas segurança; não apenas diversão, mas alegria; não apenas dinheiro, mas contentamento; não apenas casamento, mas amor.

Elas sabem o que significa *amar as pessoas*? Jesus disse que, se nós não amarmos as pessoas, também não amaremos a Deus. Apesar disso, boa parte da formação espiritual falha em capacitar as pessoas a verdadeiramente fortalecer os outros, em vez de julgá-los ou desmerecê-los, a resolver conflitos rapidamente, ouvindo e cuidando para que as pessoas se sintam amadas, e a compreender a necessidade essencial para uma comunidade autêntica. “Quem não ama seu irmão, a quem vê, não pode amar a Deus, a quem não vê. Ele nos deu este mandamento: Quem ama a Deus, ame também seu irmão” (1João 4.20,21). Se o nosso discipulado não produz pessoas mais amorosas, algo está claramente errado.

Elas sabem como permanecer em Cristo de modo que *desenvolvam o fruto do Espírito*? Jesus disse: "Eu sou a videira; vocês são os ramos. Se alguém permanecer em mim e eu nele, esse dará muito fruto; pois sem mim vocês não podem fazer coisa alguma" (João 15.5). Se Jesus está dizendo a verdade, então ensinar as pessoas a "permanecer em Cristo" ou a "caminhar no Espírito" é central. Nada é mais importante! Na verdade, se nós ensinarmos pessoas a estudar a Bíblia, orar, jejuar, entregar o dízimo e servir, mas falharmos em ensiná-las a permanecer em Cristo constantemente, o que teremos conseguido, segundo as palavras de Jesus? Nada! *Revolução da alma* é um livro que escrevi para conduzir as pessoas por meio de uma experiência de permanecer em Cristo por sessenta dias, incluindo relatos dos modos maravilhosos pelos quais Deus nos mostra quando fazemos o que é essencial.

Elas sabem como *ser o Corpo de Cristo*? A igreja de Jesus é chamada de seu Corpo, mas a maioria das pessoas não se vê como parte desse movimento interdependente, divinamente orquestrado de peças dotadas para funcionar juntas. Nós precisamos ajudar as pessoas a reconhecer seu tempo, seus dons, seu serviços e seus recursos financeiros dados por Deus como oportunidades de colaborar com Deus e seu Corpo.

....

Rick Shurtz e Sherilyn Villareal desenvolveram um programa tridimensional de formação espiritual chamado *Morph* (disponível *on-line* em: <www.gatewayleaders.com>). O programa *Morph* está dividido em quatro módulos de oito semanas em torno dos temas *Amar a Deus, Amar as Pessoas, Construir o Fruto do Espírito* e *Fazer Parte do Corpo de Cristo*. Esse não é o único caminho para a formação espiritual, mas é uma opção realmente interessante que talvez você pode avaliar.

Mais importante do que o programa ou os livros que você escolher é deixar claro quais são os resultados que você espera para as pessoas do seu grupo. Para uma lista de resultados que nós buscamos nas diferentes estações de crescimento espiritual, consulte <lifegroup.gatewaychurch.com/be-transformed>.

Da marijuana para Jesus

Wade entrou na rede de Rick porque sua esposa tinha sido convidada a se juntar a um pequeno grupo. Ele sempre resistiu à ideia porque não dava a menor importância para compartilhar seus pensamentos e sentimentos em frente de um grupo de estranhos, mas decidiu que faria uma tentativa. Quando a nossa igreja seguiu a *Revolução da alma,* Wade converteu-se durante a experiência de 60 dias. Depois disso, o grupo de Rick começou o caminho de formação espiritual *Morph,* com duração de um ano. Durante o *Morph — Ser o Corpo de Cristo,* Rick desafiou os novos seguidores de Cristo em crescimento a começar a orar sobre as pessoas para as quais Deus queria que eles ministrassem. Wade disse que ele nunca seria capaz de fazer isso. Rick pediu que ele apenas fizesse o exercício e orasse: "Deus, a quem o Senhor quer ministrar por meio da minha vida?".

Wade retornou ao grupo duas semanas depois com uma ideia completamente maluca. Durante anos, Wade se reunira com seu círculo íntimo de amigos em uma de suas garagens para assistir a eventos esportivos, falar sobre a vida e fumar maconha! Desde que se converteu, Wade parou de fumar maconha, mas permaneceu próximo a seus amigos e continuou fazendo reuniões na garagem para mostrar que ele ainda podia amá-los por aquilo que eles eram, da mesma forma que Cristo ama cada um de nós. Ele estava decidido a fazer de sua vida um exemplo, na esperança de que isso por fim influenciasse seus camaradas de maneira positiva.

Seus amigos notaram uma mudança em seu comportamento e no final disseram que o admiravam de verdade por causa de seu compromisso com Cristo. Depois que Wade orou para que Deus lhe mostrasse alguém a quem ministrar, um de seus amigos pediu a ele num de seus encontros: "Ei, cara, sabemos que você parou de fumar, mas você nunca nos contou por quê". Wade viu isso como um sinal do Senhor; então, com o coração disparado, contou aos amigos sobre a experiência *Revolução da alma* e como ele realmente tinha visto *Deus* trabalhar em sua vida.

Um dos rapazes disse: "Ei, por que você não nos mostra como fazer isso?!". Então Wade voltou e contou ao grupo de Rick: "Decidi conduzir o meu grupo de amigos fumadores de maconha a aprender a ouvir e responder obedientemente a Deus! Vai ser interessante!".

Chamados para ministrar

Com frequência, as igrejas esperam tempo demais para permitir que um seguidor de Cristo se envolva no ministério. Não estenda tanto o período de desenvolvimento também! Se alguém não pode envolver-se em ministrar e desenvolver outras pessoas depois de dois ou três anos, isso é tempo demais. Uma vez que as pessoas passem da estação Descubra para a estação Desenvolva de crescimento intencional, é tempo de levá-las a ajudar outros a trilhar o caminho que elas percorreram — essa é a porta de entrada na fase ministerial da vida do grupo. Nós precisamos entender que a estação Aprofunde-se (a estação da maturidade) *não* significa apenas seguir aprendendo continuamente, sem nunca mudar, nunca liderar, nunca servir com os nossos dons, nunca dar de nós mesmos. Esse não era o caminho de Cristo!

Depois de um intenso ano de capacitação, Jesus enviou os 12 discípulos com as seguintes instruções: "[...] Preguem esta mensagem: O Reino dos céus está próximo. Curem os enfermos, ressuscitem os mortos, purifiquem os leprosos, expulsem os demônios. Vocês receberam de graça; deem também de graça" (Mateus 10.5-8). Pense nisso — um ano antes, Mateus era um cobrador de impostos sentado em sua tenda, conversando com seus notórios amigos imorais. Um ano depois, Jesus autorizou e enviou Mateus a sair para realizar *exatamente* o mesmo ministério que Jesus estava realizando!

"De fato, não era Jesus quem batizava, e sim os seus discípulos" (João 4.2, *Nova Tradução na Linguagem de Hoje*). Nos dois anos seguintes, os discípulos de Jesus batizaram pessoas, oraram por elas, administraram curas e ofereceram ensino. Ele as orientaram e apoiaram. "Seus discípulos lhe perguntaram em particular: 'Por que não conseguimos expulsá-lo?' Ele respondeu: 'Essa espécie só sai pela oração e pelo jejum'" (Marcos 9.28,29). Os discípulos obtiveram êxito, mas também fracassaram, e Jesus os instruiu enquanto ministravam.

Você pode ter um ministério poderoso, não importa qual seja a sua história passada, se estiver disposto a seguir o Espírito de Deus e ser capacitado. Lembre-se de que isso não ocorre pelo seu poder, mas é pelo poder de Deus que você pode alcançar grandes feitos. Ele diz que outorgou poder para que você pudesse ministrar a outros; então, uma vez capacitado, isso é tudo o que você precisa fazer. Você se sentirá inadequado, você se sentirá como se não soubesse o suficiente, você pensará que não é bom o bastante. Bem-vindo ao clube — todos nós nos sentimos assim quando começamos!

....

Lembro-me de que, quando entrei na faculdade, Scott Smith♦ convidou a mim e a meu amigo Ken♦ para um estudo bíblico. Eu tinha me convertido havia cerca 2 anos, e Ken era um dos rapazes mais loucos da residência estudantil, mas eu orava por ele todas as noites porque ele era o meu melhor amigo. Naquele ano, Ken deu uma virada em sua vida em direção a Cristo, e Scott nos capacitou espiritualmente. Ele nos ensinou a estudar a Bíblia, a caminhar com o Espírito Santo, a orar, a servir e a contar a nossa história espiritual de modo que pudéssemos compartilhar a fé com outras pessoas.

Depois de quase um ano nos pajeando, ele disse: "Agora vocês podem investir nos outros, da mesma forma que investi em vocês". Nós respondemos de pronto: "De jeito nenhum; não podemos fazer isso!". Mas ele insistiu: "Sim, vocês podem, porque Jesus está com vocês, e eu continuarei ajudando". Eu me lembro de como fiquei apavorado em liderar o meu primeiro grupo. Eu me sentia fracassando, mas Scott continuou me encorajando e orientando. E isso é maravilhoso: Scott investiu em Ken, em mim e em seis outros rapazes durante dois anos, e depois ele se formou. Comecei a liderar um pequeno grupo de rapazes e assim também fez Ken, e nós os ajudamos a crescer e a começar a investir nos outros, e esse processo começou a multiplicar-se. Quatro anos depois, pensando em todas as metáforas que Jesus usou sobre como o Reino de Deus cresce secretamente, silenciosamente, como uma semente que floresce em muitos ramos que deixam cair outras sementes, decidi rastrear como a influência de Scott tinha se espalhado por meio de mim e de Ken. No total, em quatro anos 350 pessoas se desenvolveram espiritualmente — contando desde o investimento de Scott em mim e em Ken, passando pelos rapazes em que nós investimos, e então àqueles nos quais eles investiram. Começou pequeno e ganhou dinâmica como uma onda crescente de vidas em transformação — é isso o que o Espírito de Deus faz por meio de corações dispostos.

Chamado para desenvolver outras pessoas em três gerações

Esta é a última coisa que Jesus disse a seus discípulos:

> "Foi-me dada toda a autoridade nos céus e na terra. Portanto, vão e façam discípulos de todas as nações, batizando-os em nome do Pai e do Filho e do Espírito Santo, ensinando-os a obedecer a tudo o que eu lhes ordenei. E eu estarei sempre com vocês, até o fim dos tempos".
>
> Mateus 28.18-20

Você reconhece o plano de Jesus para alcançar as nações? Ele investiu nesse único pequeno grupo de 12 participantes. Eles possivelmente não conseguiriam ajudar todas as nações da terra a seguir Jesus; então essa

Grande Comissão deve ter sido dirigida àqueles nos quais eles iriam investir, e assim por diante, e assim por diante, por todo o caminho até chegar a você e a mim.

Você pode ir e levar pessoas à fé, e ajudá-las a se identificar com o Pai, o Filho e o Espírito por meio do batismo. Por quê? Porque toda a autoridade foi dada a Jesus, e ele está sempre ao seu lado e comissionou você para fazer isso! E você pode ensinar as pessoas a observar tudo o que ele ordenou. Você não precisa ter o dom de ensino ou uma formação no seminário, porque já tem a autoridade de Jesus e a presença dele ao seu lado para ajudar você a fazer isso. Apenas mergulhe nas Escrituras, leia a Bíblia com outros seguidores e siga o Espírito em uma comunidade autêntica! Concentre-se em viver isso — e não apenas em saber a respeito — e ajude os outros a viver assim para o resto da vida.

Essa parece ser a essência de como a igreja primitiva crescia. Paulo disse a seu jovem filho na fé, Timóteo: "E as palavras que me ouviu dizer na presença de muitas testemunhas, confie-as a homens fiéis que sejam também capazes de ensinar outros" (2Timóteo 2.2). Paulo investiu espiritualmente em Timóteo (uma primeira geração) e então o encarregou de ensinar e capacitar pessoas de confiança (uma segunda geração) e a ajudá-las a passar isso a outros também (uma terceira geração).

Nós encorajamos líderes de pequenos grupos a pensar e a orar pelo mesmo impacto 3G (ou seja, desenvolver três gerações de seguidores multiplicadores de Cristo). Kirby investiu em Brandon e em outros dez rapazes (1G). Brandon investiu em 15 homens (2G). Do mesmo modo que Jesus dedicou mais atenção a Pedro, Tiago e João entre os 12 discípulos, com a orientação de Kirby, Brandon focou no desenvolvimento mais intensivo de três rapazes que se destacaram como fiéis, disponíveis, cheios do Espírito e dispostos a aprender. Doug era um dos três que, um ano depois, iniciou o próprio grupo com conhecidos seus. Brandon agora orienta Doug e dois outros rapazes para ajudá-los a investir espiritualmente nos homens que eles lideram (3G).

Se você investir em 12, que eventualmente investirão em 12, que também investirão em 12, essas três gerações de discipulado (pondo em prática a Grande Comissão de Jesus) se tornarão a onda de impacto que desenvolverá espiritualmente 1.728 pessoas! Pense no impacto disso. Fazendo o investimento de capacitar espiritualmente 12 pessoas para que conheçam e sigam Jesus, e então orientando-as a iniciar os próprios grupos, a sua vida pode causar impacto em centenas de outras vidas. Portanto, quando você orienta 12 pessoas para que se tornem orientadores de outras, milhares de vidas podem ser desenvolvidas espiritualmente.

E não se esqueça: não se trata de montar um esquema de pirâmide para ganhar dinheiro; trata-se de restaurar a maior obra de arte de Deus! Você percebe o poder exponencial do que Jesus estava fazendo vida por vida por vida? É assim que temos visto milhares de pessoas não somente indo à fé, mas liderando e capacitando outras a caminhar com Jesus.

Agora, nem todos conseguem desenvolver 12 pessoas de uma só vez. Talvez seus dons sejam mais do tipo por trás da cena e você seja o tipo de pessoa que gosta de relacionamentos um a um. Ótimo, invista espiritualmente em uma a três pessoas de cada vez. Pense nisso da seguinte forma: Digamos que você ame e sirva a dez pessoas por ano, e somente uma delas se converta à fé em Cristo.

Então suponha que você invista nessa única pessoa durante um ano, ajudando-a a fazer o mesmo por outra pessoa no ano seguinte; enquanto você continua orientando-as a desenvolver outros para que façam o mesmo, você continua investindo em uma nova pessoa a cada ano. Se todos se virarem e investirem em uma nova pessoa por ano, essas pequenas ondas formarão uma onda enorme. O investimento nessa única vida no primeiro ano renderá 3 vidas desenvolvidas no segundo ano, 7 vidas no terceiro, 15 no quarto, 31 no quinto ano.

Lembre-se de que estamos falando sobre a coisa mais importante na história — uma parceria com Deus para restaurar sua amorosa obra-prima em uma vida após a outra! E, se essa transformação for doadora de vida e se a visão de transmitir isso a uma nova pessoa por ano obtiver êxito, veja o que acontece depois do quinto ano. A onda cresce exponencialmente, 63, 127, 255, 511 e, dez anos depois, sua vida terá alcançado 1.023 pessoas! Você percebe o que Jesus estava fazendo? Se isso continuasse, em 33 anos, o Planeta inteiro seria alcançado!

Isso nos leva a um sério questionamento: Por que, então, isso não aconteceu? A resposta é: o pecado centrado em nós mesmos. Os seres humanos não reconhecem o valor da obra-prima, e assim não separamos o tempo necessário para ser parceiros de Deus no desenvolvimento de seu recurso mais precioso. As pessoas perdem a perspectiva, se deixam sobrecarregar com muitas ocupações e param de desenvolver os outros. Se nos dedicássemos tanto a ajudar vidas a crescer e a se multiplicar como investimos visando multiplicar o nosso dinheiro e os nossos bens materiais, não apenas ajuntaríamos tesouros eternos, mas experimentaríamos também a recompensa de ver a nossa vida exercendo uma enorme onda de influência sobre o mundo. Isso pode acontecer por meio de você porque esse é o plano de Jesus. Tudo o que ele precisa é da sua disposição e fidelidade.

Uma *stripper*, um encanador e uma missão

"Estou indo para o inferno e não vou voltar atrás." O olhar intenso e as primeiras palavras de Paul♦ causaram um choque em Lillian quando ele recobrou a consciência no hospital. "Eu quero encontrar o Deus que me salvou." Paul teve uma *overdose* de cocaína naquela noite, e, na ambulância, a caminho do hospital, ele sofreu uma parada cardíaca. Seu coração parou de bater.

Paul morreu clinicamente e de repente se descobriu sóbrio, mas em uma experiência infernal, caindo numa escuridão absoluta. "Eu sabia o que estava acontecendo, e na minha mente eu continuava pensando: *Eu sou uma pessoa boa. Eu não deveria estar aqui*, mas nenhuma justificação interrompia aquela queda". Em desespero, gritou par um Deus que ele nem mesmo conhecia: "Senhor, salve-me!". Imediatamente, uma presença amorosa estava ao lado dele e perguntou: "Paul, o que você tem feito com a vida que eu lhe dei?".

Paul recorda: "Em um instante, de um jeito que eu não consigo explicar, revivi plenamente cada momento da minha vida. Experimentei tudo isso como era realmente — sem me desculpar, sem me esconder, o bem e o mal. Eu disse àquela presença amorosa: 'Eu mereço isso. Mas me deixe voltar e contar aos outros — deixe-me viver por sua causa e ajudar os outros'. Não se tratava mais de mim. Eu queria servir aos outros. Só me lembro de que depois disso fui para a sala de emergência".

Paul, neto de imigrantes mexicanos, tinha crescido em Houston. Contra sua vontade, Lillian tinha imigrado ilegalmente do Brasil para os Estados Unidos aos 20 anos de idade com seu marido e filho. Logo depois de tê-la levado à América, seu marido teve um caso extraconjugal e abandonou-a com uma filha para criar. Ela conseguiu um emprego em um restaurante, dedicada e determinada a conseguir sustento para ela e para a filha em meio à própria dor. Certa noite, seu chefe ofereceu-lhe uma carona até sua casa. Sabendo que ela não poderia ir à policia por ser imigrante ilegal, ele a estuprou.

Ela deixou aquele emprego, mas não conseguiu mais arrumar trabalho. Foi quando um amigo convenceu-a a ir até uma boate. Tirar a roupa ali lhe daria dinheiro suficiente para sustentar sua filha, mas ela odiava ter de fazer isso. Logo Lillian estava cheirando cocaína com outras dançarinas para tentar afastar a dor. Por fim, ela começou a vender drogas. Depois de dez anos, ela chegou ao fundo do poço e foi internada em uma clínica de reabilitação, onde conheceu Paul.

Eles passaram a viver juntos e planejaram permanecer livres das drogas, mas logo caíram de novo no uso da cocaína. Foram até o limite — quase a morte! Aquela noite na sala de emergência mudou tudo. Assim que Paul saiu do hospital, ele e Lillian procuraram uma igreja de fala espanhola, e ali foram batizados pela fé em Cristo. Ambos ficaram "limpos" e se casaram naquela igreja. Dois anos mais tarde, depois de ver no quadro de avisos o anúncio sobre uma peça sobre o céu e o inferno, eles começaram a frequentar uma igreja suburbana que os convidou para entrar em um pequeno grupo. Famintos por crescimento, aceitaram o convite.

Paul recorda: "Aqui estava eu, um encanador de origem mexicana em um pequeno grupo de brancos de classe média alta, liderado por um engenheiro com um monte de homens exatamente iguais a ele. Eles não sabiam nada sobre mim ou sobre o mundo de onde eu vinha! Pensei em deixar o grupo, mas a minha esposa me convenceu de que Deus nos levara até lá por alguma razão. Então ficamos.

"Embora Tom, o líder do pequeno grupo, não soubesse nada da minha história, ele me amou", Paul reflete. "Ele viu meu passado todo destruído e me encorajou mostrando-me no que eu poderia tornar-me. Ele continuou falando sobre quanto nós o havíamos encorajado por causa do que Deus estava fazendo na nossa vida. A sociedade me chamava de perdedor e viciado, mas ali alguém bem-sucedido estava dizendo: 'Eu acredito em você, Paul, e você fará algo grande para o Senhor' ".

Por causa de como Tom apontou para a obra-prima em Paul, Paul começou a considerar: *Se Tom acredita em mim, talvez eu valha alguma coisa para o Senhor.* Durante os cinco anos seguintes, Tom investiu no desenvolvimento de Paul, e Paul começou a liderar outros e disseminar a visão para desenvolver homens espiritualmente. Seu negócio também cresceu e pela primeira vez na vida teve êxito no trabalho.

A tia de Paul vivia em Austin e se envolvera profundamente em bruxaria, o que acabou levando-a ao desespero. Prestes a cometer suicídio, ela buscou a ajuda de Paul. Paul conduziu-a à fé em Cristo naquela noite, e ela acordou liberta e viva no dia seguinte. Ela implorou que Paul e Lillian fossem a Austin para falar a seus amigos sobre Jesus, e, antes que eles percebessem, estavam fazendo viagens semanais a Austin.

Não muito tempo depois, sentindo o chamado do Senhor para ir a Austin, eles venderam sua casa no campo de golfe em Houston, passaram adiante o negócio de encanamento e se mudaram. Paul começou tudo de novo, erguendo seu novo negócio como encanador mestre enquanto ele e Lillian reuniram algumas pessoas em seu primeiro pequeno grupo. Quando eles descobriram maneiras de servir e interagir com uma segunda geração da população mexicana nos Estados Unidos, aquele pequeno grupo cresceu e dividiu-se em um grupo de homens e um grupo de mulheres.

Com uma visão voltada para a multiplicação espiritual, eles capacitaram os novos seguidores de Cristo a amar e servir a seus amigos e, dentro de mais ou menos um ano, aqueles que eles lideraram já estavam conduzindo outros. Sentindo o chamado para ensinar e pastorear, Paul iniciou um culto no qual as pessoas podiam convidar seus amigos independentemente de eles virem diretamente de uma boate pesada ou de chegarem de ressaca à reunião. Começaram a fazer retiros trimestrais de finais de semana para ajudar as pessoas a entender os fundamentos de voltar-se para Deus e permitir que Deus restaurasse a obra dele em sua vida.

Conforme Paul e Lillian continuavam desenvolvendo líderes capazes de ministrar e desenvolver outras pessoas espiritualmente, mais e mais mexicanos que viviam na América encontram a fé e começaram a fazer parte da igreja. Embora Paul ainda esteja trabalhando em tempo integral como encanador, cerca de 30 pessoas começaram a seguir Cristo naquele primeiro ano. No segundo ano, aproximadamente 150 pessoas estavam seguindo Cristo. Lá pelo terceiro ano, por volta de 350 pessoas faziam parte da igreja que contava com uma equipe não remunerada. Desenvolver pessoas em pequenos grupos que depois podem desenvolver outros estava causando uma enorme onda de impacto!

Depois de cinco anos trabalhando como encanador, e com a igreja alcançando mais de 500 pessoas, Paul vendeu seu negócio e tornou-se um pastor remunerado em tempo integral da igreja Powerhouse de Austin. Quase metade dos frequentadores se converteu a Cristo nessa igreja, uma comunidade vibrante que emergiu de uma cultura de mexicanos afastados da igreja que viviam em Austin.

Paul e eu viemos de tradições teológicas e culturas diferentes, mas o que nós compartilhamos em comum — amar as pessoas vida sobre vida, despertando a obra-prima sob o barro — é transcultural, transdenominacional e transferível a qualquer grupo de pessoas. E vida por vida uma onda crescente de liberação se desenrola diante da humanidade. Com o Espírito de Deus soprando sobre as águas de corações dispostos e comprometidos, nada é impossível, como mostra a nossa próxima história. A questão é: "Você está disposto?".

QUESTÕES E AÇÕES

1. Reflita a respeito da seguinte questão: Por que você acredita que a arte de desenvolver pessoas (separando tempo para realmente investir nos outros) é tão facilmente negligenciada? Jesus disse que amar a Deus e amar às pessoas resume a Bíblia inteira. Como desenvolver espiritualmente pessoas para que desenvolvam outros cumpre esses mandamentos? Ore para que a sua vida possa multiplicar a vida de Cristo através de outros.
2. Experimente realizar a seguinte ação: Se você nunca foi desenvolvido espiritualmente, peça a Deus para conduzir alguém à sua vida a fim de ajudar você a desenvolver-se, de modo que possa fazer o mesmo por outros. Se você já tiver caminhado com Deus por um período, pode desenvolver outras pessoas porque o Espírito Santo está com você; então peça a Deus que lhe mostre algumas pessoas em quem você pode investir.

Capítulo 15

Acelere e multiplique com oração e ensino

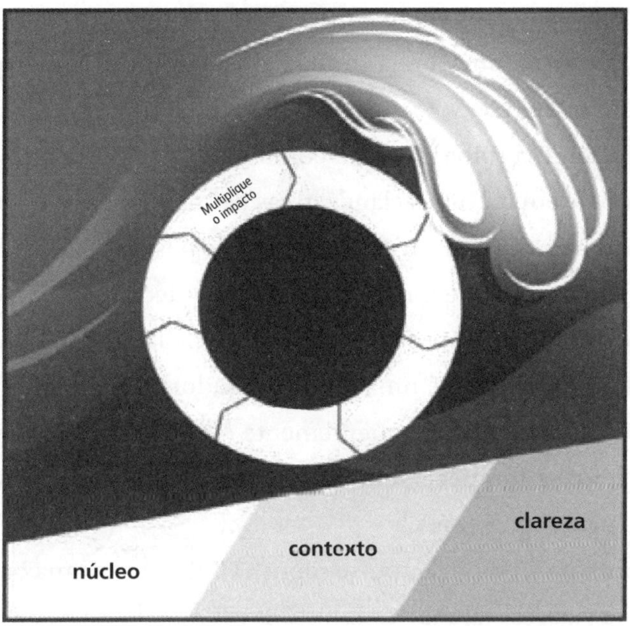

Onda de impacto

Em 1966, Mao Zedong tornou o cristianismo ilegal na China. Naquela época havia 2 milhões de cristãos no país. Mao expulsou do país todos os missionários e líderes estrangeiros, assassinou todos os pastores seniores das igrejas e aprisionou todos os líderes voluntários de segundo e terceiro escalões nas igrejas, e na década seguinte a Revolução Cultural reprimiu os cristãos remanescentes com a pior perseguição registrada na História. Muitos seguidores de Cristo foram martirizados por causa de sua fé.

Após a morte de Mao uma década depois, a Revolução Cultural acalmou. No início dos anos 1980, um regime mais tolerante permitiu que missionários estrangeiros voltassem à China, sob rigorosa supervisão. Eles esperavam encontrar uma igreja completamente morta. Mas o que encontraram foi um milagre!

A igreja chinesa tinha crescido como nenhuma outra igreja na terra! Encontrando-se em reuniões clandestinas de casa em casa, investindo em vida por vida, a igreja cresceu de 2 milhões de pessoas para estimados 80 milhões de seguidores de Cristo durante uma década inteira de terrível perseguição! O mote desse movimento era "Cada cristão é um líder de igreja no lar, e cada igreja é uma igreja fundadora de igrejas". Quando se reuniam em casas lotadas, frequentemente com algumas partes da Bíblia para aprender e se fortalecer, eles adoravam sob ameaça de morte, arriscando tudo para seguir Jesus.[1]

O Espírito de Deus levantou-se sobre a China como uma onda de vida para vida para vida, capturando uma história e fundindo-a à história de Cristo — pela restauração da obra-prima que ele criou em vida após vida. Essa é a minha oração por você. Que a sua história se incorpore à História — e certo dia a História eterna falará sobre um pequeno movimento que começou no seu quintal, e depois se acumulou para mudar a sua vizinhança, a sua cidade, o seu mundo! Pense nisso: A igreja chinesa não tinha cultos de adoração com bandas moderninhas ou coros angelicais; eles não tinham um grande

[1] Hirsch, Alan. **The Forgotten Ways:** Reactivating the Missional Church. Grand Rapids: Brazos, 2006. p. 19.

ensino também — na verdade, muitas igrejas domésticas possuíam apenas trechos da Bíblia, quando possuíam, os quais eram passados de mão em mão entre os presentes. Nenhum líder havia sido formalmente educado em seminário, mas apesar disso as redes de crentes, levantando-se de uma cultura hostil e ateia, aceleraram e multiplicaram-se.

> O líder de uma igreja chinesa doméstica escreveu sobre como os cristãos ocidentais que visitavam a China perguntavam sobre qual seminário os líderes frequentavam. Ele explicou:
>
> Nós respondemos, brincando debaixo de toda aquela seriedade, que fôramos treinados na Escola Bíblica da Devoção Pessoal do Espírito Santo (a prisão) por muitos anos.
>
> Algumas vezes os nossos amigos ocidentais não entendiam o que queríamos dizer, porque perguntavam em seguida: "Que materiais vocês usam nessa escola bíblica?". E nós devolvemos: "Os nossos únicos materiais são as cadeias que nos prendem e os chicotes de couro que nos ferem".
>
> Nesse seminário da prisão, aprendemos muitas lições valiosas sobre o Senhor que nunca teríamos aprendido em um livro. Passamos a conhecer Deus de um modo muito mais profundo. Passamos a entender sua bondade e sua amorosa fidelidade para conosco.[2]

A adoração que acelera o movimento

Na igreja ocidental, é hora de repensar o que significa adorar e seguir Jesus, o Senhor do Universo, o Senhor da colheita. Eu encontro muitos cristãos preocupados com detalhes: "Onde eu posso adorar (ou seja, entoar canções) e realmente sentir a presença de Deus?"; "Onde eu

---

[2] Yun, Brother; Hattaway, Paul. **The Heavenly Man:** The Remarkable True Story of Chinese Christian Brother Yun. London: Monarch Books, 2002. p. 311-312.

posso ser alimentado com ensino que seja novo e desafiador?"; "Onde eu posso obter para os meus filhos o tipo de educação espiritual que os ajudará a seguir Deus?".

Essas são boas questões no contexto certo (no contexto de estar em missão com Jesus). Entretanto, no contexto de apenas frequentar uma igreja para ter os ouvidos estimulados com nova informação, sem exercitar lá fora o conhecimento já consumido, levando misericórdia a um mundo perdido, isso produz um farisaísmo sutil.

A adoração não deve tornar-se um evento semanal que dá uma injeção emocional, sem nunca ser traduzida em um coração que interrompe as coisas que desagradam o coração de Deus. Se essa emoção não motiva você a fazer alguma coisa, é mero entretenimento com uma pitada de tempero cristão. Acreditar que uma hora no domingo será suficiente para moldar os nossos filhos nos adultos espiritualmente fundamentados, morais, íntegros, amorosos e doadores de vida que desejamos que eles se tornem, enquanto nós damos exemplos menores ao longo das outras 167 horas da semana, isso é insanidade pura! Infelizmente, o que eu acabo de descrever corresponde a muito do que acontece no cristianismo ocidental. Isso precisa mudar se queremos experimentar a restauração de Deus em nós e por meio de nós.

Paulo disse: "Portanto, irmãos, rogo-lhes pelas misericórdias de Deus que se ofereçam em sacrifício vivo, santo e agradável a Deus; *este é o culto racional de vocês*" (Romanos 12.1). A verdadeira adoração, aquela que agrada a Deus, vai bem além de cantar, aprender ou contar uma hora de histórias bíblicas para as crianças. A verdadeira adoração acontece 167 horas por semana quando "oferecemos a nós mesmos", momento após momento, ao Deus que nos tem dado cada boa dádiva.

No contexto de viver em missão com Jesus, inspirados em suas atitudes e ações, a preocupação com o ensino, com a adoração e com o exemplo para a próxima geração é legítima e importante porque como respondemos a elas pode acelerar e multiplicar a emergente onda de vida em seu Espírito.

O contexto importa

Agora, antes que você me interprete mal, não estou defendendo uma volta ao modelo puro de igreja nos lares. Em alguns contextos ocidentais, creio que esse é o modo mais apropriado e efetivo de pôr em prática o que significa ser igreja no lugar onde você vive. Por outro lado, não acredito que todas as grandes reuniões de adoração e ensino são ruins, ou todos os prédios com mais de uma centena de bancos de igreja sejam prejudiciais ao movimento do Espírito de Deus. Tenho experimentado justamente o oposto! Reunir as pessoas pode ajudar a acelerar e multiplicar o movimento.

O contexto realmente faz diferença, e a contextualização é importante. Remontando ao Concílio de Jerusalém em 50 d.C., quando a igreja concordou em permitir que Paulo esvaziasse todas as tradicionais barreiras judaicas para contextualizar a mensagem de Jesus a um mundo gentio, o historiador Rodney Stark observa:

> De longe, o mais importante evento no crescimento do cristianismo foi o Concílio de Jerusalém [...] a verdadeira importância das decisões do concílio não foram seus efeitos sobre Paulo, mas sobre os cristãos comuns que se tornaram capazes de alcançar mais efetivamente seus amigos, parentes e vizinhos gentios — um processo que no final culminou na formação da maior religião do mundo.[3]

Em uma sociedade que valoriza a mídia e a música, é importante contextualizar os cultos para comunicar o evangelho nos estilos de música, linguagem e formas artísticas culturalmente relevantes. E eu tenho visto como grandes reuniões podem criar espaços nos quais as pessoas podem facilmente levar visitantes que não estão prontos para a intimidade de um lar.

---

[3] STARK, Rodney. **The Triumph of Christianity:** How the Jesus Movement Became the World's Largest Religion. New York: HarperCollins, 2011. p. 313-314.

Também tenho testemunhado como grandes reuniões de seguidores de Cristo podem ser inspiradoras por meio da adoração e do ensino para dar os passos seguintes que aceleram o que acontece na vizinhança e em reuniões relacionais. E a adoração e o ensino no contexto de uma reunião do porte da rede (com 20 a 70 participantes) podem fazer o mesmo também. A verdadeira questão tem menos que ver com o estilo de música, o estilo de ensino ou o tamanho da reunião e mais com o coração das pessoas envolvidas.

Se a sua rede se formou de uma igreja existente que realmente não tem visto a cultura se tornar a igreja, o culto ainda pode servir de ponto de união para a sua rede. O culto da sua igreja pode não ser o primeiro lugar para o qual você convida aqueles que estão investigando a fé, mas pode ser o local para vocês se reunirem como um núcleo, sentar juntos, adorar e aprender juntos de um modo totalmente novo, porque agora vocês não estão apenas engordando espiritualmente, mas exercitando-se pelo restante da semana em missão com Jesus. Você terá uma nova apreciação do culto. E espera-se que as histórias de mudança de vida que vocês serão capazes de contar inspirem outros a levantar do banco e entrar no jogo.

É claro que se o culto não for um espaço de aprendizagem do tipo "Venha como você está" para aqueles que estão investigando fé, você terá de criar isso através de algumas das reuniões de sua rede. No entanto, à medida que as pessoas vierem à fé, será importante, no tempo apropriado, integrá-las ao corpo da igreja.

As reuniões das redes para adoração e ensino das Escrituras podem ser como soprar o carvão — apenas fazem o fogo esquentar! Encontre tempo para se reunir em adoração e encorajamento da Palavra para que vocês se mantenham juntos em missão. O ministério não é fácil. É uma batalha contra forças espirituais, e isso pode exaurir suas forças se não houver adição continuada de combustível às chamas.

Nós precisamos de lembretes da Palavra de Deus sobre por que isso é importante. Precisamos nos reunir para novamente nos render ao Senhor em verdadeira adoração, oferecendo a nossa vida resgatada e clamando para que ele realize sua obra em nós. E precisamos compartilhar histórias que celebrem o que Deus está fazendo entre nós.

A melhor adoração que já experimentei na vida e a aprendizagem mais significativa aconteceram com dez de nós comprimidos em um pequeno apartamento russo. Deborah liderou a cantoria com um único violão, mas nós derramamos o coração em louvor e total entrega da nossa vida porque estávamos desesperados por Deus. Nós nos alternávamos citando passagens das Escrituras, devorando cada texto sagrado. Ao viver em um país estrangeiro o ano inteiro, em missão juntos, precisávamos depender da Palavra de Deus e de sua presença, e precisávamos uns dos outros. Tínhamos de nos encorajar mutuamente, resolver os conflitos, orar e superar as dificuldades porque dependíamos de cada parte do Corpo. Isso é igreja. E Deus quer que a igreja viva em uma missão compartilhada onde quer que vivamos.

Gerando novas redes

Na igreja doméstica chinesa, quando eles atingiam o número máximo de pessoas que poderiam reunir-se em uma casa (algumas vezes de 30 a 50 presentes, ombro a ombro), enviavam alguns para começar uma nova igreja doméstica. De um modo similar aqui, quando as redes conduzidas por liderados ultrapassam o número de 70 a 100 pessoas, é difícil encontrar centros comunitários ou salões grandes o bastante para a reunião; então é tempo de preparar-nos para dar à luz uma nova rede. É por isso que o grupo nuclear da rede deve estar o tempo todo desenvolvendo aprendizes espirituais em seus papéis, pois estes poderão um dia conduzir a própria rede.

Algumas vezes novas redes se multiplicam em seis ou sete novos pequenos grupos. Vários dos novos pequenos grupos podem surgir em regiões da cidade nas quais faz sentido inaugurar o núcleo de uma nova rede para servir a uma população diferente. A beleza de ter relacionamentos em pequenos grupos que podem se reunir e se multiplicar no contexto de uma rede maior é que você pode manter os relacionamentos mais íntimos naquele pequeno grupo, mesmo quando a rede continua a incluir outras pessoas e a dar origem a novas redes.

Um dos maiores desafios que as redes enfrentarão, especialmente se a maioria não estiver conectada a pequenos grupos íntimos e multiplicados, é que se paralisem. Isso pode acontecer a toda igreja, a todo clube, a todo grupo e a toda rede! Quando gostamos de como somos, queremos proteger isso da mudança. Vamos encarar o fato de que pessoas novas entrarem na "nossa maravilhosa reunião" mudará tudo isso! Mas precisamos nos lembrar da parábola do mar Morto.

O rio Jordão corre em direção a dois corpos de água: o mar da Galileia, onde Jesus passou a maior parte do tempo, e o mar Morto. Eu visitei os dois. Na verdade, organizamos batismos no mar da Galileia e boiamos no mar Morto. O mar da Galileia prolifera de vida. As águas frescas causam crescimento de vegetação por toda a área, a indústria da pesca sempre teve sucesso em razão da abundância da vida marinha, e ainda tem havido provisão de água potável para os seres humanos por milênios.

O mar Morto tem esse nome por uma razão: é um mar morto! A quantidade de sal tem aumentado tanto ao longo dos anos que nenhum tipo de vida consegue sobreviver ali. Com uma quantidade de sal oito vezes mais que o oceano, o mar Morto é tão denso que boiar em suas águas parece como boiar usando uma boia, mas sem a boia! A terra permanece barrenta por todo o perímetro. Nenhum peixe ou vida aquática pode sobreviver em um ambiente tão salgado — e completamente morto! Apesar disso, os dois corpos de água estão a menos de 100 quilômetros de distância, e o mesmo rio Jordão deságua em ambos! A diferença é que a água *flui para dentro e para fora* do mar da Galileia. No mar Morto, a água flui para dentro, mas *nada flui para fora.*

Analisando o fluxo de pessoas

As redes podem "paralisar". As pessoas entram, formam uma comunidade, desenvolvem pequenos grupos e geram um impacto incrível, mas com o tempo há uma tendência de apenas preservar a coisa maravilhosa que criamos juntos — e isso equivale à morte! Pode levar anos para o teor de sal aumentar, mas, quando a vida não fluir para dentro e *para fora de volta*, por fim se extinguirá.

A chave para o êxito da rede é pensar no fluxo das pessoas. Nós damos ao nosso líder de rede e à equipe nuclear um diagrama de círculos concêntricos como uma imagem do que as redes estão tentando fazer (v. a página seguinte). O foco começa com seu *Círculo de impacto*. Quem são as pessoas na sua cidade para quem Deus tem um chamado único para vocês servirem? Talvez isso comece com os seus vizinhos, ou uma empresa, ou artistas, ou uma população marginalizada que a sua rede focará em servir até que eles estejam seguindo Jesus e restaurando outras pessoas.

Os *Contatos* são pessoas a quem você serviu, amizades que você construiu ou indivíduos com que você se conectou em sua área e que você continua convidando para as festas, os dias de culto e as reuniões da rede. Quando iniciamos a Gateway, isso correspondia à lista de *e-mails* que eu usava para convidar pessoas da vizinhança para se juntarem a nós. Às vezes, pode parecer que você está incomodando os outros quando faz o convite e elas não aparecem, mas eu sempre me lembro de quão grato sou pelo fato de, anos atrás, Randy Worrell ter continuado a me incentivar na busca pela fé. Eu o afastava o tempo todo, embora no meu íntimo quisesse entender essa coisa de Deus. Trata-se de uma batalha espiritual. No final das contas, a persistência de Randy venceu a resistência quando comecei a frequentar as reuniões, depois um pequeno grupo e por fim encontrei a fé. Portanto, lembre-se de que o problema não é você; além disso é bom que as pessoas sejam encorajadas a dar os próximos passos em direção a Cristo e à sua comunidade.

A *Multidão* define aqueles que vêm e participam mensalmente de algum tipo de evento ou reunião da rede. Os números no diagrama que referem-se ao número máximo e mínimo de pessoas recomendadas para uma rede funcionar plenamente. Quando você tiver cerca de 25 indivíduos comparecendo mensalmente às reuniões ou aos projetos de serviço da rede, começará a sentir a construção da dinâmica. Antes disso, o que você terá de fato serão um ou dois pequenos grupos ou um grupo nuclear crescendo em direção a uma rede. Em geral, para ter 25 pessoas comparecendo com regularidade, você precisa ter cerca de 75 contatos com os quais se comunique repetidamente sobre as funções da rede.

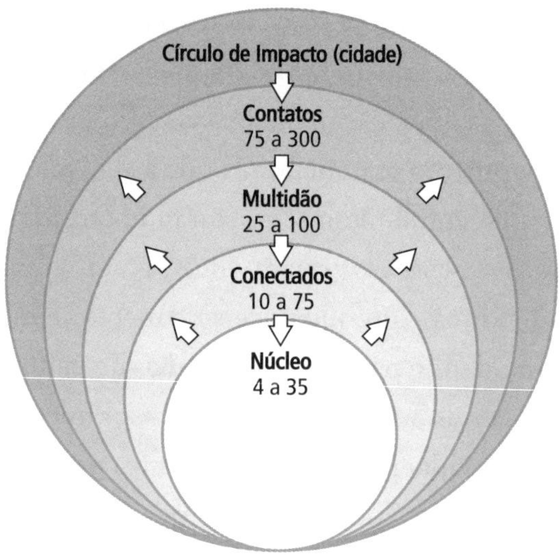

Análise do fluxo de pessoas

Nós lembramos aos líderes da rede que pensem em maneiras de ajudar as pessoas a avançar para os passos seguintes (fluxo), de modo que sempre que as pessoas compareçam como parte de um Agrupamento os líderes lancem a visão de por que e como se tornarem Conectados — seja a um pequeno grupo, seja a uma equipe de serviço. A conexão relacional é a chave de virada para que as pessoas venham à fé e cresçam espiritualmente a ponto de se tornarem a obra-prima de Deus. Em última instância, esperamos ver as pessoas a quem servimos encontrando a fé, crescendo e servindo aos outros, a ponto de se tornarem parte do Núcleo comissionado.

O *Núcleo comissionado* cresce espiritualmente em um pequeno grupo e pode desenvolver espiritualmente outras pessoas; eles conhecem seus dons e servem conosco na nossa cidade; além disso, contribuem financeiramente para a igreja que apoia a rede, de modo que ela pode sustentar-se e multiplicar-se. A seta flui de volta do Núcleo para a Cidade, e esse movimento de fluxo de pessoas continua até que nasça uma nova rede.

....

Quando a rede alcança de 70 a 100 ou mais pessoas comparecendo a algum evento todo mês, com a maioria delas conectadas a pequenos grupos e crescendo, e quando você tem um Núcleo comissionado de 30 ou mais pessoas, então sua rede está grávida de vida e é tempo de preparar o nascimento de uma nova rede. Se a rede cair na armadilha de dizer: "Não vamos servir ou convidar mais pessoas porque isso está mudando o que conseguimos construir", estará a um passo da morte. A chave para a vida nesse estágio é trazer à luz uma nova rede.

É por isso que cada voluntário em posição de liderança, desde o líder de rede até o líder de pequeno grupo e o líder servo (ou qualquer outra posição voluntária que você crie), precisa sempre manter um ou dois aprendizes. Cada líder precisa de um aprendiz líder no qual esteja investindo espiritualmente e capacitando para cumprir esse papel na rede. Assim, quando chegar a hora, outros poderão assumir a liderança de uma nova rede dedicada a servir a uma nova parte da *Cidade*.

A beleza de ter um movimento como as redes centradas em discipulado relacional multiplicador, conectadas a reuniões maiores no âmbito da igreja ou da área geográfica, é que isso facilita o crescimento e a multiplicação de vidas sem perder o valor do relacionamento. Todos nós temos necessidade de relacionamentos próximos, íntimos, semelhantes às relações de afeto familiar. Eles são desenvolvidos por meio dos Parceiros de Corrida

Espiritual e de pequenos grupos que permanecem juntos ao mesmo tempo que saem para desenvolver espiritualmente outras pessoas lá fora.

Nós também precisamos do contexto social de médio tamanho, comportando de 20 a 100 pessoas (uma *Coletividade* de encorajamento na qual "todos sabem o seu nome e sempre ficam felizes por você ter vindo"). Combinar reuniões pequenas e de tamanho médio com cultos maiores de adoração semanais ou mensais permite o nascimento de novas redes ao mesmo tempo que provê a oportunidade de interação entre as pessoas que se conheceram no passado. Isso estimula um fluxo significativo e exitoso de pessoas que podem continuamente emergir da cultura e a ela retornar, gerando novas redes e novos grupos, sem perder a conexão relacional.

Encontrando uma pessoa de paz

No entanto, você não precisa esperar que uma rede transborde de gente para iniciar uma nova rede. Algumas vezes novas redes devem ser formadas porque Deus quer servir a um novo grupo de pessoas! Mike Breen inspirou a formação das redes (que ele chama de "*Clusters*" ou "Comunidades Missionárias") por toda a Europa. Ele conta a história de uma rede em Sheffield, Inglaterra, onde foi iniciada uma igreja de redes e pequenos grupos que servem à população descrente da cidade.

Mike ensina suas redes a procurar pela "pessoa de paz" sobre a qual Jesus falou quando enviou os Setenta: "Quando entrarem numa casa, digam primeiro: Paz a esta casa. Se houver ali um homem de paz [...]. Fiquem naquela casa" (Lucas 10.5-7). Quando você estiver servindo, amando e cuidando das pessoas, procure uma pessoa de paz que pareça receptiva, acolhedora, pronta a ouvir e a reagir positivamente — e permaneça com ela! Em outras palavras, concentre-se em construir um relacionamento com essa pessoa porque o Espírito de Deus provavelmente está trabalhando por trás dos bastidores para que ela possa atuar como o elo para o serviço a uma nova rede de pessoas.

Havia um grande grupo de muçulmanos iranianos em Sheffield aos quais algumas pessoas em uma das redes sentiram o chamado para servir. Um iraniano em particular respondeu de forma muito positiva à amizade e ao serviço de David, um homem que fazia parte daquela rede. Então David focou em desenvolver uma profunda amizade com Amir. No tempo certo, Amir converteu-se a Cristo. Ele era a pessoa de paz. Conforme David e outros investiam espiritualmente, Amir começou a apresentar David a uma nova rede de relacionamentos formada por seus amigos muçulmanos. Durante vários anos, essas redes de relacionamentos se desenvolveram em mais de 60 iranianos que agora estão seguindo Jesus! Esse grupo forma agora uma bem-sucedida comunidade missionária para os próprios conectados à igreja em Sheffield.[4]

Restaurados para restaurar outras pessoas

Deus vê uma obra-prima em você. Ele quer restaurar você mais e mais para tornar-se a obra de arte que ele tinha em mente o tempo todo. Nunca se esqueça de que ele o salvou pela graça porque você é sua obra-prima, criada em Cristo Jesus para fazer as obras que ele preparou quando você era apenas uma ideia em sua mente. À medida que permitir que ele restaure a sua vida, essa jornada levará você à vida dos outros que também necessitam da obra de restauração divina. Nós somos restaurados para restaurar outras pessoas. Na verdade, não podemos ser restaurados sem permitir que o Artista Mestre use a nossa vida como ferramenta de restauração em suas mãos.

As pessoas não são como pinturas ou esculturas de mármore que cooperam passivamente com o Artista; as pessoas têm vontade própria. As pessoas têm mágoas, feridas e vícios secretos, e elas desapontarão e magoarão

4 Breen, Mike; Absalom, Alex. **Launching Missional Communities:** A Field Guide. Myrtle Beach, SC: Sheriar Press, 2010. p. 38-41.

você, da mesma maneira que você as desapontará e magoará. E apesar disso... no meio de toda a nossa confusa fragilidade humana, Deus traz beleza à tona. Quando nós cooperamos com Deus, ele restaura o que estava perdido, manchado e destruído. Conforme você adota as atitudes e ações de Jesus, seu Espírito o guiará na aventura de uma vida inteira. Você o verá fazer coisas que nunca imaginou ser possíveis. E finalmente entenderá o que Jesus queria dizer quando declarou: "Todas as coisas são possíveis para Deus" (v. Marcos 10.27).

Todos os encontros de Jesus nos mostram isso. Ele embarcou na confusão conosco. Ele mergulhou no sofrimento conosco. Ele se envolveu em um relacionamento profundo conosco, sentindo o desapontamento, a mágoa e a traição até o ponto da morte. Apesar disso, no meio de um mundo imperfeito e cheio de pessoas imperfeitas surge sua obra mais importante — a obra de arte da graça. E, à medida que você aprende a adorá-lo com toda a sua vida, vivendo em missão com Jesus e com as outras pessoas, ele limpará todo o barro e transformará a sua vida e a vida daqueles que você conhece em verdadeira obra-prima.

QUESTÕES E AÇÕES

1. Reflita a respeito da seguinte questão: Você já pensou no crescimento cristão como um rio fluindo na sua direção (para alimentá-lo e encorajá-lo, para prover a você adoração inspiradora ou programas de formação a seus filhos), mas nunca fluindo de volta para levar vida aos outros? Como você poderia doar-se aos outros, edificando-os e restaurando-os para se desenvolverem como a obra-prima que Deus planejou?
2. Experimente realizar a seguinte ação: Comece a orar e buscar uma pessoa de paz. Se você tiver a visão de fazer parte de uma rede que restaura a obra-prima de Deus nos outros, planeje os próximos passos para fazer essa rede crescer.

Agradecimentos

Salomão declarou: "Não há nada novo debaixo do sol" (Eclesiastes 1.9). Não há nada também que possa ser feito independentemente das outras pessoas. Eu devo muitos agradecimentos a tantas pessoas que me ajudaram a desenvolver ideias, leram os manuscritos, deram *feedback* e trabalharam por anos nas trincheiras, experimentando e aprendendo. Este livro é um esforço de equipe, e eu gostaria de agradecer àqueles que investiram tempo para trazê-lo à luz, começando com a equipe toda da Igreja de Gateway e os nossos admiráveis líderes voluntários que ocupam a linha de frente do ministério.

Sou extremamente grato à minha esposa, Kathy, e aos meus filhos, Ashley e Justin, por todo o apoio e encorajamento amoroso para que eu pudesse escrever. Eu não conseguiria fazer nada disso sem vocês (os maiores dons de Deus para mim). Kathy ajudou-me a formatar ideias, editar, obter permissões e me animou o tempo todo — eu amo a parceria que temos no ministério.

Jack Kuhatschek tem sido um editor e um amigo fiel por muitos anos, e sou extremamente grato por ter seu olho atento e sua liderança neste projeto (estou de volta!). A edição e os *insights* de Michael Warden foram soberbos em cada capítulo — muito obrigado por sua amizade e parceria. Mike Cook ajudou a editar a mensagem em três livros agora — obrigado por tudo o que você faz. E a maestria editorial de Ellen Chalifoux foi inestimável.

Craig Whitney, que cuida do treinamento de fundadores de igrejas, contribuiu com a "Onda de impacto" e boa parte do processo que compõe a

Parte 2 deste livro. Obrigado, Craig, por sua parceria e pelos anos de prática desses conceitos na vida real. Lauren Young preparou o gráfico de ondas para a Parte 2 do livro — agradeço a você por isso.

Rick Shurtz e Sherilyn Villareal têm assumido a responsabilidade pelo nosso caminho de formação espiritual e pelo Lifegroup, e Sherilyn deu um excelente *feedback* editorial na Parte 2. Eric Bryant, Jeremy Apel, Gary Foran, Kirby Holmes, TJ Cummins, Karin Harper e Bruce Gilson têm lutado nas trincheiras com a liderança da nossa rede e do Lifegroup, tendo contribuído com muitas das ideias registradas na Parte 2. Sou grato por seu incansável trabalho com Jesus e seu povo.

Tim Hawks e Alan Nagel, do meu grupo de pastores, incentivaram o desenvolvimento da Parte 2 para ajudar as igrejas em Austin e em outros lugares — aprecio muito como o Senhor está nos tornando uma única igreja em Austin, e valorizo demais sua liderança generosa e seu encorajamento.

Charles Dishinger é o pastor executivo que carrega todo o fardo na Igreja de Gateway, e não posso imaginar este livro acontecendo sem ele (obrigado por manter os meus braços elevados). A minha assistente Theresa Rozsa impede que eu afunde, e eu não iria muito longe sem sua ajuda constante. Agradeço sua parceria por todos esses anos.

Gary Dorsey é o artista gráfico que desenhou a capa original.

Esther Fedorkevich me deu orientação e encorajamento, não apenas como a minha agente, mas como parceira no ministério — agradeço por buscar acima e além pela missão maior.

Apêndice A

O "cristianês" esclarecido

Os CRISTÃOS ALGUMAS vezes usam termos que ou são estranhos à maioria das pessoas, ou são tão mal compreendidos pela cultura que nós precisamos redefini-los para recuperar seu significado original nas Escrituras. Não pretendo de modo algum trazer definições teologicamente técnicas aqui. São explicações rápidas para pessoas não familiarizadas com termos do "cristianês". Alguns desses termos são importantes e nós não devemos livrar-nos deles; precisamos apenas explicá-los quando forem usados. Uma leitura atenta de todos esses termos "estrangeiros" que temos usado mostrará a você como a nossa linguagem hermética pode criar barreiras para aqueles que estão em busca da fé.

"Deus me falou" ou "Eu ouvi a palavra do Senhor" — Embora eu creia plenamente que Deus nos conduz ainda hoje, os não cristãos assumem que você ouviu uma voz audível, e isso gera confusão. Eu prefiro: "Senti um aviso do Senhor..." ou "Tenho certeza de que Deus está me guiando...".

Aleluia — É um termo maravilhoso, mas utilize-o entre aqueles que o compreendem. Tornou-se uma piada entre não cristãos para zombar daqueles que lhes parecem falsos. Significa "louvar ou enaltecer Javé"; então fale às pessoas sobre as grandes obras de Deus.

Arrepender-se — Mudar de ideia, de fazer a sua vontade e seguir os seus caminhos para fazer a vontade de Deus e seguir os caminhos dele.

Batismo — Identificação pública com Cristo. Uma cerimônia de casamento é a declaração pública de um relacionamento conjugal. O batismo é a declaração pública de um relacionamento com Deus.

Cristão — Infelizmente, esse termo também tem sido mal compreendido; então eu considero mais útil dizer "seguidor de Cristo", já que isso implica estar seguindo Jesus de verdade — que é o que realmente importa.

Discipulado — Crescimento espiritual no caminho de Jesus. Tornar-se um estudante sério de Jesus.

Discípulo — Um seguidor de Cristo.

Evangelho — A mensagem sobre Jesus. As boas-novas de Deus sobre a vida com ele.

Evangelismo — Eu não utilizo mais esse termo porque ele está contaminado na nossa sociedade. Em vez disso, falo sobre "servir a necessidades físicas e espirituais das outras pessoas", ou "ajudar as pessoas a encontrar a fé". Significa literalmente "proclamar as boas-novas".

Fé, crença — Eu gosto de explicar que fé ou crença é sinônimo de confiança. São termos relacionados. Você entra em um casamento pela fé ou põe sua confiança em que o outro cumprirá seus votos.

Graça — O favor imerecido de Deus. Deus é por você, não contra você.

Justificado — Deus pagou todas as nossas dívidas por nós — as passadas, as presentes e as futuras.

Louvado seja Deus — Sim, nós devemos louvar a Deus, e esse é um termo maravilhoso entre cristãos, mas, na companhia de não cristãos, algo como "Meu caro amigo, Deus é tão bom" expressa louvor e ainda assim desperta curiosidade.

Nascido de novo — Tornado espiritualmente vivo por Deus.

Pecado — Embora esse termo ainda seja de alguma maneira compreendido, eu com frequência incluo a palavra "injustiça" ou explico que o pecado é essencialmente brincar de Deus, tentando fazer o Universo obedecer à minha vontade em vez de obedecer à vontade dele.

Perdido — Se uma pessoa não sabe que está perdida, de modo algum gostará de ser rotulada de "perdida". É melhor dizer que "alguém não segue Cristo".

Pregar — Ensinar ou proferir uma mensagem. O verbo "pregar" raramente é usado de maneira positiva pela cultura. Eu prefiro não ser chamado de "pregador", mas, em vez disso, de professor ou pastor, exatamente por essa razão.

Redimido — Nós fomos comprados de volta por Deus pelo preço mais elevado, e agora ele nos está restaurando à condição originalmente planejada para nós.

Salvo — Estar em ordem com Deus — perdoado e acertado com Deus.

Santificado — Deus caminha conosco, e por isso podemos nos tornar mais e mais as pessoas que ele planejou que fôssemos.

Santo — Separado para os propósitos de Deus.

Viagens missionárias — Para muitas pessoas que têm uma sociologia de nível universitário, esse termo significa impor a sua cultura a outras culturas. Nós ainda usamos esse termo, mas eu prefiro usar "viagens de serviço" ou "viagens de serviço global".

Apêndice B

Predestinação e livre-arbítrio

Por toda a Bíblia, nós encontramos a tensão revelada entre a realidade da presciência e da predestinação soberana de Deus (P) e a realidade de que nós também temos o livre-arbítrio para escolher. Ignorar essa tensão (as Escrituras até apresentam as duas juntas) cria não apenas uma teologia pobre, mas práticas destrutivas quando se trata de interagir com indivíduos e com um mundo que é livre para decidir a favor ou contra a vontade de Deus e seus caminhos. Deus é, no final de tudo, soberano, e sua vontade prevalece, embora dentro de sua perfeita vontade ele permita e use as escolhas humanas, mesmo que contrárias à sua vontade. A seguir você encontrará uma tabela com todos os versículos que tratam dessa tensão, que você poderá estudar por conta própria.

Como, porém, nós entendemos esse paradoxo? Realmente não podemos entender, porque o que Deus nos revela nas Escrituras é um mistério que só se resolve na mente de Deus. Hugh Ross destaca que o nosso erro poderia vir de enxergar a revelação de Deus através de três dimensões finitas de espaço e uma dimensão de tempo. O tempo para nós precisa ser sequencial; ele se move em uma direção ao longo de uma "linha do tempo". Por exemplo, se você sabe com certeza absoluta o que eu farei daqui a uma hora, não tenho escolha. Ou isso está determinado e eu não tenho absolutamente livre-arbítrio, ou eu posso escolher, mas então você não pode saber com certeza. Essa é nossa experiência de tempo unidimensional. No entanto, se você existe em duas dimensões do tempo, tudo isso muda!

Se Deus existe em duas dimensões de tempo (não ao longo de uma linha do tempo, como nós pensamos, mas em um tempo que se estende para fora da linha do tempo, em um plano horizontal infinito), ou se Deus existe em três dimensões de tempo, o paradoxo da predestinação / livre-arbítrio se torna logicamente possível: "Um domínio de tempo tridimensional ou equivalente capacitaria Deus a predeterminar cada ação de cada ser humano ao mesmo tempo que apoiaria a operação da escolha humana [possibilitando o verdadeiro livre-arbítrio]."[1]

Imagine um globo em que cada momento da nossa linha do tempo corre da América do Sul para a África ao longo da linha do equador.[2] Deus experimenta cada momento da nossa linha do tempo latitudinal em uma linha do tempo longitudinal que se estende até o Polo Norte (é assim que Deus atende a 2 bilhões de orações ao mesmo tempo — cada momento do nosso tempo "latitudinal" correndo ao longo da linha do equador estende sua experiência daquele momento ao longo da linha do tempo "longitudinal" em uma segunda dimensão). Em um tempo tridimensional, Deus experimenta cada momento em linhas do tempo longitudinais que se juntam em um único ponto do tempo no Polo Norte. "Essa convergência implica que Deus pode criar impacto sobre eventos espalhados na história do Universo e no curso da nossa vida (e além) em um único instante do seu tempo".[3]

Tabela de Versículos sobre Predestinação (P), Livre-arbítrio (L) ou ambos (P&L)

Gênesis 13.11 (L)	Isaías 55.6-11 (P&L)	1Coríntios 4.7 (P)
Êxodo 9.16 (P)	Isaías 56.4 (L)	1Coríntios 6.19,20 (P&L)
Êxodo 33.19 (P)	Isaías 61.10—62.2 (P)	2Coríntios 3.4-6 (P)
Êxodo 34.24 (P)	Jeremias 1.4-10 (P)	2Coríntios 13.9 (P)

1 Ross, Hugh. **Beyond the Cosmos**. Orlando, FL: Signalman Publishing, 2010. p. 168.

2 Ibid., Table 13.1, p. 152-153. Reproduzido com permissão.

3 Ibid. p. 169.

Deuteronômio 10.15 (P)	Jeremias 8.4-12 (L)	Gálatas 1.1 (P)
Deuteronômio 30.19 (L)	Jeremias 17.5-10 (P&L)	Efésios 1.4,5 (P)
Josué 11.20 (P)	Ezequiel 18.1-32 (L)	Efésios 1.11 (P)
Josué 24.14-27 (L)	Daniel 4.4-37 (P)	Efésios 2.10 (P)
Juízes 5.8 (L)	Oseias 4.4-9 (L)	Filipenses 2.12,13 (P&L)
Juízes 21.25 (L)	Oseias 5.3-7 (P&L)	2Tessalonicenses 2.7-12 (P&L)
1Reis 12.15 (P)	Oseias 11.4 (P)	2Tessalonicenses 2.13-15 (P&L)
2Crônicas 6.3-6 (P)	Joel 2.32 (P&L)	2Tessalonicenses 3.3 (P)
Jó 1.21,22 (P&L)	Mateus 10.22 (P&L)	1Timóteo 6.19 (L)
Jó 7.15 (L)	Mateus 10.28-30 (P)	2Timóteo 1.9 (P)
Jó 9.1-35 (P&L)	Mateus 11.25 (P)	2Timóteo 1.12 (P&L)
Jó 23.10-16 (P&L)	Mateus 21.21,22 (L)	2 Timóteo 2.19-26 (P&L)
Jó 34.4 (L)	Mateus 24.24,25 (P)	Tito 1.1-3 (P)
Jó 36.21 (L)	Mateus 24.36 (P)	Tito 2.11-14 (P)
Jó 38.36 (P&L)	Marcos 13.20-22 (P)	Hebreus 3.4 (P)
Salmos 14.1-3 (L)	Lucas 8.10 (P)	Hebreus 3.12-14 (L)
Salmos 25.12 (P&L)	Lucas 10.42 (L)	Hebreus 4.11 (L)
Salmos 31.15 (P)	Lucas 12.4,5 (P)	Hebreus 6.4-12 (L)
Salmos 32.5-11 (P&L)	Lucas 18.27 (P)	Hebreus 6.17-19 (P&L)
Salmos 33.8-22 (P&L)	Lucas 22.21,22 (P&L)	Hebreus 10.14 (P)
Salmos 58.3 (P)	Lucas 22.31-34 (P)	Hebreus 10.35 (P&L)
Salmos 110.1-7 (P)	João 6.44-65 (P&L)	Hebreus 11.25 (L)
Salmos 115.3 (P)	João 7.17 (L)	Hebreus 13.21 (P)
Salmos 119.30 (L)	João 8.31-47 (P&L)	Tiago 1.13-25 (P&L)
Salmos 119.173 (L)	João 10.26-29 (P&L)	Tiago 4.7 (L)
Provérbios 1.29,30 (L)	João 15.5 (P)	Tiago 4.13-17 (P)
Provérbios 8.10-19 (L)	João 15.16 (P)	1Pedro 1.4,5 (P)
Provérbios 16.4 (P)	João 17.6 (P&L)	1Pedro 1.15,16 (P&L)
Provérbios 16.9 (P&L)	Atos 2.21 (L)	1Pedro 2.21 (L)
Provérbios 21.1 (P)	Atos 4.28 (P)	1Pedro 5.5-10 (P&L)
Provérbios 21.3 (L)	Atos 13.48 (P&L)	2Pedro 1.10 (P&L)
Eclesiastes 3.10-17 (P&L)	Atos 17.24-28 (P&L)	1João 2.5,6 (L)
Eclesiastes 9.1 (P)	Romanos 4.11 (P)	1João 3.9 (P)
Isaías 1.29 (L)	Romanos 8.19-33 (P)	1João 4.7-19 (P&L)
Isaías 7.15,16 (L)	Romanos 9.10-26 (P)	1João 5.18-20 (P)
Isaías 40.20 (L)	Romanos 10.12-18 (P&L)	Judas 1-4 (P&L)
Isaías 40.23 (P)	Romanos 11.7-8 (P)	Apocalipse 13.8-10 (P)
Isaías 41.24 (P)	Romanos 11.25–12.2 (P&L)	Apocalipse 20.11-15 (L)
Isaías 46.10 (P)	1Coríntios 1.2 (P)	Apocalipse 22.11-17 (L)
Isaías 55.3 (L)	1Coríntios 1.26-29 (P)	

Esta obra foi composta em *Arno Pro*
e impressa por Yangraf sobre papel
Chambril Avena 70 g/m² para Editora Vida.